Klaus Rodewig (Hg.)
Identität, Integration und psychosoziale Gesundheit

I0113360

Integrationsleistungen und Identitätsbildung werden gerade durch die Mobilität unserer Gesellschaft und die damit einhergehenden sozialen Veränderungen immer wieder gefordert. Insbesondere der Wandel räumlicher und sozialer Lebenszusammenhänge erfordert solche Anpassungsvorgänge, wobei die Migration über nationale Grenzen hinweg eine besonders eingreifende Veränderung darstellen kann.

So behindern mangelnde Kultur- und Sprachkompetenzen die wechselseitige Annäherung von Menschen fremder Ethnien, was sich im Bereich der Gesundheitsversorgung im allgemeinen und hier in der Psychotherapie im besonderen hemmend auswirkt.

Die sozioökonomischen Bedingungen haben nicht nur die Entwicklung der Migranten in ihrem Heimatland geprägt, sondern eröffnen oder begrenzen auch ihre Möglichkeiten – und dies mit zunehmendem Alter potenziert –, die Ressourcen der sozialen Einrichtungen im Gastland zu nutzen, wenn die traditionellen Versorgungsstrukturen durch die Familie und den Clan weggebrochen sind. Hierbei führen mißglückte Integrationsbemühungen zwangsläufig zu einer verstärkten psychosozialen Belastung mit der Gefahr neurotischer und/oder psychosomatischer Kompromißbildungen bis hin zu krankheitssymptomatischen Dekompensationen.

Das Gesundheitssystem und die Psychotherapie müssen sich an die jeweiligen individuellen Voraussetzungen ihrer Klienten und Patienten anpassen und ihre Interventionsmethoden entsprechend modifizieren. Denn aufgrund des anderen kulturellen Hintergrundes bzw. schlechterer Zugangsmöglichkeiten zu Bildung sind Verständnis und Akzeptanz psychologischer Krankheits- und Therapiekonzepte bei MigrantInnen häufig nicht vorhanden. Zum einen bedarf es kulturspezifischer Zugangswege, aber zum anderen müssen auch unsere psychologischen Entwicklungsmodelle, wie sie z.B. in der Theorie vom Ödipuskomplex ihren Niederschlag finden, veränderten kulturellen Bedingungen angepaßt werden.

Das Buch schlägt einen Bogen von theoretischen psychoanalytischen Grundlagen der Identitätsbildung und psychosozialen Integration hin zu spezifischen Problemen der Integration von Migranten. Auf dieser Grundlage werden Aspekte transkultureller Psychosomatik und Psychotherapie mit Modifikationen der Behandlungsstruktur herausgearbeitet.

Reihe »edition psychosozial«

Klaus Rodewig (Hg.)

Identität, Integration und psychosoziale Gesundheit

Aspekte transkultureller Psychosomatik und Psychotherapie

Psychosozial-Verlag

Bibliografische Information der Deutschen Nationalbibliothek
Die Deutsche Nationalbibliothek verzeichnet diese Publikation in der Deutschen
Nationalbibliografie; detaillierte bibliografische Daten sind im Internet über
<http://dnb.d-nb.de> abrufbar.

Originalausgabe
© 2000 Psychosozial-Verlag
E-Mail: info@psychosozial-verlag.de
www.psychosozial-verlag.de
Umschlagfoto: Dr. Ali Alavi, Heuchelheim
Umschlaggestaltung: Till Wirth nach Vorlagen des
Ateliers Warminsky, Büdingen
Printed in Germany
ISBN 978-3-89806-028-8

Inhaltsverzeichnis

Vorwort

Dem Thema der transkulturellen Psychotherapie und Psychosomatik wird in den letzten fünf Jahren verstärkt Aufmerksamkeit geschenkt. Während sich früher die spezifischen Angebote für ausländische Mitbürger in der Anstellung eines ausländischen ärztlichen oder psychologischen Therapeuten erschöpften, mit dessen Ausscheiden dann auch das Angebot zusammenbrach, wurden inzwischen vereinzelt institutionalisierte Behandlungseinheiten für bestimmte Gruppen von Ausländern geschaffen. Inzwischen finden regelmäßig Tagungen zu Themen der psychosozialen Versorgung von Ausländern statt und so wurden auch die meisten der hier vorliegenden Artikel in ihren wesentlichen Aussagen bereits auf der 1. und 2. Tagung zur Transkulturellen Psychosomatik 1996 bzw. 1998 in Bad Fredeburg vorgetragen und anschließend für diesen Band überarbeitet.

Ausgangspunkt für alle Arbeiten ist das Anliegen, die Probleme besser zu verstehen, die bei der Begegnung von Menschen unterschiedlicher Ethnien und mit z.t. sehr verschiedenen Entwicklungsbedingungen immer wieder beobachtet werden können. Diese Probleme betreffen die projektiven und identifikatorischen Prozesse zwischen der aufnehmenden Gesellschaft und den Migranten, die Integration hemmen oder fördern können. In der Psychotherapie sind wir mit diesen Prozessen in Übertragung und Gegenübertragung befaßt, können aber ohne spezifische Kenntnisse der kulturellen Hintergründe unserer Klienten auch falsche Schlüsse aus konkreten Interaktionen ziehen. M. Ardjomandi verdeutlicht dies in seinem Beitrag am Beispiel der unterschiedliche Bedeutung von Etikette und rituellen Handlungen bei der Psychotherapie iranischer Patienten.

Aber erst noch einmal zum Grundsätzlichen zurück. Wichtig zum Verstehen der Konflikte im Zusammenleben verschiedener Ethnien ist ein Verständnis der Grundbedingungen individueller Entwicklung.

7

Diese findet unter spezifischen sozio-ökonomischen Bedingungen statt, die eine mehr individualistische oder mehr kollektivistisch geprägte Selbstdefinition fordern bzw. ermöglichen. K. Rodewig und A. Fels arbeiten in ihrem Beitrag die Konsequenzen dieser Selbstdefinitionen für die Integrationsleistungen der Migranten heraus. Hierbei handelt es sich um Verarbeitungsmechanismen, wie wir sie auch beim Wechsel unseres Wohnortes oder der Arbeitsstelle bei uns selbst beobachten können. Auch für das Verstehen der aggressiven Abgrenzung und der Gewaltbereitschaft zwischen verschiedenen gesellschaftlichen Gruppen kann diese Perspektive hilfreich sein.

Wie auch die meisten anderen Autoren stützen Rodewig und Fels sich bei ihren Überlegungen auf Theorien der Psychoanalyse, die sie mit Ergebnissen aus der Sozialpsychologie veranschaulichen.

Die Arbeit von Elke Olbermann belegt empirisch, was die beiden vorherigen Autoren über allgemeine Prozesse der Identitätsbildung und der sozialen Integration theoretisch dargestellt und entwickelt haben. Hierbei macht Olbermann die Bedeutung der Identifikation mit spezifischen Gruppen und der eigenen Kultur für ein stabiles Selbst am Beispiel der integrativen Anstrengungen älterer Migranten konkret. Gerade durch den Verlust der Arbeit und der familiären Aufgaben wird die psychische Stabilität in Frage gestellt und die Aktivierung ihrer Ressourcen erfolgt in der Rückbeziehung auf die eigene ethnische Gruppe. Olbermann macht deutlich, daß dadurch Kräfte zur Selbsthilfe und Selbstorganisation gestärkt werden, was durch den Ausbau entsprechender Programme für die Integration älterer Ausländer gefördert werden sollte. Integration bedeutet in diesem Sinne also nicht Anpassung an die Kultur des Gastlandes, vielmehr Besinnung auf die eigenen Stärken im Rahmen der Möglichkeiten, die das Gastland bietet. Hierdurch ermöglicht man den älteren Migranten eine befriedigendere soziale Identität, was der psychosozialen Gesundheit eher zuträglich sein dürfte.

K. Hoven-Buchholz nähert sich dem Thema zuerst von literarischen Quellen, zeigt eindrucksvoll die Schilderungen erlittener Qualen bedeutender Dichter und Schriftsteller im Exil, um sich anschließend zu fragen, warum die Psychoanalyse den Themen Flucht, Exil, Migration bisher so wenig Aufmerksamkeit gewidmet haben, obwohl ca. zwei Drittel der Psychoanalytiker der Mittwochs-Gesellschaft Migrationserfahrungen gemacht hatten. Sie hebt die Verharmlosungstendenzen im Sprachgebrauch hervor, indem mit Migration = Wandern eine eher befreiende, lustige Angelegenheit suggeriert wird (Wandervogelbewegung). Das wirkliche Elend jedoch veranschaulicht sie dann mit einem Beispiel aus der therapeutischen Praxis. Hierin wird deutlich, wie Ohnmachtserfahrungen auch bei Kindern in der Identifikation mit einem Elternteil zu über kompensatorischer Gewaltbereitschaft führen können. Erst das Sprechen darüber löst die rigide Antwort der Gegengewalt, läßt Raum für Trauer und Enttäuschung.

Möhring problematisiert die Differenz zwischen Identifikation mit Aspekten der neuen Umgebung und der Anpassung an stereotype Rollen. Wenn Identifikationen nicht möglich sind und die Anpassung an Rollenerwartungen nur oberflächlich erfüllt werden kann, ohne zu einem befriedigenden Ergebnis zu führen, droht nach seiner Auffassung die »Anpassung als Krankheit«. Psychosomatische Erkrankungen sind demnach Anpassungsstörungen. Er versucht hierbei die Anpassungsvorgänge mit Erdheims Modell vom ethnopsychoanalytischen Prozeß zu konzeptualisieren. Darin treibt der Psychoanalytiker durch Reflexion seines Erlebens – u.U. mit Hilfe eines geschulten Begleiters – den Prozeß der Bewußtwerdung intrapsychischer und interpersoneller Konflikte voran, die sich in der Auseinandersetzung mit der ihm fremden Umgebung ergeben. Diese Konflikte werden häufig durch Aktualisierung unbewußter Phantasmen geschürt, die dazu dienen, die Angst vor dem Fremden einzuordnen und zu bannen.

Irmhild Kohte-Meyer fokussiert den Prozeß des Fremd-Werdens, indem sie die spezifischen Ausformungen von Ich/Über-Ich und Identitätserleben innerhalb eines spezifischen Kulturraums ins Blickfeld ihrer Überlegungen rückt. Hierbei versucht sie, intrapsychische Verarbeitungsformen im Erleben des Fremdseins aufzuspüren und zu klären, wie diese Verarbeitung zu den spezifischen Problemen einer psychoneurotischen oder psychosomatischen Symptomatik führen kann. Hierbei nutzt sie in bewährter psychoanalytischer Tradition die Gegenübertragung als Zugangsweg zum Unbewußten ihrer ethnisch fremden Klienten.

9

Mohammad Ardjomandi schildert die spezifische Ausformung des ödipalen Konfliktes im iranischen Raum anhand von zwei Heldensagen. Hiernach tötet nicht der Sohn den Vater wie in der griechischen Sage, vielmehr der Vater seinen Sohn im Kampf, ohne ihn als solchen erkannt zu haben. Hieraus entwickelt er die spezifische iranische Umgehensweise der Generationen miteinander, die auch Auswirkungen auf die Behandlung iranischer Patienten hat. So wird die Wahrung der Etikette und die strikte Befolgung der rituellen Handlungen als Geste der Ehrerbietung vor dem Vater/Therapeuten verstanden, mit der der Mann die Angst vor Kastration und die Frau ihre sexuellen Wünsche an den Vater abwehren. Die iranische Lösung des ödipalen Konfliktes beeinflußt auch Übertragung und Gegenübertragung, was Ardjomandi durch eine Vielzahl von Beispielen veranschaulicht. Er warnt gleichzeitig davor, die Wahrung der Etikette als Widerstandsphänomen zu deuten, statt sie als Versuch zu werten, eine vertrauensvolle Beziehung zum Therapeuten aufzubauen. Dadurch erst werde es dem/der iranischen Patienten/in möglich, aggressive Phantasien dem Therapeuten gegenüber zu thematisieren.

Hubertus Adam und Mitarbeiter stellen den analytisch-systemischen Zugang zum Verständnis neurotischer Lösungsversuche in der Familie dar, in denen sich die Kinder häufig als Symptomträger übergreifender Konflikte herausstellen. Migration ist in ihrem ausführlich geschilderten Familienbeispiel ein destabilisierender Faktor, der Konflikte zuspitzt, die bereits vorher bestanden haben. Migration war eine Möglichkeit, sich vom despotischen Vater zu befreien und gleichzeitig eine belastende Anforderung, ohne die Regeln des Vaters das gesellschaftliche Leben zu gestalten. Dieses Beispiel soll aber nicht dazu dienen, die Konflikte der Flüchtlingsfamilien auf individuelle oder familiäre Dimensionen reduzieren, denn gerade die Kinder von Bürgerkriegsflüchtlingen sind häufig von extremen Gewalterfahrungen und psychischer Traumatisierung gezeichnet. Mit Hilfe des Trauma-Würfels versuchen die Autoren, die verschiedenen Ebenen darzustellen, die für das Verständnis der Entstehung psychischer Traumatisierungen beachtet werden müssen. Hierzu gehören die Ebenen des zu betrachtenden Systems (Individuum, Familie etc.), der jeweiligen Entwicklungsstufe (Kind, Jugendlicher; junge Familie oder Familie mit bereits älteren Kindern) und die Belastungsebene (Krise, Flucht, Exil, Rückkehr).

Bis auf die gerade dargestellte beziehen sich die meisten der hier präsentierten Arbeiten auf Erfahrungen aus der Psychotherapie in dyadischen Beziehungen, wie sie für den ambulanten Bereich typisch sind. Für die Behandlung unter stationären Bedingungen sind noch einmal andere Überlegungen anzustellen, die in Verbindung stehen mit den von Rodewig und Fels dargestellten Überlegungen, nämlich der Art der Selbstdefinition und der damit verbundenen Zielrichtung therapeutischen Handelns. In Zusammenhang mit der Art der Selbstdefinition stehen Überzeugungen zu Krankheitsentstehung und Kontrollüberzeugung. In einer empirischen Untersuchung vergleicht nun M. Özelsel die subjektive Krankheitstheorie und Kontrollattribution von Menschen aus der Türkei und Deutschland und versucht die gefundenen Unterschiede mit den verschiedenen kulturellen Entwicklungsbedingungen und den daraus ableitbaren verschiedenen Selbstdefinitionen zu erklären. Obwohl die Ergebnisse bereits 1990 im Rahmen einer Dissertationsarbeit[1] veröffentlicht wurden, belegen sie die auch heute noch häufig anzutreffende geringe Selbstwirksamkeitserwartung bei Arbeitsmigranten der ersten Generation mit empirischen Daten. Hiernach besteht ein deutlicher Unterschied zur durchschnittlichen deutschen Klientel, weswegen es auch notwendig erscheint, therapeutische Strategien entsprechend zu modifizieren.

Eine solche Modifikation im Bereich der stationären Psychotherapie stellen Klaus Rodewig und Mitarbeiter für Patienten aus der Türkei dar. Die Autoren veranschaulichen die Bedeutung einer monokulturellen Konzeption in der stationären Behandlung für die relativ

---

[1] Wenn wir uns näher mit den methodischen Problemen dieser Arbeit befassen, wird auch die Schwierigkeit deutlich, empirische Untersuchung an multiethnischen Gesellschaften durchzuführen. Dies mag der Hintergrund sein, warum es kaum psychometrische Untersuchung an Patienten türkischer Herkunft in Deutschland gibt, obwohl es sich bei ihnen um eine zahlenmäßig bedeutende Gruppe handelt. Die Türkei ist nämlich als Erbe des osmanischen Reiches ein Staatengebilde aus mehr als 40 verschiedenen Ethnien und religiösen Gruppierungen (z.B. Kurden, Türken, Armenier, Aleviten), die sich z.T. heftig bekriegen oder bekriegt haben (Aydin 1998).

homogene Gruppe der Arbeitsmigranten. Hiernach erfordert die gegenseitige Korrektur der individuellen Bewältigungsstrategien und die Erarbeitung psychosozialer Kompromisse ein hohes Maß an gegenseitigem Vertrauen. Vorausetzung dafür sind ausreichende Möglichkeiten für projektive und identifikatorische Prozesse unter der Klientel, wie sie nur dort entstehen, wo Patienten zusammengefaßt werden, die vergleichbare soziale und kulturelle Entwicklungsbedingungen vorweisen.

So schlagen die Arbeiten in diesem Buch einen Bogen von der Darstellung und Reflexion allgemeingesellschaftlicher Phänomene zu individuellen Verarbeitungsprozessen und ihren Störungen und weiter zu psychotherapeutischen Interventionsstrategien in dyadischen und mehrdimensionalen Beziehungen.

Danken möchte ich an dieser Stelle den vielen interessierten KollegInnen und DiskussionspartnerInnen auf unseren Tagungen zur Transkulturellen Psychosomatik in Bad Fredeburg und den PatientInnen, die uns Einblick geben in ihre uns fremde Welt und uns dadurch die Chance geben, auch uns selbst besser verstehen zu können.

Frau Marion Jäger danke ich für ihre tatkräftige Unterstützung bei der Erstellung der Buchvorlage.

Bad Fredeburg im Sommer 2000   *Klaus Rodewig*

Identität, Integration und psychosoziale Gesundheit

Klaus Rodewig und Anne Fels

Einleitung

Es wird viel von Integration der Ausländer gesprochen, »Multikulti«-Feste werden organisiert und Europa wächst zusammen. Dennoch sind die Zeitungen voll von Mitteilungen über ausländerfeindliche Äusserungen oder Handlungen in der Bevölkerung.

In den Städten finden wir eine zunehmende Segregation von Ausländern. So nennt sich der Dortmunder Norden »Klein Istanbul«. Hier sind Türken die zahlenmäßig überwiegende Volksgruppe, die den Alltag auf der Straße bestimmt. Sobald sich Integration als *das* Ziel eines Projektes herauskristallisiert, ziehen sich die Betroffenen zurück, verweigern ihre Kooperation (Wetzel 1993).

Aber auch für die »Gastgeber« ist Integration ein zwiespältiger Vorgang. So wird das Kopftuch einer Lehrerin zum Symbol der islamisch-fundamentalistischen Unterwanderung unserer freiheitlichen Grundwerte und Gesellschaftsordnung – die Trägerin wird mit Berufsverbot ausgesondert. Rechtsradikale inszenieren gewalttätige Übergriffe auf Ausländer unter verhohlenem oder offenem Beifall der »rechtschaffenen Bürger« oder unserer Ordnungsmacht.

Die gesellschaftliche Wirklichkeit stellt sich anders dar, als Schlagwörter und kulturelle Highlights uns glauben lassen wollen. Was aber macht das Zusammenleben trotz offenkundiger Bemühungen so schwierig?

Ausländer sind aus verschiedenen Lebenssituationen, mit unterschiedlichen Motiven und Zukunftsperspektiven in unser Land gekommen: aus einfachen ländlichen oder hochindustrialisierten städtischen Gegenden, als Arbeitsmigranten, politisch oder religiös

Verfolgte, zu Ausbildungszwecken oder aus Liebe zu einem deutschen Partner; mit dem Vorsatz zu einem dauerhaften Leben hier oder dem Plan der baldigen Rückkehr ins Heimatland.

Die Mehrzahl der Einwanderer sind Asylanten, die sich durch die Umstände im Ursprungsland gezwungen sehen, hier zu sein, und die mit der Perspektive kommen, bei Veränderung der politischen Verhältnisse zurückzukehren bzw. Arbeitsmigranten, die mit der Aussicht auf schnellen wirtschaftlichen Erfolg ins Land gekommen sind und geholt wurden mit der beiderseitigen Erwartung, daß sie nach einigen Jahren remigrieren würden, um mit dem Gewinn in ihrem Land eine selbständige ökonomische Existenz aufzubauen. Durch die Aussicht auf Rückkehr ist eine wirkliche Integration nicht erstrebenswert. Muttersprache und alter Lebensstil werden gerade deshalb gepflegt, um die eigene Identität zu wahren und am Traum von der Rückkehr festzuhalten.

Häufig aber erfüllen sich diese Erwartungen nicht. Die politischen oder religiösen Verhältnisse im Heimatland bleiben gefährlich, der finanzielle Ertrag hier erweist sich als nicht ausreichend für eine ökonomisch gesicherte Rückkehr in die Heimat oder die inzwischen nachgereiste Familie, insbesondere die Kinder wollen hierbleiben. Oft erst nach Jahren stellt sich für die Zugewanderten heraus, daß es eine Reise ohne Rückkehr war. Die Kinder der Einwanderer gehen hier zur Schule, finden Freunde und werden so schon früh mit einem individualistischen Wertesystem konfrontiert, das häufig in Gegensatz zu dem eher kollektivistischen der traditionellen Familie steht. Währenddessen läßt bei den Eltern erst die Aufgabe des Remigrationswunsches Raum für Integrationswünsche entstehen, die dann aber oft wegen der altersbedingten mangelnden inneren Plastizität nicht mehr umgesetzt werden können. Stattdessen erfolgt häufig der Rückzug in die eigene Ethnie, die im Gastland Sicherheit und Geborgenheit vermittelt (siehe auch Olbermann in diesem Band).

Migrationserfahrungen stellen sich beim Wechsel in andere nationale Ethnien besonders gravierend dar, zumal wenn dieser Wechsel unfreiwillig erfolgt. Aber auch Binnenmigrationen in einem Land, z.B. von einer eher ländlichen Umgebung in ein großstädtisches Milieu, können mit schmerzhaften Erfahrungen verbunden sein. Grinberg und Grinberg (1990) gehen sogar noch weiter und verstehen den Weg der Individuation als einen fortwährenden Migrationsprozeß, in dem wir laufend von Vertrautem Abschied nehmen und uns an Neues anpassen müssen.

Das Interesse an Problemen der Migration und damit verbunden auch der Remigration ausländischer Mitmenschen beruht bei uns nicht nur auf beruflichen Anforderungen, sondern entwickelte sich auch durch eine eigene »Binnenmigration«. Erhöht die eigene emotionale Erfahrung die Einfühlbarkeit? Oder ist dieses Interesse der Versuch, die eigene Identitätsirritation zu ordnen und durch Reduktion auf ein allgemein-psychologisches Problem zu bewältigen?

Hinter uns liegt der Umzug von Göttingen ins Hochsauerland – eine »Migration im Kleinen«, verbunden mit einem beruflichen Wechsel von Tiefenbrunn – einem bekannten psychotherapeutischen Landeskrankenhaus – in der Nähe einer mittleren Universitätsstadt mit studentischem Flair in eine Rehabilitationsklinik in einer Kleinstadt in ländlicher Gegend. Damit endete auch das alltägliche Zusammensein mit einem bunten Freundeskreis, in dem viel persönliche Vertrautheit herrschte, der innerhalb weniger Jahre entstanden war und noch nicht über die Stabilität jahrzehntelangen gemeinsamen Lebens verfügen konnte.

Der Beginn war leicht: die erworbene Zugehörigkeit und Beliebtheit innerhalb des alten Systems, das dort schon Geleistete, die erworbenen Fähigkeiten hatten für ausreichend Selbstbewußtsein und Sicherheit gesorgt. Die Konfrontation mit dem Neuen war eher spannend, der Blick darauf teils wohlwollend-neugierig, teils belustigt-distanziert. Entsprechend unserer beruflichen Positionen und Aufgaben machten wir auf unterschiedlichen Ebenen dieselbe Erfahrung. Vieles war anders und in dieser Ansammlung von Andersartigkeit zunehmend fremd: der Dialekt, die Art der Kontaktaufnahme, die Lebensweise, die Gestaltung des beruflichen Alltags ...

A.F.: Gegenüber der Gemeinschaft jüngerer wißbegieriger Singles einer Ausbildungsklinik, die schnell auch persönliche Nöte teilten und gern gemeinsam das kulturelle Angebot der Studentenstadt nutzten, arbeitete ich jetzt neben fast ausschließlich älteren Kollegen, die neben der Arbeit vor allem auf Familie, Haus und Garten orientiert sind. Die Kontaktaufnahme schien mir viel zögerlicher und distanzierter; auf Verhaltensweisen, die im ursprünglichen System Sympathie hervorriefen, erfolgten keine oder irritierte Reaktionen.

»Stille« Regeln und Gepflogenheiten sind scheinbar allen außer mir selbstverständlich vertraut, ebenso »stille« unterschwellige Konflikte, zwischen deren Fronten ich leicht gerate und zur momentanen Konfliktberuhigung zumindest kurzzeitig ausgegrenzt werde.

Meine anfängliche Sicherheit und aufgeschlossene Neugier schwindet allmählich, ich beginne, das Altvertraute zu idealisieren (und vergesse dabei die Schwierigkeiten dort): »Wir in ... haben immer ...« und höre immer öfter: »Wir machen das aber schon immer so hier!«.

Anderseits ist der Rückweg versperrt: die alte Arbeitsstelle ist neu besetzt, vor der ehemaligen Wohnungstür hängt ein fremdes Namensschild. Das gemeinsame Zusammenleben und -arbeiten kann durch freudige Besuche nicht ersetzt werden. Bei Anrufen oder unangemeldeten Besuchen hat nach kurzer Freude keiner mehr so recht Zeit, alle sind beschäftigt – das Leben geht auch ohne mich weiter ...

Ein Freund erkrankt schwer, ein anderer zieht weg, in den von dort erzählten Geschichten sind immer mehr Namen unvertraut – auch die alte Heimat bleibt nicht unverändert!

Und würden meine neuen Erfahrungen dort wohl interessieren? Ich fühle mich zwischen den Welten: nicht mehr zugehörig, noch nicht angekommen ... unsicher, verlassen ...

Eine neue Sicherheit entsteht nur sehr zögerlich, unterbrochen immer wieder von Irritation über das Neue und Sehnsucht nach dem Alten. Im ständigen Vergleich zwischen beidem wird mir das Neue vertraut und ich verabschiede mich ... Zugehörig fühle ich mich momentan vor allem den anderen »Zugezogenen«. Und ab und zu gibt es Momente der Zufriedenheit mit der Vielfalt. Das Neue und das Alte wird mir vertraut werden – die neue Identität wird »bikulturell« sein.

K.R.: Nach einer leitenden Position in der schon erwähnten traditionsreichen psychoanalytischen Klinik wechselte ich als Ltd. Arzt in eine Rehabilitationsklinik mit langjähriger verhaltenstherapeutischer Tradition. In der Integration der beiden verschiedenen Schulen sah und sehe ich noch die zukünftige Entwicklung der Psychotherapie, für mich eine lohnenswerte Aufgabe.

Schnell aber mußte ich erfahren, was das Verlassen eingefahrener Bahnen bedeutet. Die einen zweifelten an meiner psychoanalytischen, die anderen sahen mich als Bedrohung ihrer sicher geglaubten verhaltenstherapeutischen Identität. An meiner neuen Arbeitsstelle wollte mich von den therapeutischen Mitarbeitern fast niemand. Die einen fürchteten um ihren Einfluß, die anderen die ungewohnten Anforderungen. Die Positionen schienen wie zementiert, die Bereitschaft gering, sich in seinem Arbeitsalltag neu zu definieren. Dies war die berufliche Seite der Migrationserfahrung.

Die private stellte sich nicht weniger isolierend dar. In dem kleinen Kurort sind die Informationswege kurz und die Beziehungsgeflechte innerhalb der kleinen Gemeinde zwangsläufig vielfältig. So kamen Informationen von meinem privaten Zuhause schnell in die Klinik: daß ich die Fenster nicht putze, eine Hängematte im Wohnzimmer habe und keinen Kleiderschrank. Plötzlich grüßten mich Menschen, die ich nicht kannte. In diesem kleinen Ort war ich zu einem Menschen des öffentlichen Interesses geworden, ohne am öffentlichen Leben wirklich teilzuhaben.

Nach inzwischen vier Jahren ist die berufliche Integration weit fortgeschritten. Im Privaten habe ich meinen Platz noch nicht befriedigend gefunden, bleibe an die Großstadt innerlich gebunden und sehne mich nach einer Ausgewogenheit zwischen Anonymität und Vertrautheit.

Identität

Unsere Schilderungen machen deutlich, daß es verschiedene Facetten unserer Identität gibt: die berufliche und die private, eine weibliche oder eine männliche, eine Identität als Ossi oder als Wessi, als politisch »Roter«, »Grüner« oder »Schwarzer« u.ä. Und doch sprechen wir von *unserer* Identität und erleben sie als Ganzheit, als in sich geschlossene Einheit. Trotzdem ist sie nicht getrennt von der Existenz anderer oder der Gemeinschaft zu denken, sie definiert sich quasi in Abgrenzung zu anderen.

Grinberg und Grinberg (1990) schreiben Tausk (1919) zu, als erster den Begriff der »Identität« in die psychoanalytische Literatur eingeführt zu haben. Ihm zufolge muß, so wie das Kind sein eigenes Selbst entdeckt, auch der Erwachsene in seinem Kampf um Selbsterhaltung ständig die Erfahrung des »Sich-Selbst-Begegnens« und »Sich-Selbst-Spürens« wiederholen.

Wir benötigen aber den anderen, um uns selbst zu begegnen, denn wir erkennen uns durch ihn, indem wir uns vorstellen, wie er uns sieht (Sartre 1994). Adler (1928) betont in seinen Ausführungen zum Gemeinschaftsgefühl die Bedeutung von Identifikationsprozessen als Grundlage jeder menschlichen Einfühlung. Diese Prozesse sind hiernach notwendig für die primär angestrebte Einordnung in eine Gemeinschaft und die damit verbundene Entwicklung eines stabilen positiven Selbstwertes.

Nach Freud (1926, zit. nach Grinberg & Grinberg 1990), der hier seine Bindung zum Judentum erklärte, beruht das «Bewußtsein einer inneren Identität« auf der »Heimlichkeit der gleichen seelischen Konstruktion« und ersetzt damit den Kern der Individualität in Beziehung zu der inneren Kohärenz einer Gruppe. Das Individuum hat damit teil an einem wesentlichen beständigen Merkmal einer Gruppe. Zugrunde liegen diesem Phänomen Erfahrungen im Verlauf der Sozialisation, durch die Bestandteile der Gruppenidentifikation übernommen werden, ohne daß man die vorrangigen Ziele dieser Gruppe, wie z.B. die Religionsausübung, teilen muß. So hat Freud z.B. die Religiosität nicht praktiziert, sich aber trotzdem der Tradition der Juden verbunden gefühlt.

Die Sozialpsychologen Simon und Mummendey (1997) beschreiben, daß sich die eigene Identität – und die des Gegenüber – aus den wahrgenommenen Ähnlichkeiten und Unterschieden zwischen mir und dem Gegenüber vor dem Hintergrund des sozialen Umfeldes herstellt. Damit ist Identitätsbildung eng verbunden mit Prozessen von Kategorisierung bzw. Gruppierung und ist dynamisch an einen wechselnden sozialen Kontext gekoppelt.

Aus psychoanalytischer Perspektive ist die Beziehung zu Gruppen und die Bereitschaft, sich mit bestimmten Merkmalen von ihnen zu identifizieren, abhängig von den verinnerlichten Selbst- und Objektbildern des Individuums. Im Laufe der kindlichen Entwicklung verinnerlicht das Kind wichtige Objekte[1], die es in Beziehung zu sich selbst, aber auch zu relevanten gesellschaftlichen Gruppen erlebt. Demgegenüber entstehen verinnerlichte Selbstbilder aus der Interaktion mit diesen Objekten und dem, was diese dem Individuum (Subjekt) über seine Person mitteilen.

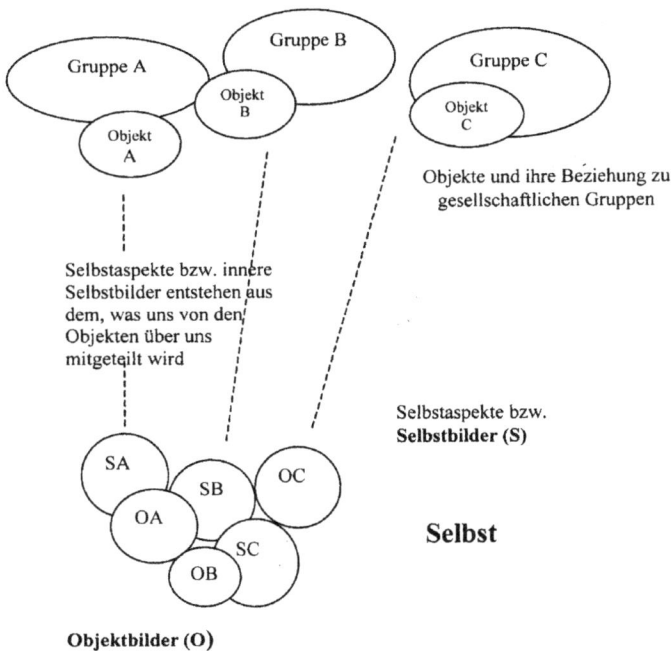

Gruppe A

Gruppe B

Gruppe C

Objekt B

Objekt C

Objekt A

Objekte und ihre Beziehung zu gesellschaftlichen Gruppen

Selbstaspekte bzw. innere Selbstbilder entstehen aus dem, was uns von den Objekten über uns mitgeteilt wird

Selbstaspekte bzw. **Selbstbilder (S)**

SA

SB

OC

OA

Selbst

SC

OB

Objektbilder (O)

Abb. 1: Bildung des Selbst. Entstehen von Selbst- und Objektbildern

---

[1] Mit Objekten sind in der psychoanalytischen Literatur Beziehungspersonen gemeint, die den Gegenpart zum Subjekt darstellen.

Beides – verinnerlichte Selbst- und Objektbilder, sowohl negative wie positive – konstituieren das »Selbst«. Demgegenüber entsteht Identität aus der Beziehung des Selbst zu seiner sozialen Umgebung, wobei die negativen oder positiven Selbst- und Objektbilder die Beziehung zu bestimmten sozialen Gruppen entweder bahnen oder hemmen, was natürlich eng verknüpft ist mit den oben von Mummendey und Simon beschriebenen Prozessen von Kategorisierung und Gruppierung.

Aktuelle Beziehungserfahrungen aktivieren in diesem Prozeß verschiedene dieser verinnerlichten Bilder, die durch diese neue Erfahrung verstärkt oder relativiert werden können. Die neuen Erfahrungen werden so in das Selbst integriert.

Die folgende Sichtweise von Grinberg und Grinberg (1990) faßt die oben beschriebenen verschiedenen Aspekte von Identität zusammen und verdeutlicht, daß der soziale Prozeß der Integration eines Individuums von innerpsychischen Integrationsleistungen begleitet bzw. von ihnen abhängig ist.

Identität durch integrative Bindungen

Die Sicherheit, auch bei äußeren Veränderungen und Wandlungen in seinem Selbst stabil zu bleiben, stellt die Grundlage des emotionalen Identitätserlebens dar. Grinberg und Grinberg (1990) sehen das Identitätsgefühl als Ergebnis eines ständigen Interaktionsprozesses zwischen drei integrativen Bindungen an: der räumlichen, der zeitlichen und der sozialen Bindung.

Die *räumliche Integration* umfaßt die Beziehung der unterschiedlichen Selbstaspekte zueinander. Diese Verbindung sichert den inneren Zusammenhalt des Subjekts und ermöglicht den Vergleich mit bzw. die Abgrenzung von anderen Objekten. Sie strebt nach der Differenzierung Selbst/Nicht-Selbst und führt zu der Gewißheit »*ich bin ich*«.

Übersteigen die Anforderungen, z.B. bei einer Migration, die Fähigkeit zur räumlichen Integration, entsteht ein Gefühl des inneren Zerfalls oder die Angst, von der neuen Kultur zerstückelt zu werden.

Dies beruht häufig auf einem Konflikt zwischen zwei entgegengesetzten Wünschen: dem nach Verschmelzung mit den anderen, um sich nicht ausgeschlossen zu fühlen und dem nach Unterscheidung von ihnen, um weiterhin man selbst zu bleiben.

Die *zeitliche Integration* verbindet die verschiedenen Darstellungen des Selbst in der Zeit und stellt damit eine Kontinuität her – »*ich bleibe ich, auch wenn sich die äußeren Umstände ändern*«. Die zeitliche Integrationsfähigkeit kann nicht nur bei Migration, sondern z. B. auch bei Scheidungen gestört werden, wenn der neue Lebensabschnitt nicht als eine folgerichtige Entwicklung aus dem vorherigen innerlich erlebt und bejaht werden kann und die Trennung als ein Bruch in der bisherigen Lebenslinie erscheint. Störungen der zeitlichen Integration können sich im Vermischen von Erinnerungen und aktuellen Situationen ausdrücken.

Die *soziale Integration* beinhaltet die Beziehung zwischen dem Selbst und aktuellen Beziehungspersonen. Sie basiert auf Identifikationsmechanismen und ermöglicht ein Zugehörigkeitsgefühl – »*ich fühle mich anderen zugehörig*«. Die soziale Integrationsfähigkeit wird bei Migrationen am stärksten gestört: die Umwelt ist unbekannt und für die Umwelt ist man unbekannt, wichtige Rollen in der alten Gemeinschaft sind verloren gegangen – man fühlt sich keiner Gruppe mehr zugehörig, die den eigene Wert bestätigen könnte.

Gruppe und individuelle Identität

Ländliches und städtisches Gemeinwesen

Die Identität des modernen Individuums zeichnet sich durch eine hohe Aufsplitterung in verschiedene Teilaspekte aus. Während in dörflichen Gemeinschaften – und hier vor allem in vorindustriellen Gemeinwesen – ein hohes Maß an Übereinstimmung zwischen den Individuen herrschen muß, um die ökonomische und soziale Sicherung der Gemeinschaft zu gewährleisten, ist besonders in hochindustrialisierten städtischen Gesellschaften eine größere individuelle

Vielfalt notwendig, um die Ökonomie wie auch die Kultur zu entfalten. Hier ist eine große Übereinstimmung zwischen den Individuen eher entwicklungshemmend.

In diesem Umfeld teilt das Individuum immer nur einen Teilaspekt seiner Identität mit einem begrenzten Teil der Gesellschaft, einen anderen Teilaspekt wiederum mit einem anderen Teil. So wird es unabhängiger von einer bestimmten Gruppe von Menschen, kann vielmehr bei unterschiedlichen Anliegen jeweils auf die Loyalitäten verschiedener Gesellschaftsgruppierungen zurückgreifen.

Wenn es einen Städter in eine ländliche Gemeinde verschlägt, wie oben an unserem Beispiel veranschaulicht, wird er Schwierigkeiten haben, sich mit seiner vielschichtigen Identität in die homogene Struktur des Dorfes bzw. der Kleinstadt einzuordnen. Umgekehrt verliert der ländlich Sozialisierte in der Großstadt seine festen Bezugspunkte. Es werden mehr individuelle Stellungnahmen von ihm gefordert, als er gewohnt ist und er kann sich nicht mehr so leicht einer allgemeinen Gruppenmeinung unterordnen. So weist Beck (1995) darauf hin, daß die qualitative Differenz zwischen traditionaler und moderner Biographie nicht darin liegt,»daß früher in ständischen und agrarischen Gesellschaften Kontrollen und Vorgaben die Lebensgestaltung auf ein Minimum eingeschränkt und eingeschnürt haben ...«, vielmehr hält er für entscheidend,»daß die modernen Vorgaben die Selbstorganisation des Lebenslaufes und die Selbstthematisierung der Biographie geradezu erzwingen«, will man nicht ökonomische Einbußen in Kauf nehmen (ebd., S. 11).

Identität entsteht, wie schon erwähnt, aus einem Wechselspiel zwischen Individuum und Gesellschaft. Je größer die Gemeinschaft, desto mehr Individualität kann sie nicht nur verkraften, sondern benötigt sie für ihre Entwicklung und desto facettenreicher stellt sich individuelle Identität dar.

Je mehr sich aber Gemeinschaft von außen bedroht fühlt, desto mehr rückt sie wieder zusammen und grenzt»Andersartige« aus. Die Gruppe funktioniert hier wie ein Individuum. Durch die Ausgrenzung quasi negativer Selbst-/Gruppenaspekte stabilisiert sich die Gruppe und schützt sich vor Ambivalenzen. Das»sowohl als auch« wird zu einem»entweder – oder«.

Der Wunsch nach positiver Selbst-Definition

Es ist ein grundlegendes Bedürfnis des Menschen und eine wichtige Voraussetzung für seine psychische Gesundheit, die eigene Identität stabil positiv bewerten zu können.

Zahlreiche Forschungsergebnisse aus der Sozialpsychologie zeigen, wie selektive Wahrnehmung, Informationsverarbeitung und -speicherung dazu beitragen, ein positives Selbstkonzept zu erlangen und dem widersprechende Einschätzungen auszusortieren (Taylor & Brown 1988). Positive Bewertung der eigenen Person und Identität sei für die geistige Gesundheit und die Bewältigung der Lebensaufgaben funktionaler als eine wirklich realitätsgerechte Bewertung.

Die positive Bewertung ist das Ergebnis eines Vergleichs der eigenen Person mit einem Vergleichsobjekt bezüglich eines bestimmten Wertes, wobei die Vergleichsparameter günstigenfalls so gewählt werden, daß der Vergleich mit einem positiven Ergebnis für die eigene Person endet. Hilfreich dabei ist auch entweder die Aufwertung der eigenen bzw. die Abwertung der Vergleichsperson. Eine psychologische Erkenntnis, der man sich gerne in Wahlkämpfen bedient.

Dieses sozialpsychologische Phänomen erklärt sich tiefenpsychologisch aus der individuell begrenzten Ambivalenztoleranz. Die Fähigkeit, positive und negative Selbst- und Objektbilder in sich bewußt werden zu lassen und zu ertragen, erfordert ein stabiles Ich. Verschiedene Abwehrmechanismen schützen uns vor der Erkenntnis unserer inneren Zerissenheit. Schiller hat in seinem Gedicht »Das verschleierte Bild zu Sais« lyrisch dargestellt, wie der unvorbereitete Jüngling bei der Konfrontation mit der Wahrheit über sich, d.h. auch mit seiner inneren Widersprüchlichkeit, dem Wahnsinn verfällt.

Selbstdefinition und soziales Umfeld

Die Definition der eigenen Person, des eigenen Selbst bzw. die Gewichtung der verschiedenen Selbstaspekte ist auch abhängig von den sozialen Bedingungen, unter denen sie erfolgt.

Schon Freud (1923) hat auf den Unterschied hingewiesen zwischen dem Erleben und Verhalten des Menschen als Individuum einerseits und als Mitglied einer Gruppe oder Masse andererseits. Zahlreiche sozialpsychologische Versuche und Alltagsbegebenheiten zeigen, daß Menschen sich anders verhalten, wenn sie sich einer Gruppenmajorität zugehörig fühlen, als wenn sie außerhalb eines Gruppenkontextes als Individuum auftreten.

Die hochindustrialisierte Gesellschaft ist gekennzeichnet durch die Möglichkeit für das Individuum, sich mit einer Vielzahl sozialer Gruppen zu verbinden. Hierdurch können wir sehr verschiedene Teilaspekte unseres Selbst in sehr unterschiedlichen Gruppen entfalten, d.h. wir identifizieren uns mit verschiedenen Gruppen, deren Merkmale sich z.t. auch widersprechen können (z.b. politische Partei und konfessionelle Bindung).

Diese Vielfalt möglicher Identifikationen erlaubt es nach Simon und Mummendey (1997) dem Subjekt, sich als unterscheidbares Individuum zu sehen und zu beschreiben und damit ein individuelles Selbst zu konstruieren, welches eine umfangreiche Menge verschiedener Selbstaspekte enthält und in dieser bestimmten Menge und Auswahl nicht kopierbar ist.

Da die identifikatorische Beziehung mit bestimmten gesellschaftlichen Gruppen in hochindustrialisierten Gesellschaften zeitlich befristet ist, tritt durch diese gestiegene »Impermanenz der Wir-Beziehungen« das Individuum als das einzig Permanente, mit dem man lebenslang zusammenleben muß, in den Vordergrund (Elias 1988).

Individuelles und kollektives Selbst

Das aktuelle Selbst-Verständnis einer Person wird bestimmt durch die momentane Selbstinterpretation – das meint den kognitiven Prozeß, durch den ein Mensch sein eigenes Verhalten und Erleben sowie die Reaktion seiner Umwelt ihm gegenüber in einen Sinnzusammenhang bringt. Dieses Selbstverständnis wirkt dann wieder als Orientierung für weiteres Verhalten und Erleben. Simon und Mummendey (1997) heben zwei Selbstinterpretationsvarianten hervor: die Selbstinterpretation als austauschbares Gruppenmitglied – *kollektives Selbst* – und die Selbstinterpretation als einzigartiges Individuum – *individuelles Selbst.*

Im Gegensatz zu der betonten Einzigartigkeit des *individuellen Selbst* kann ich mich unter bestimmten sozialen Bedingungen als austauschbares Mitglied einer bestimmten Gruppe begreifen und darstellen und mein Erleben und Verhalten vorrangig im Licht dieses sozial geteilten *kollektiven Selbstbildes* interpretieren – dann tritt die Ähnlichkeit mit den Personen, mit denen ich dieses Selbstbild teile, besonders hervor und Unterschiede zu Personen, die diesen Selbstaspekt[2] nicht teilen, werden betont.

Die Einordnung in eine Gruppe übt über meine individuelle Sicht hinaus einen entscheidenden Einfluß darauf aus, wie ich mich und andere wahrnehme, bewerte und behandle.

Kollektive Selbstinterpretationen können außer dem dominierenden und sozial geteilten auch noch andere Selbstaspekte enthalten – diese stehen aber mit dem dominierenden in Verbindung bzw. sind von diesem abhängig, während die verschiedenen Selbstaspekte eines individuellen Selbstbildes voneinander unabhängig sind.

Ob ich mich als Individuum sehe und präsentiere oder als Gruppenmitglied, hängt entscheidend von meinem sozialen Kontext ab – und andererseits wirkt die Interpretation als individuelles oder kollektives Selbst wieder auf die mich umgebenden sozialen Beziehungen ein.

Eine positive Bewertung der eigenen Person über die Zugehörigkeit zu einer sozial anerkannten Gruppe zu erringen scheint leichter erreichbar. Wie verlockend es ist, einer Majorität anzugehören und wieviel psychischen Streß es bedeutet, sich angesichts einer Mehrheit in der Minderheit zu befinden, haben vielfältige sozial-

---

2 Die oben beschriebene Konzeptualisierung von Simon und Mummendey orientiert sich am Konzept des Selbst-Aspektes von Linville (1985, 1987). Danach sind Selbstaspekte kognitive Strukturen, die zur Organisation des Wissens über die eigene Person dienen und aus Erfahrungen in bestimmten Situationen resultieren, Erfahrungen beeinflussen und ein bestimmtes Verhalten anregen. Das psychoanalytische Konstrukt des Selbst umfaßt dagegen die Gesamtheit der psychischen Strukturen sowie des körperlichen und seelischen Erlebens, in seinen bewußten und unbewußten Dimensionen.

psychologische Experimente gezeigt (z.B. Asch 1956). Mehrheiten können dabei nicht nur Minderheiten zu einem bestimmten Urteil bewegen, sie können darüber hinaus sogar dafür sorgen, daß Probleme und Entscheidungen nur noch aus dem Blickwinkel der Mehrheit betrachtet werden (Nemeth & Kwan 1987). Das daraus folgende Gruppendenken nährt eine Illusion von Stärke und Unverletzbarkeit, von der jeder einzelne ein Stück für sein eigenes Selbstbild abbekommt.

Wer die sogenannten »Montagsdemonstrationen« in Leipzig im Vorfeld der Wiedervereinigung miterlebt hat, konnte sich der Euphorie und den Allmachtsphantasien kaum entziehen, die mit diesem Aufmarsch zehntausender völlig unterschiedlicher, aber durch eine gemeinsame Idee geeinter Menschen verbunden war. Die Gemeinsamkeit der verbindenden Idee verleiht scheinbare Stärke und Sicherheit, aber der Denk- und Handlungsspielraum und die Kritikfähigkeit eines jeden werden begrenzter und unflexibler.

Zudem kann man sich die mit der Gruppe verbundenen positiven Bewertungen quasi »im Paket« aneignen, statt sie einzeln mühsam erwerben zu müssen. Mischformen sind denkbar und erhöhen in ihrer Kombination noch den positiven Wert der eigenen Identität: z.B. das Selbsterleben als herausgehobenes unentbehrliches Mitglied oder gar als Führer einer anerkannten Gruppe.

Wo Integration in eine Gruppe angeboten und sogar sozial hoch angesehen ist, kann dies u.U. als leichtere Möglichkeit des Erwerbs eines positiv bewerteten Selbstaspektes genutzt werden. Dies wird insbesondere in totalitären Regimen ausgenutzt, um Heranwachsende über die Ideologie eines idealisierten Gemeinwesens an den Staat zu binden.

In den demokratischen hochindustrialisierten westlichen Gesellschaften dagegen wird die Individualität eher gefördert. Durch formale Gleichheit der Chancen und Förderung individueller Interessen und Fähigkeiten vervielfältigen sich die Lebensmöglichkeiten. Der Einzelne erträgt die Bindung an feste Lebensformen und die Reglementierungen einer bestimmten Gruppe immer schwerer, möchte sein Leben individuell gestalten und den Ertrag seiner individuellen

Fähigkeiten genießen. Dadurch werden die sozialen Gruppen durchlässiger, ein beliebiger Wechsel möglich, die Bindung an die Gruppe nimmt eher ab.

Mit dem relativen Bedeutungsverlust traditioneller Gemeinschaften einher geht eine zunehmende Komplexität der Zugehörigkeiten und Bindungen, in denen jeder einzelne gehalten wird. Immer seltenen gehören wir nur einer sozialen Gemeinschaft an, die unsere gesamten Lebenszusammenhänge bestimmt (Beck 1994) – vielmehr gehören wir immer mehr verschiedenen, voneinander unabhängigen sozialen Gemeinschaften an, die mitunter sogar miteinander in konflikthaften Beziehungen stehen. So besteht also nicht nur eine Gruppe aus vielen unterschiedlichen Mitgliedern, sondern jedes Individuum inkorporiert seinerseits zahlreiche verschiedene Gruppen (Allport 1962).

Je mehr unterschiedlichen Gruppen sich ein Individuum zugehörig fühlt, um so sicherer ist darüber seine Einzigartigkeit bestimmt, da es immer unwahrscheinlicher wird, daß ein anderer Mensch über die gleichen Gruppenzugehörigkeiten verfügt (Simmel 1958). Kollektive Selbstinterpretationen werden im individuellen Selbst synthetisiert, zu einer neuen Einheit zusammengefügt (»patchwork«; Keupp 1988 oder »Bastelexistenz«; Hitzler & Honer 1994). Individuelle und kollektive Selbstinterpretation ermöglichen und gestalten sich also gegenseitig.

Die moderne Gesellschaft bietet dem Einzelnen also eine große Menge möglicher Selbstaspekte und schafft damit die Grundlage für die Selbstinterpretation als einzigartiges Individuum. Während die Austauschbarkeit und Wählbarkeit von Vergemeinschaftungen insgesamt zunimmt, wird allerdings die Stabilität jeder einzelnen Gemeinschaft beeinträchtigt (Elias 1988, 1990). Während die kollektiven Selbstinterpretationen aufgrund der oben beschriebenen relativen Instabilität sozialer Gruppen häufig nur temporären Charakter haben, bleibt das Ich, die Individualität, das einzig Überdauernde in der Zeit.

Das individuelle Selbst unterscheidet sich vom kollektiven Selbst also nicht durch seine Unabhängigkeit von Gruppen überhaupt, vielmehr durch die Vielzahl seiner Gruppenidentifikationen.

Die Interpretation als individuelles Selbst ist differenzierter und unabhängiger – individueller eben – als die Interpretation als austauschbares Gruppenmitglied. Andererseits ist sie aber auch schwieriger zu erwerben, weil man nicht die unterstützende Solidarität einer Gruppenmehrheit im Rücken hat und sich das Individuum immer aktiv um die Aufnahme in oder um eine Beziehung zu Gruppen bemühen muß, was ein Mindestmaß an Selbstsicherheit und sozialer Kompetenz erfordert.

Nach Linville (1985, 1987) hat eine individuelle Selbstinterpretation mit einer großen Anzahl unabhängiger Selbstaspekte eine Schutzwirkung gegenüber starker psychischer Belastung. Von Krockow beschreibt dies so: »... unser Lebensgebäude (wird) vielleicht beschädigt, aber nicht zerstört, wenn viele Pfeiler es tragen und einer davon einmal wegbricht«. (1987, zit. nach Simon & Mummendey 1997, S. 33)

Die Identifikation als individuelles Selbst wird außerdem gefördert durch die Tatsache, daß sie sich sozusagen körperlich unmittelbar an den eigenen biologischen Organismus heften kann (Allport 1968). Das individuelle Selbst besitzt also im Gegensatz zu dem anonymeren kollektiven Selbst einen klaren sicht- und fühlbaren Ort der Existenz mit eindeutigen Grenzen. Gruppen können diesen Mangel einer konkreten Verkörperung ausgleichen, wenn sie das kollektive Selbst an eine (wenn auch nur scheinbar) biologisch verankerte gemeinsame Wesensart wie z. B. arische Rasse oder geschlechtliche Orientierung oder eine gemeinsam idealisierte konkrete (Führer)-Person heften.

Identität zwischen Ähnlichkeiten und Unterschieden

Durch Migration und Remigration und die damit einhergehende Konfrontation mit Fremdheit ist die positive Bewertung der eigenen Person unter Umständen gefährdet.

Gelange ich in die »Fremde«, stehe ich plötzlich möglicherweise allein einer Vielzahl andersartiger Menschen gegenüber, die ich einander ähnlich, mir aber fremd erlebe. Die zahlenmäßige Unterlegenheit wird in mir die Wahrnehmung einer »Gruppe« anregen, wo ich allein mit einem anderen z.B. aus dieser Gruppe ihn eher als Individuum erleben würde.

Ähnlichkeit und Verschiedenheit sind in unseren Erfahrungen verbunden mit anderen polarisierenden sozialen Erfahrungen wie etwa Zugehörigkeit und Ausgeschlossensein, so daß unser soziales Verhalten davon beeinflußt ist, wie ähnlich oder verschieden ich den anderen erlebe. Z.B. sind wir meist freundlicher und vertrauter denen gegenüber, die wir als uns ähnlich erleben. Wahrgenommene Ähnlichkeiten oder Unterschiede haben so einen wichtigen Anteil bei der Begründung der eigenen Identität. Beruht die eigene Identität hauptsächlich oder zu einem großen Teil auf der Zugehörigkeit zur gerade verlassenen Gruppe in der Heimat, wird sie in der Begegnung mit der Fremdgruppe eher zu erschüttern sein. Definiert sich die eigene Identität hauptsächlich als individuelles Selbst, wird man sich eher mit den einzelnen Individuen innerhalb der Fremdgruppe vergleichen.

Entscheidend kann auch hier die Wahl der Vergleichsgruppe sein: im Beruf fühlt man sich vielleicht gleich gar nicht mehr so fremd, weil man am gleichen Thema arbeitet, ebenso im Verein bei der Begeisterung für den selben Sport oder beim Austausch über die selben Sorgen und Freuden bei jungen Müttern, die sich im Kindergarten kennenlernen. Letztendlich ändert sich damit die Gruppierung und die soziale Identifikation: ich bin nicht mehr die Fremde aus G., sondern wir sind die Analytiker unter den Psychotherapeuten, die Volleyballer, die jungen Mütter ...

Ist aber die positive Bewertung meiner eigenen Identität sehr mit der Zugehörigkeit zur alten Gruppe verbunden, so werde ich die innere Zugehörigkeit nicht so schnell aufgeben können und die alte Gruppe eher idealisieren. Es liegt nahe, dabei immer wieder meine Verschiedenheit gegenüber der neuen Gruppe zu betonen, was bei dieser wahrscheinlich das Bedürfnis hervorrufen wird, wiederum eigene Vorteile in den Vordergrund zu rücken. Damit verstärkt sich die Wahrnehmung der gegenseitigen Unterschiede, es entsteht Konkurrenz und der Erwerb neuer Gruppenidentität wird erschwert.

Die Differenz der Erfahrungen

Die Möglichkeit, mich nach einer Migration mit verschiedenen Gruppen in meiner neuen Umgebung zu verbinden, hängt entscheidend davon ab, wie fremd mir der Verhaltenskodex dieser Gruppen ist.

Eine türkische Mutter aus einer ländlich-bäuerlichen Gegend wird auch mit deutschen Müttern im Kindergarten wenig Gemeinsamkeiten finden. Sie bleiben einander fremd und können sich wegen des extremen Unterschieds in ihren sozialen Erfahrungen und ihrer Selbstinterpretation, z. B. auch als Mutter, wechselseitig nicht ineinander einfühlen. Man bleibt sich fremd auf Grund der begrenzten Vergleichbarkeit der eigenen Erfahrungen. Es gibt quasi außer der Mutterschaft wenig Merkmale am anderen, die mir ähnlich sind und mit denen ich mich identifizieren kann. Solche identifikatorischen Prozesse aber wären die Grundlage persönlicher Beziehungen.

Dieser Zusammenhang macht auch deutlich, warum in bikulturellen psychotherapeutischen Beziehungen die Behandlung zu einem hohen Prozentsatz innerhalb der ersten 3 Sitzungen abgebrochen wird (Gießener Modellprojekt 1987). Beide am Therapieprozeß Beteiligten – in diesem Modellprojekt Mitglieder türkischer Familien und einPsychotherapeut – erkennen am anderen keine Ähnlichkeiten, so daß eine Übertragungsbeziehung von Seiten des Patienten nicht aufgebaut werden kann und es dem Therapeuten an Einfühlung in den Patienten mangelt.

Leichter fällt erfahrungsgemäß den Menschen aus west- und südeuropäischen Ländern die Integration in die hoch-industrialisierte deutsche Gesellschaft. Sie teilen mit uns die religiösen und historischen Wurzeln der abendländischen Gesellschaft, so daß sich der ihnen geläufige Verhaltenskodex, ihre Riten und Sitten von denjenigen des Gastland nicht so sehr unterscheiden. Aber auch hier fällt die Eingliederung den Menschen leichter, deren Sozialisation in einem eher städtisch industrialisierten, also dem Gastland ähnlichen Umfeld stattgefunden hat, als den in ländlichen und bäuerlichen Strukturen aufgewachsenen.

Bedrohte Identität und Rettungsversuche

Aktivierung des kollektiven Selbst

Wenn nun wesentliche Teilaspekte der eigenen Identität gesellschaftlich abgelehnt werden (z.B. Sprache, Aussehen, sexuelle Orientierung), versucht das Ich, sich durch Aktivierung kollektiver Selbstinterpretationen zu stabilisieren. Der Ausländer wird sich z. B. mit seinen Landsleuten zusammenschließen, der Behinderte wird sich einer Selbsthilfegruppe und der Homosexuelle einer Gay-group anschließen. Hier erfährt er Unterstützung in der Abwehr äußerer Bedrohung und Bestätigungen seines außerhalb der Gruppe bedrohten Selbstwertes.

Durch diesen Rückgriff versichert sich das Individuum des Schutzes einer Gruppe und hat teil an ihrer Stärke. Diese Aktivierung der Symbiose wird auch von einem Kind vorgenommen, wenn es sich bei äußerer Bedrohung in den Schoß der Mutter zurück flüchtet oder sich am Hosenbein des Vaters festhält. So hat es teil an deren Macht und kann der Bedrohung begegnen.

Derselbe Mechanismus kann von einer Gruppe aktiviert werden, wenn sie sich als bedroht erfährt. Sie sucht sich in diesem Fall eine andere Gruppe, die sie als mächtiger und stärker erlebt und in der sie im Rahmen eines identifikatorischen Prozesses als Teilgruppe aufgehen kann. Steht eine solche Gruppe nicht zur Verfügung, so kann die schutzsuchende Gruppe auch auf eine real nicht existierende aber z. B. historisch bekannte Gruppe zurückgreifen, mit der sie sich über die Benutzung ihrer Symbole und Rituale verbindet. Diese gewinnen hierbei die Bedeutung von Übergangsobjekten, die das Herbeigesehnte symbolhaft ersetzen (Winnicott 1969).

Aktivierung primitiver Abwehrmechanismen

Individuen und Gruppen sind durch positive wie negative Selbst-/Gruppenaspekte gekennzeichnet, die sich auch widersprechen können. So kann man in seiner unmittelbaren Umgebung gegen Ausländer Stimmung machen und sonntags in der Kirche für die armen Kinder der Dritten Welt spenden.

Um diese gegenläufigen Selbst-/Gruppenaspekte in sich integrieren zu können, muß das Ich oder die Gruppe fortlaufend Energie aufwenden (z.b. in Form kritischer Selbstreflexion oder Ambivalenztoleranz), um gegen die Tendenz anzugehen, sie zu trennen. Wir können diese Tendenz in Anlehnung an die Physik als psychische Entropie bezeichnen. Wird die Integrationsleistung des Ich oder der Gruppe durch äußere Bedrohung überfordert, z. B. durch Akzentuierung der inneren Widersprüche, werden primitive (= wenig differenzierende) Abwehrmechanismen aktiviert. So predigt die Katholische Kirche den Schutz des ungeborenen Lebens, aber es ist noch nicht so lange her, daß in kirchlich geführten Krankenhäusern oder Gymnasien schwanger gewordene Mädchen der Schule verwiesen wurden. Das sonst so schützenswerte ungeborene Leben ist unter diesen Umständen weniger ein Geschenk Gottes und entspricht einem positiven Selbstaspekt, sondern wird vielmehr zum persönlichen Makel, zum negativen Selbstaspekt.

An diesem Beispiel läßt sich noch ein anderer Mechanismus verdeutlichen, nämlich die Tendenz zur Externalisierung negativer Selbstaspekte. Bei einer Gruppe drückt sich dies darin aus, Andersartige/-denkende auszugrenzen und die eigene kollektive Selbstdefinition auf wenige markante idealisierte oder idealisierende Merkmale zu begrenzen, während anderen Gruppen abwertende Merkmale zugeschrieben werden. In dem oben beschriebenen Beispiel fühlt sich die Kirche durch öffentlich gewordene Mißachtung ihres Sittenkodex (durch die Schwangerschaft eines unverheirateten Mädchens) in ihrem Machtgefüge bedroht. Da Abtreibung zu dieser Zeit außerhalb der medizinischen Indikation noch verboten war, konnte man sich formal weiter dem ungeborene Leben verpflichtet fühlen und es gleichzeitig als Ausdruck eines negativen Selbstaspektes des Mädchens (vorehelicher Geschlechtsverkehr = unsittlicher Lebenswandel) und unausgesprochen der Institution (Schwesternschule, Gymnasium), in der sie sich befand, brandmarken. Die »Gefallene« wurde zur Trägerin eines negativen Gruppenaspektes und aus der Gemeinschaft entfernt.

Verbunden mit dieser Neigung ist die Tendenz, negative Aspekte zu externalisieren und die Verursachung oder Schuld auf andere oder bestimmte Umstände zu projizieren: »Seit sie in dieser Clique ist, hat sie sich sehr zu ihrem Nachteil verändert« oder »Da ist doch nur diese neue Musik schuld, mit der sie sich ständig volldröhnt.«

Kollektive Selbstinterpretation und die Entstehung individueller und kollektiver Gewalt

Wie oben schon erwähnt, neigt das destabilisierte Selbst dazu, sich neben der Aktivierung primitiver Abwehrmechanismen Schutz in einer Gruppe zu suchen, die kollektive Selbstinterpretation zu aktivieren und an die Gruppe einen Teil der Integrationsleistung zu delegieren. In einer solchen Situation stellt sich das Individuum meist unbewußt die Fragen: An welche Gruppe kann ich mich anschließen? Finde ich eine genügend starke Gruppe, nimmt sie mich auf oder muß ich mit einer minder starken Gruppe vorlieb nehmen?

Gerade für Menschen, die sich aus den verschiedensten Gründen am Rand der Gesellschaft fühlen oder sich auch real befinden, ergeben sich oft keine Möglichkeiten, Aufnahme in gesellschaftlich anerkannten Gruppen zu finden. So bleibt ihnen nur die Identifikation mit einer Randgruppe, die sich wiederum darum bemühen kann, Anschluß an eine in ihren Augen stärkere Gruppe zu finden.

Lassen sie uns das unglückliche Zusammenspiel persönlicher Ohnmachtserfahrung und mangelnder kollektiver Stabilisierungsangebote an einem fiktiven Beispiel verdeutlichen:

Ein arbeitsloser Jugendlicher der Unterschicht erlebt sich als Verlierer der Gesellschaft. Er sieht keinen Sinn in seinem Leben, jede Perspektive für ein befriedigendes selbstbestimmtes Leben, z.B. mit einer Familie, die er ernähren kann, fehlt ihm.

Er sucht Schutz in einer Gruppe (Aktivierung des kollektiven Selbst). Gesellschaftlich anerkannte Gruppen lehnen ihn ab, sie spalten negative Selbst-/Gruppenaspekte ab, sondern ihn aus. In einer Randgruppe dagegen findet er Aufnahme, er schließt sich z.B.

den Hooligans an. In der Randgruppe sammeln sich die Menschen, die sich als Gemeinsamkeit auf irgendeine Weise als Verlierer der Gesellschaft definieren. Obwohl sie sich durch überkompensatorisches Machtgehabe selbst ihre vermeintliche Bedeutung bestätigen, erlebt sich auch diese Gruppe innerhalb der Gesellschaft als zu wenig anerkannt. Um sich ihrer Ohnmacht nicht bewußt werden zu müssen, unterbleibt eine kritische Selbstreflexion. Ihre psychische Stabilität läßt die Integration negativer Gruppenaspekte nicht zu. Als »kollektives Selbst« spaltet sie in Gut und Böse und identifiziert sich wiederum mit einer größeren Gruppe, die Macht und Stärke verspricht, z.B. den Nazis. Da diese Gruppe real nicht mehr existiert, benutzt man die Symbole und Rituale, die ihr zugeschrieben werden. Diese gewinnen die Bedeutung von Übergangsobjekten, die das Herbeigesehnte symbolhaft ersetzen. Die Gruppe in unserem Beispiel gewinnt nun zusätzliche Stabilität durch die eigene Idealisierung (omnipotente Größenphantasie) und die Abwertung derjenigen, die von den Gruppennormen abweichen. Das können die Fans anderer Fußballclubs sein, aber auch einfach die vermeintlichen Gewinner der Gesellschaft. Auf sie wird die Ursache des eigenen Mißerfolges projiziert. Schuld ist nicht mehr die schlechte Ausbildung oder Schulleistung, sondern es sind z.B. die Ausländer, die ihnen ihre Arbeitsplätze wegnehmen, ihnen ihren Lebensraum streitig machen.

Verbunden mit primitiven Abwehrmechanismen ist die Bereitschaft, der eigenen Ohnmacht durch Machtgehabe und Gewaltausübung überkompensatorisch zu begegnen. So wird gegen diejenigen Gewalt ausgeübt, die mit der eigenen Misere in Verbindung gebracht werden. Entweder sind es die »Spießbürger« mit ihren frisch gewachsten Autos, die Ausländer oder die Polizei als Vertreter des verhaßten Staates oder der Gesellschaftsordnung, in der sie sich nicht angemessen anerkannt fühlen.

Die individuelle kritische Reflexion tritt hinter die kollektive Selbstinterpretation zurück, die Gruppe erstellt die Regeln und das abhängig von der aktuellen sozialen Umgebung. So ist auch die Gewalt gegen die französische Polizei im Anschluß an ein Weltmeisterschaftsspiel der Deutschen zu sehen: Die Polizei wird zum Symbol der französischen Gesellschaft und des verlorenen Fußballspiels. Dies kann den Auslöser für die unbewußte Aktualisierung der eigenen Misere darstellen und irgendeines der Gruppenmitglieder zur überkompensatorischen Machtdemonstration und zum Gewaltausbruch animieren. Es interpretiert in dieser emotionalen Situation – eventuell auch unter Alkoholeinfluß – die Gruppennorm, die individuelle kritische Selbstreflexion tritt damit in den Hintergrund.

Der Identifikationsprozeß als Brücke zwischen Kultur und Individualität

Die Kultur erfüllt für das Individuum die Funktion einer Gruppe und dient der kollektiven Selbstinterpretation. Gerade im Migrationsprozeß dient die Identifikation mit der Kultur der Heimat dem Erhalt der psychischen Stabilität. Sie kann als quasi symbiotisches Objekt zu einem wesentlichen Bezugspunkt kollektiver Selbstinterpretation werden.

Insbesondere die Arbeitsmigranten der ersten Generation kamen mit dem Ziel nach Deutschland, nur eine begrenzte Zeit hier zu arbeiten. Sie wollten in ihre Heimat zurückkehren und dort mit dem hier verdienten Geld eine sichere Existenz aufbauen. Sie wollten sich nicht in das Gastland integrieren, denn mit jeder Assimilation fremder Gedanken und Gebräuche riskierten sie, sich der Heimat zu entfremden. Auch die Weigerung, sich die Sprache des Gastlandes anzueignen, entsprach häufig diesem inneren Widerstand.

Typische Gegenstände der vertrauten Herkunftskultur schmücken mehr als sonst üblich die Wohnungen der Immigranten. Sie stützen das Identitätsgefühl: sichern die Abgrenzung von den Einheimischen, heben die Existenz einer Vergangenheit hervor und schaffen so eine Kontinuität zur eigenen Vergangenheit und erinnern an Beziehungen zu abwesenden Menschen. Diese Requisiten der Kultur gelten als Symbol der Heimat und als Garant, ein Teil dieser Heimat geblieben zu sein. Sie bergen aber auch die Gefahr, die Aufnahme von Neuem zu verhindern und die Vergangenheit für Gegenwart zu halten.

Viele Migranten kamen und kommen aus ländlichen, industriell unterentwickelten Landstrichen, in denen die kollektive Selbstinterpretation das Überleben des Clans und der dörflichen Gemeinschaft sichert. Dagegen werden sie hier mit einem individuellen Selbstideal konfrontiert, das auf verschiedenen Ebenen persönliche Stellungnahmen fordert. Die Vielfalt individueller Selbstinterpretationen überfordert ihre Integrationsfähigkeit. Das Ich aktiviert nun aus Angst vor dem eigenen Zerfall und dem paranoiden Gefühl, von der fremden Kultur verschlungen zu werden, die kollektive Selbstinterpretation. Die Kultur dient diesem Bestreben und bietet sich an als Objekt der Symbiose.

Je größer die Bedrohung, desto größer die Verschmelzungswünsche, desto geschlossener, d.h. idealisierter das System, die Gruppe oder die Kultur (Abel 1980).

Mit der Idealisierung der eigene Kultur wird diese auch statisch. Gerade die Kulturpflege im Ausland ist häufig dadurch gekennzeichnet, daß die Migranten aus Angst, die eigenen Wurzeln zu verlieren, ihre Sitten und Gebräuche unverändert tradieren, ohne sie den aktuellen Lebensbedingungen anzupassen. So erleben sie sich nach einigen Jahren nicht nur weiterhin als fremd in der neuen Umgebung, sondern werden auch in der alten Heimat als Fremde erkannt.

Die Tendenz, die eigene Kultur zu idealisieren, können wir in Deutschland insbesondere in Zeiten wirtschaftlicher Depression beobachten. Dann wird auch von Mitgliedern der politischen Rechten gerne auf die Idealisierung zurückgegriffen, um den Zu-kurz-gekommenen die Identifikation mit der eigenen Kultur trotz schlechter Lebensbedingungen schmackhaft zu machen. Diese Idealisierung wird dann i. d. R. mit der Entwertung von Menschen anderer Kulturen in unserem Land verbunden, die für verschiedenste negative Entwicklungen verantwortlich gemacht werden.

Ein lebendiges Verhältnis zur Kultur zeichnet sich aus durch ein Wechselspiel zwischen Identifikation und Distanzierung. Hierbei befreit sich nach Stein (1987) das Individuum Schritt für Schritt vom Zugriff der »unbewußten Kultur«. Emotionale Reife oder symbiotische Umklammerung können daran gemessen werden inwieweit ein kulturelles System eine Vielfalt in der Freiheit des Denkens und Fühlens ermöglicht.

Selbstinterpretation und psychosoziale Gesundheit

Ein befriedigendes Verhältnis zwischen Selbstinterpretation und realen Lebensmöglichkeiten stellt unseres Erachtens eine Bedingung für psychosoziale Gesundheit dar.

Viele der nach Deutschland emigrierenden Arbeitsmigranten kommen aus Regionen, in denen sie aufgrund der herrschenden Lebensbedingungen eine kollektive Selbstdefinition entwickelt haben. Häufig bleiben sie an das familiäre Kollektiv und die Kultur innerlich gebunden und können hier keine Gruppen finden, mit denen sie sich identifizieren könnten oder die bereit wären, sie als Gruppenmitglieder zu akzeptieren.

Die Verbindung zur Heimat wird häufig über die Eltern wachgehalten, so daß nach vielen Jahren der Trennung deren Tod die Entfremdung von zu Hause erst bewußt werden läßt. Die Identifikation mit der Familie oder dem Dorf trägt nicht mehr und hier haben sich die Kinder eher einem individualistischen Lebensstil angepaßt. Die eigene Familie gibt nicht mehr die Geborgenheit und den Schutz der Gruppe. Andere Identifikationsmöglichkeiten außer mit der eigenen Kultur wurden über die Jahre nicht erschlossen. Es entsteht ein Gefühl, schutzlos zurückzubleiben, wertlos zu sein. Aus der Großfamilie ist u.U. eine zerbröckelnde Kleinfamilie geworden. Die Remigration in das idealisierte Heimatland ist nicht mehr wie erträumt möglich, weil die eigenen Kinder in Deutschland bleiben wollen oder man in der Heimat nicht mehr die früher gewohnte Akzeptanz erfährt. Man ist auch den alten Freunden oder den weiteren Familienangehörigen fremd geworden, einige sind vielleicht schon gestorben. Auch die Heimat hat sich verändert, ist nicht mehr der Hort der Kindheit und Jugend.

Die schmerzliche Erfahrung der Einsamkeit wiegt in der Fremde mehr, scheint hier kaum Möglichkeiten zu lassen, sich neu zu orientieren. Dem Zusammenbruch der sozialen Bezüge folgt nicht selten die psychische und physische Dekompensation. Depressionen oder somatoforme Schmerzstörungen sind häufig die Folge. Als sekundärer Krankheitsgewinn können hierdurch u.U. die kollektive Selbsthilfe mobilisiert und so die familiären Bindungen wieder gestärkt werden. Nicht immer jedoch führt eine derartige Lösung –»Anpassung als Krankheit«, wie Möhring es in seiner Arbeit (in diesem Band) nennt – zu einer Aktivierung der sozialen Bindungen, wie das folgende Beispiel zeigt:

> Ein 50-jähriger Marokkaner kommt wegen Depressionen und einer somatoformen Schmerzstörung zur stationären Aufnahme. Bedingt durch Umstrukturierungsmaßnahmen hatte er vor vier Jahren seinen Arbeitsplatz verloren, ein halbes Jahr zuvor sich von seiner deutschen Frau getrennt. Was war geschehen?
>
> In Marokko als jüngstes von fünf Kindern aufgewachsen, drängte es ihn Ende der 60er Jahre nach der Grundschule und ersten Tätigkeiten als ungelernter Arbeiter als erstes und einziges Familienmitglied nach Deutschland. Er wollte, wie so viele, nur wenige Jahre hier arbeiten, um sich mit dem verdienten Geld in seiner Heimat eine Existenz aufzubauen. Traditionell vermittelt heiratete er widerwillig ein Jahr später eine 19-jährige marokkanische Frau, die nun während seiner Arbeit in Deutschland bei seinen Eltern im Haushalt lebte und arbeitete. Nach einem Jahr gebar sie ihm einen Sohn, überwarf sich dann jedoch mit seinen Eltern. Er trennte sich nach insgesamt zwei Jahren von ihr und heiratete eine vier Jahre ältere deutsche Frau, wobei diese Ehe kinderlos blieb. Neben seinem Stolz, sich durch die Heirat in dem fremden Land für seine Familie sichtbar etabliert zu haben, fühlte er sich im Laufe der Zeit durch ihre pedantische Haushaltsführung und ihren – in seinen Augen – »Sauberkeitsfanatismus« in seiner Lebenart zunehmend eingeschränkt und abgewertet.
>
> Er arbeitete viel und schickte zum Ärger seiner Frau einen großen Teil des Verdienstes seinen Eltern. Zum einen fühlte er sich als Sohn dazu verpflichtet, seine alternden Eltern finanziell zu unterstützen und konnte sich zum Zweiten so als der erfolgreich in die Fremde gezogene jüngste Sproß der Familie profilieren, während seine Frau hoffte, sich durch individuellen Wohlstand die Anerkennung ihrer Familie und Freunde zu sichern. Sie lehnte seine Familie als unzivilisiert ab und wurde im Gegenzug von dieser als arrogant zurückgewiesen, als jemand, der es nicht verstehe zu leben und persönliche Beziehungen zu pflegen. Trotzdem waren beide Partner lange Zeit symbiotisch aneinander gebunden und gestatteten sich keinen eigenen Lebensraum, indem sie z.B. individuelle Freundschaften oder Hobbies außerhalb der Paarbeziehung gepflegt hätten. Jeder schien bestrebt, sich den anderen als Selbstobjekt anzueignen.
>
> Er identifizierte sich daneben weiterhin mit seinem marokkanischen Zuhause und wünschte sich, daß auch diejenigen dort sich mit ihm, seinen Leistungen und Lebensbedingungen identifizieren würden. Dies entspricht nach Grinberg und Grinberg (1990) dem Bestreben, seine Identität durch *zeitliche und soziale integrative Bindungen* zu sichern: zeitlich durch das Verfolgen einer inneren Logik und Kontinuität zwischen seinen früheren und heutigen Selbstdefinitionen, sozial durch den Versuch, die verschiedenen aktuellen Objektbeziehungen mit seiner Selbstdefinition in Einklang zu bringen. Zwar definiert er sich im Wesentlichen über seine Zugehörigkeit zur marokkanischen Familie und Kultur, versucht aber auch hier, über ein symbiotisches Beziehungsmuster seine psychische Stabilität zu sichern.
>
> So bleibt er lange sowohl an sein marokkanisches Zuhause als auch an seine deutsche Frau symbiotisch gebunden. Sie ist der Garant dafür, daß er ein Teil der deutschen Gesellschaft und Kultur ist, als Gegengewicht zu der kontinuierlichen Loslösung aus

seinen angestammten Beziehungen. So erfährt er in seinen Urlauben, daß seine Geschwister, insbesondere seine Brüder, sich innerlich von ihm lösen. In ihren Bezugssystemen spielt er eine immer geringere Rolle. Kompensatorisch gewinnt die Bindung an die deutsche Gesellschaft über seine Ehefrau und seine Arbeit für seine Selbststabilität an Bedeutung.

Das Geld, das er verdient und z.T. nach Hause schickt, demonstriert seiner Familie seine Bedeutung, die er in der Fremde erworben hat. Seine offensichtliche Unabhängigkeit von der heimatlichen Gemeinschaft destabilisiert die familiäre und dörfliche Gruppe, indem sie Neidgefühle weckt und die Tendenz fördert, es ihm gleich zu tun. Der Angst vor Auflösung begegnet die Gruppe dadurch, daß sie sich vom Auswanderer distanziert, als Gruppe stärker zusammenrückt und sich auf ihre Werte konzentriert. Die negativen Seiten seiner Emigration erscheinen als warnendes Beispiel für die Daheimgebliebenen. »Er lebt wie in einem goldenen Käfig, kann sich vor lauter Ordnung und Sauberkeit nicht entfalten, nicht seine Beziehungen pflegen,« scheinen sie sich zu sagen. Die im Gegenzug sich verstärkenden Schuldgefühle bei ihm führen dazu, daß er seine sozialen Anstrengungen verstärkt, Teil der Gemeinschaft zu bleiben und versucht, sich weiter über materielle Zuwendungen unentbehrlich zu machen.

Seine Bemühungen, die divergierenden sozialen Bindungen in sich zu integrieren, scheitern endgültig, als sein inzwischen über 20-jähriger Sohn ihn in Deutschland besucht. Dieser setzt beim Duschen das Badezimmer »unter Wasser« und ruft darüber einen heftigen Streit zwischen den Eheleuten hervor. Sein Benehmen wird zum Beweis für das unzivilisierte Verhalten seiner Verwandtschaft. Diese Abwertung seines Sohnes gleicht einem fundamentalen Angriff auf seine kollektive Selbstdefinition, seine Bindung an die Blutsbande und an seine Kultur. Um diesen Ehrverlust zu kompensieren und vor sich selbst, aber besonders auch vor seinem Sohn und den Verwandten zu Hause weiter bestehen zu können, trennt er sich von seiner Ehefrau und demonstriert damit seine Verbundenheit mit ihm und seiner Kultur.

Mehr noch als bisher lebt er in der Idealisierung seiner Heimat, als deren unverzichtbarer Bestandteil er sich weiterhin fühlt und wie er durch seine regelmäßigen Geldzuwendungen demonstriert. Diese letzte und durch die Scheidung noch wichtiger gewordene Bastion seiner Selbstdefinition bricht zusammen, als er wenig später seine Arbeit verliert. Nun hat er nichts, was seine Lebensleistung im heimatlichen Kollektiv deutlich machen kann. Er hat weder eine Familie mit vielen Kindern, noch kann er in erarbeitetem Wohlstand nach Hause zurückkehren. Seine verloren gegangene Bedeutung verdeutlicht sich seiner Familie durch die ausbleibenden Geldüberweisungen, er wird zum Symbol dafür, daß sich die Loslösung vom Kollektiv nicht auszahlt. Aus Scham traut er sich nicht mehr nach Hause. Er wird zunehmend depressiver und auf dem Boden geringgradig degenerativer Gelenkveränderungen entwickelt er eine somatoforme Schmerzstörung.

Dieses Beispiel veranschaulicht die Gefahr, die sich in der Loslösung aus dem Kollektiv und einer erzwungenen Individualisierung verbirgt. In diesem Fall drückt sie sich in der Emigration aus. Die heimatliche Gruppe distanziert sich zunehmend von ihm, läßt für ihn eine kollektive Selbstdefinition über die Identifikation mit der Familie und der Kultur immer weniger zu. Alternativen Gruppen hier in Deutschland kann er sich nicht erschließen. Kompensatorisch bindet er sich über seine deutsche Frau und seine Arbeit an die deutsche Gesellschaft. Die umfassende Selbstdefinition über Familie und Kultur wird brüchig und die Bindungen hier unterliegen einer sozialen und zeitlichen Begrenzung, die Ehe wird geschieden, das Arbeitsverhältnis gekündigt.

Schlußbemerkung

Die Unabhängigkeit von einer stabilen Gruppe lassen nach U. Beck (1995) zwar individuellere Lebensentwürfe zu, im Gegenzug werden aber gesellschaftliche Krisen zu individuellen Risiken. An die Stelle der Stützungsfunktion kollektiver tritt die »riskante Freiheit« der individuellen Selbstinterpretation.

Hieraus leitet sich die Notwendigkeit ab, auch bei einer individuellen Lebensgestaltung die soziale Dimension unseres Daseins ausreichend zu berücksichtigen. Das Ziel der Individuation kann also nicht eine rigide Selbstbezogenheit sein, vielmehr sollte sich eine individuelle Selbstdefinition über multiple Gruppenidentifikationen immer wieder neu gestalten.

Nach Bowen (1978) ist das Ziel der Individuation sowohl selbst- als auch objektorientiert und nicht eine Abwehr von Regression und symbiotischer Verschmelzung. Vielmehr bedeutet eine so verstandene Individuation für die Indentitätsbildung und psychische Integrationsleistung eine individuelle Selbstdefinition in dem Bewußtsein seiner sozialen Bezogenheit.

Literatur

Adler, A. (1928): Kurze Bemerkung über Vernunft, Intelligenz und Schwachsinn. In: Int. Z. Indiv. Psychol. 6, S. 167–72.

Allport, F.H. (1962): A structuronomic conception of behaviour: Individual and collective. In: Journal of Abnormal and Social Psychology 64, S. 3–30.

Asch, S.E. (1975): Studies of independence and conformity: A minority of one against a unanimous majority. Psychological Monographs 70.

Beck, U. (1994): Jenseits von Stand und Klasse? In: Beck, U.& Beck-Gernsheim, E. (Hrsg.): Riskante Freiheiten. Frankfurt am Main.

Beck, U. (1995): Eigenes Leben – Skizzen zu einer biographischen Gesellschaftsanalyse. In: Beck, U., Vossenkuhl, W., Ziegler, U.E.; Bayrische Rückversicherungsgesellschaft (Hrsg.): Eigenes Leben: Ausflüge in die unbekannte Gesellschaft, in der wir leben. München.

Bowen, M. (1978): Family therapy in clinical practice. New York.

Elias, N. (1988): Die Gesellschaft der Individuen. Frankfurt am Main.

Elias, N. (1990): Über den Prozeß der Zivilisation. Frankfurt am Main.

Freud, S. (1921): Massenpsychologie und Ich-Analyse. In: Freud, S. (1970): Fragen der Gesellschaft/Ursprünge der Religion. Studienausgabe Bd. IX. Franfurt am Main, S. 61–134.

Gießener Modellprojekt (1987): Psychosomatische Probleme türkischer Arbeitnehmer und Ihrer Familien. Zentrum für Psychosomatische Medizin, Universität Gießen.

Grinberg, L. & Grinberg, R. (1990): Psychanalyse der Migration und des Exils. München, Wien.

Hitzler, R. & Honer, A. (1994): Bastelexistenz. Über subjektive Konsequenzen der Individualisierung. In: Beck, U. & Beck-Gernsheim, E. (Hrsg.): Riskante Freiheiten. Frankfurt am Main.

Keupp, H. (1988): Auf dem Weg zur Patchwork-Identität. Verhaltenstherapie und Psychosoziale Praxis 4, S. 425–438.

Krockow, C., Graf von (1987): Symptombildung und politische Identität. In: Bundeszentrale für politische Bildung (Hrsg.): Wappen und Flaggen der Bundesrepublik Deutschland und ihrer Länder. Bonn.

Linville, P.W. (1985): Self-complexity and affective extremity: Don't put all your eggs in one cognitive basket. In: Social Cognition 3, S. 94–120.

Linville, P.W. (1987): Self-complexity as a cognitive buffer against stress-related illness and depression. In: Journal of Personality and Social Psychology 52, S. 663–376.

Nemeth, C. & Kwan, J. (1987): Minority influence, divergent thinking and the detection of correct solutions. In: Journal of Applied Social Psychology 9, S. 788–799.

Sartre, J. P. (1994): Das Sein und das Nichts – Versuch einer phänomenologischen Ontologie. Reinbek.

Simmel, G. (1958): Soziologie. Untersuchungen über die Formen der Vergesellschaftung (4.Auflage). Berlin.

Simon, B. & Mummendey, A. (1997): Selbst, Identität und Gruppe: Eine sozialpsychologische Analyse des Verhältnisses von Individuum und Gruppe. In: Mummendey, A. und Simon, B. (Hrsg.): Identität und Verschiedenheit. Bern, Göttingen, Toronto, Seattle.

Stein, H.F. (1987): The problem of cultural persistence, and the differentiation of self in ones culture. In: Stein, H.F. & Apprey, M.: From metaphor to meaning. Papers in psychoanalytic antropology. Virginia.

Tajfel, H. (1974). Social identity and intergroup behaviour. In: Social Science information 13, S. 65–93.

Tausk, V. (1919): Über die Entstehung des »Beeinflussungsapparates« in der Schizophrenie. Internationale Zeitschrift für ärztliche Psychoanalyse 5, S. 1–33.

Taylor, S.E. & Brown, J.D. (1988). Illusion and well-being: a social psychological perspective on mental health. Psychological Bulletin 103, S. 193–210.

Wetzel J. (1993): Integration im Großbetrieb – das Beispiel BMW. In: Benz, W. (Hrsg.): Integration ist machbar – Ausländer in Deutschland. München.

Probleme und Chancen sozialer Integration älterer Migranten

Elke Olbermann

Einleitung

Nach den Ergebnissen der Bevölkerungsfortschreibung lebten am 31.12.1995 in der Bundesrepublik Deutschland 427.798 ältere Menschen ausländischer Staatsangehörigkeit im Alter von 60 Jahren und mehr. Dies entspricht einem Anteil von 5,8% der ausländischen Gesamtbevölkerung. Der Anteil der 60jährigen und älteren ist damit noch deutlich geringer als in der deutschen Bevölkerung, bei der bereits 22,5% dieser Altersklasse angehören. Im Vergleich zur deutschen Bevölkerung ist die Altersstruktur der Migrantenpopulation also immer noch relativ jung. Vorliegenden Prognosen zufolge wird sich jedoch sowohl die absolute Zahl der älteren Migranten als auch ihr relativer Anteil an der Gesamtbevölkerung in den nächsten Jahren deutlich erhöhen. So wird erwartet, daß die ältere Migrantenbevölkerung bis zum Jahre 2010 auf 1,3 Mio. ansteigt. Dies entspräche dann einem Anteil von 13,5% der ausländischen Bevölkerung insgesamt (Deutscher Bundestag 1993).

In der Diskussion um die soziale und gesundheitliche Lage der Migrantenbevölkerung müssen daher zukünftig auch verstärkt Aspekte des »Alterns in der Migration« berücksichtigt werden. Die Lebensqualität im Alter wird entscheidend von Merkmalen der sozialen Integration bestimmt. Zahlreiche Untersuchungen weisen die Einbindung in soziale Netzwerke und die damit verbundenen Unterstützungsleistungen als eine der wichtigsten Determinanten für das psychophysische Wohlbefinden im Alter aus (Minnemann 1994). So ist die Integration in die soziale Umwelt insbesondere für die Bewältigung von sozialen Problemlagen und kritischen Lebensereignissen, wie z.B.

Verwitwung, von zentraler Bedeutung und kann u.a. zur Kompensation von Risikofaktoren (wie z.B. gesundheitliche Beeinträchtigungen) im Alter beitragen (Antonucci 1990, Diehl 1987, Niederfranke 1992).

Art und Ausmaß der sozialen Integration sind jedoch nicht unabhängig von den sonstigen Lebensumständen einer Person. Neben Gemeinsamkeiten und Ähnlichkeiten mit der Situation der einheimischen älteren Menschen weisen die Lebenslagen der älteren Migranten einige bedeutsame Unterschiede auf. Diese schlagen sich auch in spezifischen Merkmalen ihrer sozialen Integration nieder.

Die folgenden Ausführungen beziehen sich auf die Gruppe der älteren Migranten aus den Hauptanwerbeländern, also diejenigen, die im Zuge der Anwerbemaßnahmen zwischen 1955 und 1973 als sog. »Gastarbeiter« in die Bundesrepublik gekommen sind. Vor allem deren Zahl wird sich in den nächsten Jahren weiter erhöhen, da die entsprechenden Alterskohorten sukzessiv die Rentengrenze erreichen. Im Rahmen dieses Beitrages werden zunächst einige zentrale Aspekte der Lebenslage der in der Bundesrepublik Deutschland älter gewordenen ersten Arbeitsmigrantengeneration dargelegt und deren Bedeutung für die soziale Integration im Alter erörtert. Es folgt eine zusammenfassende Darstellung und Diskussion der Ergebnisse einer empirischen Untersuchung, in der erstmals zentrale Aspekte der sozialen Unterstützungsnetzwerke älterer Migranten in der Bundesrepublik Deutschland differenzierter erhoben wurden. Abschließend werden einige netzwerkbezogene Handlungsansätze zur Förderung der sozialen Integration älterer Migranten skizziert.

Merkmale der Lebenslage älterer Migranten und ihre Bedeutung für die soziale Integration

Haushalts- und Familienstrukturen

Wichtige Anhaltspunkte bezüglich der sozialen Integration liefern die Haushalts- und Familienstrukturen der älteren Migranten. Nach den Ergebnissen des Mikrozensus (Stand: 31.12.1995) lebt ein Viertel

(25,1%) der älteren ausländischen Bevölkerung in Einpersonenhaushalten. Damit ist der Singularisierungsgrad der älteren Migrantenbevölkerung deutlich niedriger als in der älteren deutschen Bevölkerung, von der ein Drittel (33,7%) alleine in einem Haushalt lebt. Ältere Migranten leben also häufiger in Mehrpersonenhaushalten (74,9%) als die einheimischen Älteren (66,3%). Dies gilt in besonderem Maße für die ältere türkische Bevölkerung – 86,6% leben in Mehrpersonenhaushalten und immerhin jeder Fünfte in Haushalten mit fünf und mehr Personen. Auch die älteren griechischen Migranten leben überdurchschnittlich oft in Mehrpersonenhaushalten (85,2%), wobei es sich im Vergleich zur türkischen Bevölkerung aber häufiger um kleinere Haushalte mit zwei und drei Personen handelt. Demgegenüber weisen die älteren Migranten aus Italien und dem ehemaligen Jugoslawien relativ hohe Anteile von Alleinlebenden auf (26,3% bzw. 27,7%) (Dietzel-Papakyriakou & Olbermann 1998).

Obwohl ältere Migranten insgesamt seltener in Einpersonenhaushalten leben als ältere Deutsche, muß die Situation der alleinlebenden älteren Migranten besonders berücksichtigt werden. Neueren Untersuchungsergebnissen zufolge wird die Situation des Alleinlebens von einem Großteil der betroffenen älteren Migranten als belastender erlebt als in der deutschen Vergleichsgruppe (Olbermann & Dietzel-Papakyriakou 1996). Die Unterschiede bezüglich der Bewertung und des subjektiven Erlebens des Alleinlebens lassen sich möglicherweise wie folgt erklären: Zum einen entspricht das Alleinleben nicht den Wertesystemen der Migranten und der traditionellen Familienorientierung und zum anderen geht das Alleinleben bei den Migranten häufiger mit sozialen und materiellen Benachteiligungen einher. D.h. alleinlebende ältere Migranten sind in besonderer Weise von sozialer Isolation und unzureichender sozialer Unterstützung bedroht oder betroffen. Entsprechend geben alleinlebende ältere Migranten häufiger an, unter Einsamkeits- und Traurigkeitsgefühlen zu leiden und insbesondere die Höherbetagten äußern vielfach die Angst, im Notfall keine Hilfe zu erhalten (Olbermann & Dietzel-Papakyriakou 1996).

Grundsätzlich gilt, daß die verschiedenen Migrationsverläufe und die mit der Migration verbundenen sozialen Differenzierungs- und

Wandlungsprozesse zu einer großen Heterogenität von Familienformen innerhalb der Migrantenbevölkerung geführt haben (Nauck 1988). Ältere Migranten sind häufiger verheiratet als ältere Deutsche, sie leben aber auch häufiger migrationsbedingt getrennt von ihren Ehepartnern. Nach den Ergebnissen des Mikrozensus 1995 ist dies bei 7,8% der verheirateten älteren Migranten der Fall. Aufgrund der hohen Geburtenraten der Frauen der ersten Migrantengeneration sind die Familien der heute älteren Migranten in der Regel größer als die der gleichaltrigen Deutschen. Dies gilt vor allem für die ältere türkische Bevölkerung (Dietzel-Papakyriakou & Olbermann 1998). Bezüglich der familiären Situation der ersten Migrantengeneration ist allerdings zu berücksichtigen, daß häufig nicht alle Kinder in Deutschland leben. Untersuchungsergebnisse zeigen, daß bei etwa der Hälfte der älteren Migranten mindestens ein Kind im Herkunftsland lebt (Olbermann & Dietzel-Papakyriakou 1996, Zentrum für Türkeistudien 1993). Dennoch ist der familiäre Zusammenhalt und die Interaktionsdichte bei den Migrantenfamilien häufig besonders stark ausgeprägt. Im Vergleich zur deutschen Altenbevölkerung weisen die älteren Migranten eine geringere Wohnentfernung und höhere Kontakthäufigkeit zu ihren ebenfalls in der Bundesrepublik lebenden Kindern auf (Olbermann & Dietzel-Papakyriakou 1996).

Materielle Ressourcen

Möglichkeiten der Gestaltung sozialer Beziehungen sind nicht zuletzt auch abhängig von den zur Verfügung stehenden materiellen Ressourcen. Die finanzielle Absicherung der älteren Migranten stellt sich im Vergleich zur älteren deutschen Bevölkerung deutlich ungünstiger dar. Aufgrund relativ kurzer Versicherungs- und Beitragszeiten infolge des in der Regel späteren Eintritts in eine rentenrelevante Erwerbstätigkeit, geringerer Einkommen bedingt durch Beschäftigungen in wenig qualifizierten Bereichen und die überdurchschnittliche Betroffenheit von Arbeitslosigkeit (Backhaus-Maul & Vogel 1992, Loeffelholz & Thränhardt 1996) beziehen ältere Migranten niedrigere Renten (Rehfeld 1991). So erreichten die als Vertragsrenten an ausländische Männer ins Inland ausgezahlten Renten 1992 mit 1070 DM nur etwas mehr als die Hälfte des Durchschnittsbetrags der männlichen Normalrente (Bucsko 1994). Auch unter Berücksichtigung weiterer Einkommensquellen erweist sich die Einkommenssituation älterer Migranten häufig als unzureichend. In einer Sonderauswertung des Mikrozensus 1994 ermittelt Eggen (1997) für die 60jährigen und älteren Ausländer ein durchschnittliches Pro-Kopf-Einkommen von 1414 DM. Die älteren Ausländer erreichen damit nur 85% des durchschnittlichen Einkommens der gleichaltrigen Deutschen, wobei insbesondere die Einkommen der älteren Migranten aus der Türkei mit durchschnittlich 1100 DM (66% des Durchschnittseinkommens der älteren Deutschen), aber auch die der älteren Migranten aus dem ehemaligen Jugoslawien (1185 DM) und aus Griechenland (1298 DM) noch deutlich niedriger liegen.

Die ökonomische Lage schlägt sich auch unmittelbar in der Wohnsituation nieder. Zwar hat sich die Wohnsituation der alteingesessenen Migranten relativ zu früheren Phasen der Migration insgesamt zum Positiven verändert, dennoch bleibt der Wohnstandard der älteren Migranten deutlich hinter dem der einheimischen Älteren zurück (Dietzel-Papakyriakou & Olbermann 1998). Die Eigentumsquote ist bei den ausländischen Haushalten deutlich niedriger. Sie verfügen im Durchschnitt über weniger Wohnraum, wobei insbesondere die Wohnfläche pro Person geringer ist. Die Wohnungen der älteren Migranten, und dies betrifft vor allem die Alleinlebenden, sind überdurchschnittlich häufig schlecht ausgestattet bzw. modernisierungsbedürftig und somit wenig altengerecht. Gleichzeitig müssen ausländische Mieter nach wie vor einen höheren Mietpreis pro Quadratmeter Wohnraum zahlen, und aufgrund bestehender Diskriminierungen auf dem Wohnungsmarkt haben sie weniger Chancen, eine geeignete Wohnung zu finden (Selle 1990, Winter 1991). Ungünstige Wohnbedingungen, wie das Wohnen in höheren Stockwerken ohne Bad und Zentralheizung, stellen in höherem Alter eine zunehmende Belastung dar. Sie erschweren den Alltag, beschränken die Mobilität und verringern die Selbstversorgungsfähigkeit und die soziale Aktivität der Älteren. Zudem kann der Mangel bzw. die für Migranten eingeschränkte Zugänglichkeit von kostengünstigen und ausreichend großen Wohnungen dazu führen, daß intergenerative Wohnformen nicht realisiert werden können und somit die familiäre Integration und Unterstützung der älteren Familienmitglieder behindert wird. Dies ist um so problematischer, als ältere Migranten aufgrund ihrer spezifischen gesundheitlichen und sozialen Situation zukünftig verstärkt auf familiäre Hilfe angewiesen sein werden.

Gesundheitszustand

Migranten gehören zu den Bevölkerungsgruppen, die im Alter aufgrund besonders belastender Arbeits- und Lebensbedingungen ein hohes Erkrankungsrisiko tragen (Zink & Korporal 1990). Die vielfältigen gesundheitlichen Gefährdungen und Belastungen im Migrationsverlauf schlagen sich häufig in vorzeitigen physischen Verschleißerscheinungen und akuten Krankheiten nieder. Einige Tendenzen der sogenannten Ausländermorbidität gelten inzwischen auch im Ländervergleich als sicher. So wird übereinstimmend ein häufigeres Vorkommen von Krankheiten des Muskel- und Skelettsystems, der Verdauungs- und Atmungsorgane sowie von psychischen Erkrankungen bei den Arbeitsmigranten festgestellt (Viefhues et al. 1982, Korporal 1990). Diese Untersuchungen betreffen zwar nicht speziell die Älteren, es ist aber anzunehmen, daß sich die in jüngeren Jahren festgestellten Probleme im Alter eher verschärfen.

Zum objektiven Gesundheitszustand der älteren Migranten liegen in der Bundesrepublik Deutschland keine repräsentativen Daten und Analysen vor. Erhebungen zum subjektiven Gesundheitszustand zeigen allerdings eine deutlich geringere Zufriedenheit mit dem Gesundheitszustand bei älteren Migranten als bei den gleichaltrigen Deutschen (Olbermann & Dietzel-Papakyriakou 1996). Insgesamt lassen das spezifische Gefährdungsprofil der Migrantengruppen und das für ausländische wie einheimische Menschen allgemein steigende Risiko der Multimorbidität im Alter auf ein hohes Hilfe- und Pflegebedürftigkeitsrisiko bei dieser Altenpopulation schließen (Dietzel-Papakyiakou & Olbermann 1996).

Zu den physischen Beeinträchtigungen kommen vielfach starke seelische Belastungen. Heimweh, die Trennung von Freunden und Familienangehörigen und Diskriminierungserfahrungen äußern sich nicht selten in psychosomatischen Beschwerden und Krankheitsbildern (Land & Dietzel-Papakyriakou 1987, Weiland et al. 1990). Alte Migranten müssen häufiger Verluste von Angehörigen und Freunden bewältigen, als dies ohnehin im Alter der Fall ist. Zum Verlust durch Tod kommen die Trennung von wichtigen Personen, die im Herkunftsland leben oder die dorthin zurückgekehrt sind. Krankheit und Verrentung im Alter können zudem eine Erschütterung des Selbstkonzeptes der Migranten zur Folge haben, denn mit der Berufsaufgabe wird die subjektive Legitimation des Arbeitsmigranten für seinen weiteren Verbleib im Aufnahmeland in Frage gestellt (Dietzel-Papakyriakou 1993a). Derartige Erfahrungen sind kritische Lebensereignisse, die durch ihre psychosoziale Bedeutung vorhandene Erkrankungen bei den älteren Migranten verstärken bzw. zusätzliche Krankheiten oder Krankheitsketten auslösen können. Die gesundheitlichen Beeinträchtigungen wiederum gehen häufig mit Einschränkungen der Mobilität und des Aktionsradius einher, wodurch die Möglichkeiten der Pflege sozialer Kontakte eingeschränkt und somit das Risiko der sozialen Isolation erhöht wird.

Die Rückkehrorientierung

Charakteristisch für die im Zuge der Anwerbemaßnahmen zwischen 1955 und 1973 stattgefundenen Migrationen war die Perspektive eines zeitlich befristeten Arbeitsaufenthaltes. Entsprechend war die ursprüngliche Lebensplanung der meisten Arbeitsmigranten auf die Rückkehr ins Herkunftsland ausgerichtet. Eine Rückkehr im Alter ist jedoch für viele u.a. aus gesundheitlichen oder finanziellen Gründen und vor allem auch wegen der oft anderen Orientierung der Kinder, die in Deutschland aufgewachsen sind und hier bleiben möchten, kaum mehr möglich (Dietzel-Papakyriakou 1993a). Dennoch hält ein Großteil der älteren Migranten an der Rückkehrorientierung fest. Viele sind in dieser Frage noch unentschlossen und wollen sich so lange wie möglich beide Optionen offen halten (Fabian et al. 1990, Olbermann & Dietzel-Papakyriakou 1996, Zentrum für Türkeistudien 1993). In der Fachdiskussion wurde die Rückkehrorientierung vielfach als Rückkehrillusion und als Integrationshindernis verstanden. Für die alten Migranten kann das Festhalten an der Rückkehrorientierung jedoch auch eine Strategie der subjektiven Verarbeitung des Alters darstellen und wichtige Funktionen der Sicherung von Kontinuität und Identität erfüllen (Dietzel-Papakyriakou 1993b). Entsprechend impliziert das endgültige Aufgeben der Rückkehrorientierung das Risiko einer Sinnkrise und negativen Lebensbilanz. Alte Arbeitsmigranten erleben im sozialen Umfeld immer wieder die Rückkehr der Anderen ins Herkunftsland und müssen vor diesem Hintergrund ihre eigene Entscheidung, endgültig im Ausland zu verbleiben, sich und den anderen gegenüber immer wieder aufs neue legitimieren. In diesem Zusammenhang wird in einigen Untersuchungen auch von Schuld- und Versagensgefühlen alter Migranten berichtet, die nicht mehr zurückkehren können. Rückkehrwunsch und Heimwehgefühle im Alter müssen aber auch im Zusammenhang mit dem zunehmenden Bewußtwerden der eigenen Endlichkeit, der Auseinandersetzung mit dem Tod und dem oft berichteten Verlangen nach den eigenen ethnischen Sterbe- und Bestattungsritualen gesehen werden (ebd.).

Ein Ausdruck der Ambivalenz der Situation bezüglich Rückkehr oder Verbleib ist das Pendeln der alten Arbeitsmigranten, d.h. soweit es die finanzielle und gesundheitliche Lage zuläßt, werden einige Monate im Jahr im Herkunftsland und einige Monate in Deutschland verbracht. Das Pendeln bietet den älteren Migranten die Möglichkeit, sowohl Kontakte im Aufnahmeland als auch im Herkunftsland aufrechtzuerhalten (Dietzel-Papakyriakou & Olbermann 1998). Für diejenigen älteren Migranten, die ununterbrochen in Deutschland leben, bedeutet das Pendeln von Landsleuten jedoch eine zumindest zeitweise Reduzierung ihrer sozialen Netzwerke und Unterstützungspotentiale.

Ethnischer Rückzug im Alter

Bei der ersten Generation der Arbeitsmigranten hat eine Integration in die Aufnahmegesellschaft – nicht zuletzt vor dem Hintergrund des auf Rückkehr ausgerichteten Migrationsprojektes – nur in engen Grenzen stattgefunden. Voraussetzung für eine gesamtgesellschaftliche Partizipation, die auch das deutsche Umfeld miteinbezieht, sind Kenntnisse der deutschen Sprache. Verschiedene Untersuchungen zeigen, daß ein erheblicher Teil der älteren Migranten nur über geringe Deutschkenntnisse verfügt (Olbermann & Dietzel-Papakyriakou 1996, Schuleri-Hartje 1994, Teixeira-Brockmeier & Berghaus-Noetzel 1991, Zentrum für Türkeistudien 1993). Zudem ist davon auszugehen, daß die diesbezüglichen Sprachkompetenzen im Alter eher abnehmen, denn mit der Verrentung kommt es häufig zu einer Reduzierung der primär arbeitsvermittelten Kontakte zu deutschen Bezugspersonen. Bei älteren Migranten findet dann vielfach ein verstärkter Rückzug in die jeweilige ethnische Gruppe statt. Dies steht in Zusammenhang mit dem Phänomen der Wiederbelebung der Ethnizität im Alter, d.h. es erfolgt eine zunehmende Orientierung hin auf die ethnisch-kulturellen Traditionen, Eigenschaften und Verhaltensmuster (Dietzel-Papakyriakou 1993a). So tritt z.B. auch die Muttersprache bei älteren Migranten wieder stärker in den Vordergrund und die sozialen Beziehungen konzentrieren sich weitgehend auf die eigene Ethnie.

Der ethnische Rückzug kann einerseits die Distanz zur außerethnischen Umwelt erhöhen und damit auch die Erreichbarkeit der älteren Migranten für die formellen Hilfeanbieter des deutschen Regelversorgungssystems und den Zugang zu öffentlichen Hilfe- und Unterstützungsleistungen erschweren. Andererseits werden dem ethnischen Rückzug durchaus auch positive Effekte auf das subjektive Wohlbefinden und die psychosoziale Bewältigung des Alterns in der Fremde zugeschrieben. Die älteren Arbeitsmigranten sehen sich in besonderem Maße mit einer Situation konfrontiert, die wesentliche Umorientierungen und Anpassungsleistungen erfordert. Altern in der Migration war in dem auf Rückkehr ausgerichteten Lebensentwurf der Migranten nicht vorgesehen, d.h. der weitere Verbleib im

Migrationsland auch nach der Berufsaufgabe steht im Widerspruch zur gesamten Lebensplanung und stellt eine Gefährdung des Selbstkonzeptes und des Selbstwertgefühles dar. In dieser »Krisensituation« kann die Rückbesinnung auf die eigene Kultur wesentliche Schutz- und Kompensationsfunktionen erfüllen (Dietzel-Papakyriakou 1993b). Das Gefühl der Zugehörigkeit zur ethnischen Gruppe und der Bezug auf gemeinsame Werte und Normen bewahrt die Identität und fördert die psychosozialen Anpassungsprozesse im Alter. Die Beziehungen zur eigenen ethnischen Gruppe sind demnach von zentraler Bedeutung für das körperlich-seelische Wohlbefinden der Migranten im Alter. Die innerethnischen Beziehungen bieten gegenüber Kontakten zu Nichtangehörigen der eigenen ethnischen Gruppe eine Reihe von Vorteilen (ebd.):

– Der gemeinsame kulturelle Hintergrund und die weitgehende soziale Homogenität ermöglichen den Aufbau von symmetrischen, d.h. gleichberechtigten sozialen Beziehungen. Die Interaktionen mit Einheimischen sind für die älteren Migranten bereits aus sprachlichen Gründen zwangsläufig asymmetrisch. Im Rahmen der Integration in die ethnische Subwelt ist damit die Bewahrung von Selbstvertrauen und Selbstbewußtsein eher möglich.
– In den innerethnischen Interaktionen wird ethnisches und migrationsbezogenes Wissen, d.h. spezifisches Wissen über die Migration und ihre Bewältigung vermittelt. Dies fördert die Erhaltung eines Sicherheitsgefühls und des Gefühls, die Situation meistern zu können.
– Die Binnenintegration ist letztlich auch die Grundlage für die Erfahrung von Wertschätzung und sozialer Anerkennung. Sie schützt vor Abwertung und Stigmatisierung durch die Aufnahmegesellschaft und trägt zur Erhaltung eines positiven Selbstbildes bei.
– Die Integration in ethnische Netzwerke ist zudem für die Kompetenzerhaltung und die Entfaltung von Selbsthilfepotentialen von zentraler Bedeutung. Das muttersprachliche ethnische Umfeld ist eher in der Lage, den älteren Mitgliedern, die meist nur

über geringe Deutschkenntnisse verfügen, die für die Gestaltung des Alters wichtigen Informationen zukommen zu lassen und kann wichtige Vermittlungsfunktionen zwischen den älteren Migranten und den formellen Unterstützungsangeboten übernehmen.

Insgesamt ergeben die hier dargestellten Aspekte zur Lebenslage älterer Migranten folgendes Bild: Zum einen bergen bestimmte Merkmale der Lebenslage, wie insbesondere die geringen materiellen Ressourcen und die starke Betroffenheit von gesundheitlichen Beeinträchtigungen, Risiken für die soziale Integration älterer Migranten. Andererseits könnten die stärkere Familienorientierung sowie die Rückbesinnung auf die eigene kulturelle Identität Potentiale darstellen, die eine soziale Integration zumindest innerhalb des eigenen ethnischen Umfeldes begünstigen.

Soziale Netzwerke und soziale Unterstützung älterer Migranten: Ausgewählte empirische Befunde

Bezüglich Art und Ausmaß der sozialen Integration älterer Migranten in der Bundesrepublik Deutschland liegen noch kaum empirische Untersuchungsergebnisse vor. Im Rahmen des Projektes »Entwicklung von Konzepten und Handlungsstrategien für die Versorgung älter werdender und älterer Ausländer« erfolgte erstmals eine differenzierte Erhebung der sozialen Unterstützungsnetzwerke älterer Migranten (Olbermann & Dietzel-Papakyriakou 1996). Befragt wurden insgesamt 120 Migrantinnen und Migranten im Alter von 50 Jahren und älter aus Spanien, Griechenland, der Türkei und dem ehemaligen Jugoslawien. Die Befragungen wurden in Form von persönlichen Interviews mittels teilstandardisierter Fragebogen in der jeweiligen Muttersprache der Befragten durchgeführt. In Anlehnung an das sog. »Fischer«-Instrument zur Erhebung egozentrierter Netzwerke (Pfenning 1993) wurden die Untersuchungsteilnehmer aufgefordert, im Hinblick auf vier vorgegebene Unterstützungsbereiche (kleine Gefälligkeiten, praktische

Hilfe im Alltag, Geselligkeit, emotionale Unterstützung) die jeweils relevanten Bezugspersonen zu nennen. Die Ergebnisse sind zwar nicht repräsentativ für die gesamte ältere Migrantenbevölkerung, sie liefern jedoch relevante Hinweise im Hinblick auf zentrale Merkmale der sozialen Integration und die damit verbundenen Unterstützungspotentiale älterer Arbeitsmigranten. Die wichtigsten Ergebnisse lassen sich wie folgt zusammenfassen:

– Die Untersuchung ergab einen durchschnittlichen Umfang der Unterstützungsnetzwerke der älteren Migranten von 11,2 Personen. Die Anzahl der zur Verfügung stehenden Personen schwankt jedoch erheblich je nach Unterstützungsbereich. So stellt der Bereich der Geselligkeit mit durchschnittlich 9,2 Personen das mit Abstand umfangreichste Teilnetzwerk dar. Dagegen umfaßt der Bereich der praktischen Hilfe im Alltag nur 1,6 Personen und der der kleineren Gefälligkeiten im Durchschnitt 2,7 Personen. Auch im Hinblick auf das Teilnetzwerk der emotionalen Unterstützung wurden durchschnittlich nur 2,6 Personen genannt. Eine Differenzierung nach ausgewählten soziodemographischen Merkmalen der Untersuchungsteilnehmer zeigte, daß die weiblichen, die alleinstehenden und die hochbetagten Probanden über durchschnittlich kleinere Netzwerke verfügen als die männlichen, verheirateten und jüngeren Befragten.

– Bezogen auf das Gesamtnetzwerk zeigt sich, daß die außerfamiliären Bezugspersonen mit einem mittleren Anteil von 58,9% und einer durchschnittlichen Anzahl von 6,6 Personen gegenüber den familiären Bezugspersonen mit einem mittleren Anteil von 41,1% und einer durchschnittlichen Anzahl von 4,6 Personen überwiegen. Betrachtet man die einzelnen Teilnetzwerke bzw. die verschiedenen Arten sozialer Unterstützung zeigen sich jedoch erhebliche Unterschiede hinsichtlich der Repräsentanz familiärer und außerfamiliärer Bezugspersonen. So ist das Übergewicht der außerfamiliären Bezugspersonen im Gesamtnetzwerk im wesentlichen das Resultat umfangreicher Geselligkeitskontakte. Im Teilnetzwerk der kleinen Gefälligkeiten dagegen ist das Verhältnis der von den Untersuchungsteilnehmern genannten familiären und außerfamiliären Personen etwa gleich groß, während in den Teilnetzwerken der praktischen Hilfe im Alltag und vor allem im Bereich der emotionalen Unterstützung die familiären gegenüber den außerfamiliären Netzwerkpersonen deutlich dominieren.

– Bezüglich der Nationalität der Netzwerkpersonen zeigt sich, daß den innerethnischen Beziehungen eine herausragende Bedeutung zukommt. Das Gesamtnetzwerk der befragten älteren Migranten setzt sich durchschnittlich aus 8,6 Personen der eigenen Nationalität, 2,3 Personen deutscher und 0,3 Personen einer anderen Nationalität zusammen. Die innerethnischen Beziehungen machen demnach 76,8% des Gesamtnetzwerks aus, gegenüber einem Netzwerkanteil der außerethnischen Beziehungen von 23,2%, von denen 20,5% auf deutsche und lediglich 2,7% auf andere Nationalitäten entfallen. Das bezogen auf das Gesamtnetzwerk festzustellende Übergewicht innerethnischer Beziehungen gilt in allen vier Teilnetzwerken, ist jedoch in den verschiedenen Dimensionen sozialer Unterstützung unterschiedlich stark ausgeprägt. So ist in den Bereichen der emotionalen Unterstützung und der Geselligkeit eine im Vergleich zur instrumentellen Unterstützung (kleine Gefälligkeiten, praktische Hilfe im Alltag) noch stärkere Fixierung auf innerethnische Bezugspersonen zu beobachten.

Insgesamt verdeutlichen die Untersuchungsergebnisse die herausragende Bedeutung innerethnischer und familiärer Beziehungen im sozialen Netzwerk älterer Migranten. Ältere Migranten scheinen zwar über relativ umfangreiche Netzwerke zu verfügen, dies ist jedoch vor allem ein Resultat zahlreicher Geselligkeitskontakte. Die Netzwerkbereiche der instrumentellen und emotionalen Unterstützung sind dagegen wesentlich geringer besetzt. Dies deutet darauf hin, daß ältere Migranten nur über ein geringes Potential an verläßlichen und vertrauensvollen Helfern verfügen und das Unterstützungspotential im Falle erhöhter Hilfebedürftigkeit eng begrenzt sein dürfte. Entsprechend den Untersuchungsergebnissen wird es sich hierbei überwiegend um Familienangehörige, im allgemeinen um Kinder und Ehepartner handeln. Aufgrund vielfältiger Nutzungsbarrieren stehen den ausländischen pflegenden Familienangehörigen im Vergleich zur

einheimischen Bevölkerung ergänzende formelle Hilfe nur eingeschränkt zur Verfügung. Somit besteht ein erhöhtes Risiko der Überforderung der familiären Netzwerke und es ist fraglich, ob diese eine
hinreichende Unterstützung angesichts des zu erwartenden steigen-
den Hilfebedarfes der älteren Migranten leisten können. Überforde-
rungen der ethnisch-familialen Netzwerke können letztendlich auch
zur Auflösung von sozialen Beziehungen beitragen und damit die soziale Integration der Älteren in Frage stellen. Berücksichtigt man
schließlich noch, daß bestimmte Teilgruppen, wie z.b. Alleinstehende,
ohnehin kaum über familiäre Netzwerke verfügen und daß ältere
Migranten generell in verstärktem Maße Netzwerkverluste zu verzeichnen haben (insbesondere durch Rückkehr und Pendeln von Bezugspersonen), dann muß davon ausgegangen werden, daß ihre soziale Integration keineswegs immer gewährleistet ist.

Handlungsansätze zur Förderung der sozialen Integration älterer Migranten

Zusammenfassend bleibt festzustellen, daß die soziale Lage der älteren Migranten spezifische Risiken und Gefährdungen aufweist, die
auf einen besonderen Handlungsbedarf verweisen. Andererseits
verfügt ein erheblicher Anteil älterer Migranten über Netzwerkres-
sourcen und -potentiale, die bei einer entsprechenden Förderung
ihre soziale Einbindung sichern und wichtige Funktionen sozialer
Unterstützung erfüllen könnten. Entsprechende Maßnahmen zur
Verbesserung der sozialen Integration und Unterstützung älterer
Migranten müßten dabei insbesondere in folgenden drei Hand-
lungsbereichen ansetzen:
Angesichts der herausragenden Bedeutung der ethnischen Beziehungen müßten Maßnahmen vor allem auf die Förderung der Binnenintegration, d.h. die Integration innerhalb der eigenen ethnischen
Gruppe, ausgerichtet sein. Hierzu gehören z.B. Maßnahmen zur
Förderung der Bildung von (Selbsthilfe-)Gruppen älterer Migranten
auf der Basis gemeinsamer Sprache und Kultur sowie die materielle
und fachliche Unterstützung von Migrantenorganisationen beim

Aufbau adäquater Hilfe- und Unterstützungsformen für die Älteren (z.B. ehrenamtliche Besuchsdienste, Telefonketten). Ziel dabei ist die Erweiterung der sozialen Netzwerke der älteren Migranten, die Aktivierung ihrer Selbsthilfepotentiale und die Entstehung neuer Kommunikations- und Hilfeformen.

Um die familiäre Integration und die Unterstützungsfähigkeit der ausländischen Familien zu erhalten und zu stärken, müßten zudem die vorhandenen Entlastungsmöglichkeiten, d.h. die jeweiligen Unterstützungsformen – sowohl materieller als auch praktischer und pycho-sozialer Art, für die pflegenden Familienangehörigen zugänglich gemacht werden. Eine Maßnahme wäre hier z.B. die Bereitstellung zielgruppenspezifischer Beratungs- und Informationsangebote.

Da sich weite Teile der sozialen und gesundheitlichen Dienste bisher nur unzureichend der besonderen Situation der älteren Migrantenbevölkerung angenommen haben, sind nicht zuletzt auch Einstellungs-, Angebots- und Strukturveränderungen innerhalb des professionellen Sektors erforderlich. Hierzu gehören z.B. Maßnahmen zum Abbau von Zugangsbarrieren, eine entsprechende Qualifizierung des Personals und die stärkere Einbeziehung von ausländischen Fachkräften ebenso wie eine stärkere Vernetzung und Zusammenarbeit zwischen den relevanten Institutionen der Altenhilfe, der Ausländerarbeit und der gesundheitlichen Dienste.

Literatur

Antonucci, T.C. (1990): Social supports and social relationships. In: Binstock, R.H. & George, L.K. (eds.): Handbook of Aging and the Social Sciences. San Diego, CA, S. 205–226.

Backhaus-Maul, H. & Vogel, D. (1992): Vom ausländischen Arbeitnehmer zum Rentner – Ausgewählte Aspekte der finanziellen Absicherung und sozialen Versorgung alter Ausländer in der Bundesrepublik Deutschland. In: Zeitschrift für Gerontologie 25, S. 166–177.

Buczko, G. (1994): Ausländer in der Rentenversicherung. In: Deutsche Angestelltenversicherung 3, S. 99–106.

Diehl, M. (1987): Das soziale Netzwerk älterer Menschen – Seine Bedeutung für den Austausch von Hilfeleistungen und Formen der sozialen Unterstützung. In: Kruse, A., Lehr, U. & Rott, C. (Hrsg.): Gerontologie – Wissenschaftliche Erkenntnisse und Folgerungen für die Praxis. Heidelberg.

Dietzel-Papakyriakou, M. (1993a): Ältere ausländische Menschen in der Bundesrepublik. In: Deutsches Zentrum für Altersfragen (Hrsg.): Expertisen zum dritten Teilbericht der

Sachverständigenkommission zur Erstellung des ersten Altenberichtes der Bundesregierung. Berlin, S. 1–154.

Dietzel-Papakyriakou, M. (1993b): Altern in der Migration. Die Arbeitsmigranten vor dem Dilemma: zurückkehren oder bleiben? Stuttgart.

Dietzel-Papakyriakou, M. & Olbermann, E. (1996): Zum Versorgungsbedarf und zur Spezifik der Versorgung älterer Migrantinnen und Migranten. In: iza – Zeitschrift für Migration und soziale Arbeit 3/4, S. 82–89.

Dietzel-Papakyriakou, M. & Olbermann E. (1998): Wohnsituation älterer Migranten in Deutschland. In: Deutsches Zentrum für Altersfragen (Hrsg.): Wohnverhältnisse älterer Migranten. Expertisenband 4 zum zweiten Altenbericht der Bundesregierung Frankfurt/M., New York, S. 10–86.

Deutscher Bundestag /Drucksache 12/5796 (1993): Situation ausländischer Rentner und Senioren in der Bundesrepublik Deutschland. Antwort der Bundesregierung auf die Große Anfrage der Abgeordneten Gerd Andres, Konrad Gilges, Gerlinde Hämmerle, weiterer Abgeordneter und der Fraktion der SPD – Drucksache 12/4009. Bonn.

Eggen, B. (1997): Familiale und ökonomische Lage älterer Deutscher und Ausländer. In: Eckart, K. & Grundmann, S. (Hrsg.): Demographischer Wandel in der europäischer Dimension und Perspektive. Berlin, S. 88–110.

Fabian, Th. et al. (1990): Rückkehr in die Heimat oder Verbleib in der Bundesrepublik Deutschland als zentrales Lebensthema älterer Türken. In: Psychologie und Gesellschaftskritik 4, S. 81–93.

Korporal, J. (1990): Zur gesundheitlichen Situation der ausländischen Bevölkerung in der Bundesrepublik. In: Psychomed 2, S. 11–16.

Land, F.-J. & Dietzel-Papakyriakou, M. (1987): Migration und Gesundheit. Kommentierte Bibliographie zum epidemiologischen, sozialmedizinischen, medizinsoziologischen und gesundheitspolitischen Stand der Diskussion. Berlin.

Loeffelholz v., H.D. & Thränhardt, D. (1996): Kosten der Nichtintegration ausländischer Zuwanderer. Gutachten im Auftrag des Ministeriums für Arbeit, Gesundheit und Soziales des Landes Nordrhein-Westfalen. Düsseldorf.

Minnemann, E. (1994): Die Bedeutung sozialer Beziehungen für die Lebenszufriedenheit im Alter. Regensburg.

Nauck, B. (1988): Zwanzig Jahre Migrantenfamilien in der Bundesrepublik. In: Nave-Herz, R. (Hrsg.): Wandel und Kontinuität der Familien in der Bundesrepublik. Stuttgart.

Niederfranke, A. (1992): Ältere Frauen in der Auseinandersetzung mit Berufsaufgabe und Partnerverlust. Schriftenreihe des BMJF, Bd.4. Stuttgart.

Olbermann, E. & Dietzel-Papakyriakou, M. (1996): Entwicklung von Konzepten und Handlungsstrategien für die Versorgung älter werdender und älterer Ausländer. Abschlußbericht zum gleichnamigen Projekt durchgeführt von der Arbeiterwohlfahrt Bezirksverband Westliches-Westfalen, dem Diakonischen Werk der Ev. Kirche im Rheinland und dem Diözesan-Caritasverband für das Erzbistum Köln. Schriftenreihe des Bundesministeriums für Arbeit und Sozialordnung, Bd 253. Berlin.

Pfenning, U. (1993): Vergleichbarkeit und Standardisierung von Erhebungsverfahren egozentrierter Netzwerke. Zur Validität und Reliabilität von Netzwerk- und Namensgeneratoren. Dissertation. Universität Hohenheim.

Rehfeld, U. (1991): Ausländische Arbeitnehmer und Rentner in der gesetzlichen Rentenversicherung. Manuskript, Verband Deutscher Rentenversicherungsträger. Frankfurt.

Schuleri-Hartje, K.U. (1994): Migranten im Alter. Möglichkeiten kommunaler Altenhilfe, DIFU-Beiträge zur Stadtforschung, Bd. 12. Berlin.

Selle, K. (1990): Keine Wahl – Anmerkungen zu den Wohnchancen der Ausländer in deutschen Städten. In: Bayer, M. et al. (Hrsg.): Ausländer und Stadtentwicklung. Institut für

Landes- und Stadtentwicklungsforschung des Landes NRW. Dortmund.

Teixeira-Brockmeier, C. & Berghaus-Noetzel, F. (1991): Ältere Migranten. Förderung des sozialen Engagements junger Menschen zur Vermittlung von Hilfen für ältere ausländische Mitbürger in der Bundesrepublik. Projektbericht des Deutschen Roten Kreuzes. Meckenheim-Merl.

Viefhues, H. et al. (1982): Gesundheit und medizinische Versorgung ausländischer Arbeiterfamilien – ein Literaturbericht. Bochum.

Weiland, C. et al. (1990): Migration und psychische Gesundheit. Soziale Situation und psychische Gesundheit von Migranten in der Bundesrepublik Deutschland. Wissenschaftliches Institut der Ärzte Deutschlands. Bonn.

Winter, H. (1991): Mietsituation ausgewählter Haushalte. In: Wirtschaft und Statistik 7, S. 440–446.

ZfT – Zentrum für Türkeistudien (1993): Zur Lebenssituation und spezifischen Problemlage älterer ausländischer Einwohner in der Bundesrepublik Deutschland. Forschungsbericht im Auftrag des Bundesministers für Arbeit und Sozialordnung. Bonn.

Zink, A. & Korporal J. (1990): Soziale Epidemiologie der Erkrankungen von Ausländern in der Bundesrepublik Deutschland. In: Kentenich, H., Reeg, P. & Wehkamp, K.-H. (Hrsg.): Zwischen zwei Kulturen. Frankfurt, S. 24–41.

»Wo ich im Elend bin«

Flucht und Exil in Literatur und Praxis[1]

Karla Hoven-Buchholz

Statt von Migration, wie es neuerdings üblich geworden ist, möchte ich von Flucht, Verfolgung, Emigration und Exil sprechen. Der verallgemeinernde, verwaltungstechnisch gereinigte Oberbegriff Migration verharmlost nämlich, was an politischer Repression, Terror, und verheerender Barbarei einer Flucht vorausgeht und sie begleitet. Dadurch werden Gewaltverhältnisse und ihrer psychischen Folgen ideologisierend vernebelt, was wir als Psychotherapeuten nicht mitmachen sollten.

Migration klingt nach Wanderung. Man denkt dabei an die Wandervogelbewegung und die lustigen oder traurigen Wanderlieder der Handwerksgesellen früher. Vergessen wird dabei, daß die Gesellen gezwungen waren zu wandern, weil es Zuzugs-, Heirats- und Niederlassungsverbote gab, die die Privilegien der alteingesessenen Zunftmitglieder schützten. Das ist der Grund, weshalb es für sie in dem Lied »Innsbruck ich muß dich lassen« heißt: »all Freud ist mir genommen, die ich nit weiß bekommen, wo ich im Elend bin« – denn Elend ist ein alter Ausdruck für Fremde.

Es ist wohl kein Zufall, daß man in Deutschland mit dem Thema Emigration und Exil wenig zu tun haben möchte, erinnert es doch daran, daß der Nationalsozialismus eine unendliche Anzahl Menschen in die Flucht trieb, oder in den Tod. Die deutschen Emigranten – von Thomas Mann über Marlene Dietrich bis Willi Brandt, um prominente Beispiele zu zitieren – werden z.T. bis in unsere Zeit diffamiert als verantwortungslose Drückeberger, Verräter oder vaterlandslose Gesellen.

---

[1] Ich danke Frau Dr. Akram Abutalebi für gemeinsame anregende Diskussionen und das Fallbeispiel aus ihrer psychoanalytischen Praxis.

Da ist er wieder: der Begriff des wandernden Gesellen – aber jetzt wird das Verbot der Seßhaftigkeit ihm selbst zum Vorwurf gemacht. Den selben Mechanismus kann man übrigens bei der Entwicklung antisemitischer Stereotypen beobachten: Auch Juden unterlagen sehr strengen Zuzugs-, Niederlassungs- und Berufsverboten, was zum Bild des unsteten, wandernden Juden führte, dem nichts heilig ist, und schließlich zum »Parasit im Volkskörper«. Wir wissen, wohin das führte. Und wir wissen, daß der Vorwurf des Parasitentums auch gegen heutige Asylsuchende, die einem Arbeitsverbot unterliegen, erhoben wird.

Auf der anderen Seite sehen wir das verkitschte Bild der exotischen Vagabundenromantik. In den 50er Jahren, 10 Jahre nach der Ermordung von Sinti, Roma und sogenannter Asozialer in den Konzentrationslagern, war der Schlager »Der lachende Vagabund« in aller Ohren.

Merkwürdigerweise gibt es von Seiten der Psychoanalyse kaum Literatur zum Thema Flucht und Exil. Selbst die Holocaustforschung beschäftigt sich mit diesen Aspekten nur am Rande. Eine Ausnahme ist das Buch »Psychoanalyse der Migration und des Exils« der Psychoanalytiker Leon und Rebeca Grinberg (1990). Sie stellen Migration in einen anthropologischen Zusammenhang (das Leben als Weg), verbinden ihn mit der Geschichte der Völker und der Völkerwanderung, der Vertreibung aus dem Paradies und der Geschichte des jüdischen Volkes. Trotz der unzweifelhaften Verdienste der Autoren wird das Thema dadurch jedoch ins Allgemeine entrückt.

Felber-Villagra (1995) kritisiert die Grinbergsche Monographie wegen dieser ungenügenden Differenzierung zwischen freiwilliger Migration und erzwungenem Exil als ständig gelebter politischer Niederlage. Sie vermutet dahinter einen Versuch, sich vom affektiven Erleben der Flucht und der traumatisierenden Niederlage, die das Leben im Exil bedeutet, zu distanzieren. Auch mir erscheint der Begriff der Niederlage mit seinen verschiedenen narzißtischen Aspekten: Demütigung, Abhängigkeit, Beschämung, Depotenzierung, Verlust des Selbstgefühls zentral für das Verständnis von Flüchtlingen. Ich sehe darin eine notwendige Ergänzung zu Grinbergs Auffassungen, die, in der Tradition Melanie Kleins stehend, vor allem Gefühle von Verfolgung, Verlust und Verwirrung betonen.

Die mangelnde Beschäftigung der Psychoanalytiker mit dem Thema ist um so erstaunlicher angesichts ihrer tiefgreifenden eigenen Erfahrung:

In der Geschichte der PsA hat es eine Vielzahl von Migrationen gegeben. Freud – als prominentestes Beispiel – zog als Vierjähriger mit seiner Familie aus einer antisemitischen mährischen Kleinstadt nach Wien, wo sich die Familie wie viele Juden damals ein besseres Aus- und Fortkommen erhoffte. Von dort mußte er 1938 vor den Nazis nach London fliehen. Das erste Mal zog es die Familie zu einer erhofften Verbesserung der Lebensumstände: ins gelobte Land der Emanzipation – das zweite Mal war es eine Flucht weg von der Bedrohung des nackten Lebens.

Auch das Leben der meisten anderen früheren Psychoanalytiker war durch Emigration geprägt. Wie man an der Zusammenstellung über die Mitglieder der Mittwoch-Gesellschaft und der Wiener Psychoanalytischen Vereinigung sehen konnte, waren von 150 Mitgliedern nur 40 nie emigriert (Mühlleitner & Reichmayr 1997).

Die Belletristik ist uns in der Beschreibung der Erfahrungen der Emigration und des Lebens im Exil eine größere Hilfe.

Nach Dante, den Heinrich Heine als »Dichter der Hölle und des Exils« bezeichnet, ist es Heine selbst, der uns als erster deutscher Dichter einen Einblick in das Gefühlsleben im französischen Exil gibt. In seinem ersten Brief nach Deutschland steht der inzwischen geflügelte Satz: »Fliehen wäre leicht, wenn man nicht das Vaterland an den Schuhsolen mit sich schleppte.« (Raddatz 1997). Die Anfangszeilen seines Gedichts »Nachtgedanken«:

> Denk ich an Deutschland in der Nacht,
> so bin ich um den Schlaf gebracht.

gelten fälschlich als Beispiel für Heines leichtfertig freche politische Kritik. Die nächsten Zeilen heißen aber:

> Ich kann nicht mehr die Augen schließen,
> und meine heißen Tränen fließen.

Das Gedicht schildert die für Flüchtlinge typischen schlaflosen Nächte, in denen Trauer, Sorge und Sehnsucht nach den in der Ferne zurückgebliebenen Nächsten bis zum Morgengrauen peinigen. Was Grinberg und Grinberg Schuldgefühle gegenüber Zurückgelassenen nennen, klingt bei Heine so:

> Nach Deutschland lechzt ich nicht so sehr,
> wenn nicht die Mutter dorten wär;
> das Vaterland wird nie verderben,
> jedoch die alte Frau kann sterben.
> Seit ich das Land verlassen hab,
> so viele sanken dort ins Grab,
> die ich geliebt – wenn ich sie zähle,
> so will verbluten meine Seele. (Heine Bd. 1, 1978)

Hundert Jahre nach Heine gibt es eine ganze Welle deutscher Flüchtlinge, die vor dem Nationalsozialismus nach Frankreich fliehen, sowie eine Fülle literarischer Zeugnisse. Feuchtwanger:»Exil«, Anna Seghers:»Transit«, Hans Sahl:»Das Exil im Exil«, um nur ein paar Beispiele zu zitieren, geben ein differenziertes Bild des Flüchtlingsalltags, des Elends des Wartens, des sich Stürzens in politische Aktivitäten, weil Aktivität Hoffnung bedeutet, auch wenn sie trügerisch ist, weil hinter der Bühne ganz andere Fäden gezogen werden. Ich zitiere aus Feuchtwangers »Exil«:

> Man erlaubte ihnen nicht zu arbeiten, kaum zu atmen. Man verlangte »Papiere«von ihnen, Ausweise. Die hatten sie nicht, oder was sie hatten, genügte nicht. Manche waren geflohen, ohne Papiere mitnehmen zu können, die Pässe der meisten liefen allmählich ab und wurden von den Behörden des Dritten Reiches nicht erneuert. So hatten es diese Exilanten schwer, bestätigt zu bekommen, daß sie waren, wer sie waren. Das war manchen Ländern ein gelegener Vorwand, sie abzuschieben. Es kam vor, daß Menschen ohne jegliches Papier eines Nachts von den Gendarmen eines Landes heimlich über die Grenzen des Nachbarlandes und in der nächsten Nacht von den Gendarmen des Nachbarlandes ebenso heimlich wieder zurückgebracht wurden.
> Den wenigsten bekamen die Leiden, die sie durchzumachen hatten. Denn es ist so, daß das Leiden nur den Starken stärker, den Schwachen aber schwächer macht. Viele von den Emigranten verkamen. Ihre schlechten Eigenschaften, im Wohlstand versteckt und gehütet, drangen zutage, ihre guten schlugen um. Wer vorsichtig gewesen war, wurde feige, der Mutige verbrecherisch, der Sparsame geizig, Großzügigkeit wurde Hochstapelei. Die meisten wurden ich-besessen, verloren Urteil und Maß, unterschieden nicht mehr zwischen Erlaubtem und Unerlaubtem, ihr Elend wurde ihnen Rechtfertigung für Zügellosigkeit und Willkür. Auch wurden sie jammerselig und zänkisch. Aus sicheren Verhältnissen ins Unsichere gestoßen, verzappelten sie sich, wurden frech und servil zugleich, streitsüchtig, anspruchsvoll, besserwisserisch. Sie wurden wie Früchte, die man zu früh vom Baum gerissen hat, nicht reif, sondern trocken und holzig.

Je ranziger ihre Hoffnung wurde auf Rückkehr in die Heimat oder zumindest in gesicherte Verhältnisse, um so tiefer ließen sie sich fallen. Manchen wurde es zu einer Schande, Emigrant zu sein, sie versuchten ängstlich, es zu verbergen, natürlich umsonst. Andere, gerade weil ihnen nichts blieb als ihr Emigrantentum, trugen es arrogant zur Schau und leiteten immer größere Ansprüche daraus her. War nicht Hannibal Emigrant gewesen, Dante, Victor Hugo, Richard Wagner, Lenin, Masaryk? Sie vergaßen, daß auch der kleine Weißrusse Maximow zu den Emigranten gehörte, der sich vor dem Montmartre-Lokal »Koltschak« als Türsteher und Zuhälter betätigte, und Herr Rosenbaum, der einem kunstseidene Krawatten als reinseidene aufzuschwindeln suchte, und Herr Lembke, der damit umging, sich der deutschen Staatspolizei als Spitzel anzubieten. (Feuchtwanger 1996, S. 132f)

»Das Exil macht kleinkariert, engherzig, zänkisch, lächerlich«, stellt Anna Trautwein an einer anderen Stelle in Feuchtwangers Roman resigniert fest und bringt sich schließlich um, als äußere Not sich durch die Entfremdung in ihrer Familie zu innerer Ausweglosigkeit steigert.

Obwohl heutzutage die umgekehrte Situation herrscht: Flucht nach Deutschland, ist es frappierend, wie sehr die Schilderungen auch zu den heutigen Verhältnissen und ihren psychischen Folgen passen. So ermöglicht uns gerade die Beschäftigung mit der deutschen Exilliteratur therapeutisch Empathie und politisch Solidarität mit Flüchtlingen. Auch das deutsche Asylrecht in seiner ursprünglichen Form wurde in Erinnerung an die Notwendigkeit der deutschen Emigration etabliert, als andere Länder deutschen Flüchtlingen Asyl boten.

Ich möchte aber andere Beispiele aus der islamisch beeinflußten Exilliteratur zumindest erwähnen: Der prominenteste Vertreter ist Salman Rushdie, kein Iraner, wie man angesichts seiner iranischen Verfolger vermuten könnte, sondern Inder. Aus iranischer Sicht beschreibt Bahman Nirumand (1989) das »Leben mit den Deutschen«, so der Titel seines Buches.

Um das Leben mit den Deutschen geht es u.a. auch im folgenden Fallbeispiel der Behandlung eines iranischen Patienten durch meine iranische Kollegin Dr. Akram Abutalebi.

Herr K. hatte sich bei ihr auf dem deutsch besprochenen Anrufbeantworter auf persisch angemeldet. Beim ersten Treffen sah sie einen zusammengesunkenen ca. 50-jährigen Mann im Flur sitzen, der eine gedrückte Stimmung verbreitete. Er komme wegen eines Gefühls der Leere und Sinnlosigkeit in seinem Leben. Seine körperlichen Beschwerden Bluthochdruck, Kopfschmerzen und Schlafstörungen verstand Herr K. als Reaktion auf seine seelische Situation: früher, in Iran sei er immer gesund gewesen, habe nie einen

Arzt gebraucht. Seit 4–5 Jahren lebe er jetzt in der BRD, die ersten zwei Jahre beschwerdefrei, aber seit 2–3 Jahren werde es immer schlimmer. Aus dem Iran sei er geflohen, um weiterer politischer Verfolgung zu entgehen, zunächst in die Türkei, welche ihm als islamisches Land relativ vertraut war, dann, weil er auch dort nicht bleiben konnte, in die BRD. Seine Frau und seine beiden Söhne habe er nachholen können, nachdem er ziemlich schnell als asylberechtigt anerkannt worden sei. Die erste Zeit sei so viel Neues passiert, daß er gar nicht gemerkt habe, wie es ihm ging. Die Söhne wurden eingeschult, kamen zurecht, seine Frau bekam zunehmend Kontakte mit anderen Frauen – er aber empfand sein Leben immer leerer und einsamer. Hinzu kam die Arbeitslosigkeit, die Strukturlosigkeit des Tages – einzig seine hier geborene kleine Tochter sei ihm da ein Lichtblick. Schließlich habe er sogar – als Mann – eine Umschulung in Hauswirtschaft begonnen, die vom Arbeitsamt bezahlt wurde. Das sei immer noch besser, als Sozialhilfe zu beziehen, und etwas anderes, z.B. EDV, habe er sich wegen mangelnder Sprachkenntnisse nicht zugetraut.

Er war sehr offen, kam gern. Er sprach über aktuelles – plötzlich war er im Iran, in seinen Erinnerungen, seiner Familie. Nichts hätte ihn hier gehalten; wären die politischen Verhältnisse anders, wäre er sofort zurückgekehrt, denn dort hätte er Beruf und Anerkennung als Bankangestellter und seine Kinder hätten auf ihn gehört.

So wurden im weiteren Verlauf der Behandlung seine durch die Emigration entstandenen familiären Konflikte deutlicher: Hier habe er keinen Gesprächspartner: mit den Kindern könne er nicht reden. Die Frau – älter als er – erschien ihm Versorgerin. daß sie seine Gesprächspartnerin sein könne, kam ihm gar nicht in den Sinn. Zwar fragte sie ihn nach seinem Befinden, sorgte sich um ihn und unterstützte, daß er in Psychotherapie ging. Er überbrachte leckeres iranisches Gebäck, das die Frau für der Therapeutin mitgegeben hatte – aber sie selbst wollte er nicht mitbringen. Die Therapeutin bekam den Eindruck, seine Frau habe für ihn eher eine mütterliche Funktion, in der Art eines selbstverständlich versorgenden Hintergrundes, von dem aus er in die Welt gehen konnte – nur, daß es hier seine Welt nicht mehr gab.

Frauen im Hintergrund hatten immer eine wichtige Rolle für ihn gespielt: Nach der Mutter, die starb, als er 5 Jahre alt war, trat die älteste Schwester an deren Stelle. Als Nachzügler wurde er von den älteren Schwestern verwöhnt. Sie waren seine Hauptbezugspersonen, denn der Vater war sehr alt und nahm sich eine neue Frau, eine böse Stiefmutter, an die Herr K. seinen Vater verlor.

Der Verlust der Mutter und die Verlassenheitsgefühle hier konnten in der Behandlung in einen Zusammenhang gebracht werden: Als sei die Mutter gestorben – aber die Schwestern noch nicht zur Stelle. Als Tochter des verlorenen Landes war die Therapeutin ihm auch wie eine Schwester. Sie trat so das Erbe der Schwestern an, modifizierte es aber, indem sie mit ihm sprach. Auf diese Weise machte er allmählich die Entdeckung: man kann mit Schwestern reden – und damit auch mit der eigenen Frau.

Oft klagte er über seine Söhne, daß sie sich nichts mehr von ihm sagen ließen, daß sie »verwestlichten«. Er wollte wissen, wie die Therapeutin dazu stehe, die hier die Rolle einer Mittlerin zwischen den Kulturen für ihn bekam. »Mein Herz sagt: wir müssen persisch bleiben – mein Verstand: die Kinder müssen sich hier integrieren.« Bald schämte er sich seiner Reizbarkeit, geringen Belastbarkeit und unkontrollierten Wutausbrüche, dann wieder war er voller Angst, sein älterer Sohn könne in die Drogenszene abrutschen, wenn er abends lang wegging.

Ein halbes Jahr nach Beginn der Behandlung kam er nicht in die Stunde und rief erst später an. Zur nächsten Stunde erschien er mit Kopfverband und einer Armverletzung.

Folgendes war passiert:

Er war auf dem Weg zu seiner Umschulung gewesen, da kam ein Auto, aus dem vier junge Leute sprangen. Sie griffen ihn an, schlugen ihn zusammen, stiegen wieder ein und fuhren weiter. Andere Leute, die den Überfall aus einiger Entfernung mitbekommen hatten, kamen zum Glück und halfen ihm.

Durch den Überfall waren alle seine schlimmsten Befürchtungen über Deutschland bestätigt worden. Zunächst erzählte er es keinem in der Familie, sprach von einem Unfall, weil er fürchtete, daß seine Kinder sonst mit Angst hier leben müßten. Schließlich sagte er es doch seiner Frau, aber beide kamen überein, es den Kindern zu verschweigen – auch, weil er sich so schämte. Das Ausmaß seiner Beschämung konnte erst im Verlauf der weiteren Behandlung und mit mehr Abstand von dem Ereignis deutlich werden. Mit seiner Frau sprach er seitdem öfter, die Beziehung zwischen ihnen entspannte sich, denn sie erwies sich nun doch als Partnerin, trotz ihres Bildungsmangels, den er vorher beklagt hatte.

In den folgenden Monaten bekam sein jüngerer Sohn zunehmend Probleme in der Schule, bis letztlich ein Schulverweis drohte, weil er so aggressiv sei. Der Sohn verteidigte sich: er werde angegriffen, weil er Ausländer sei! Der Vater unterstützte ihn und legte sich bei einem Schulbesuch mit den Lehrern an: Sein Sohn sei Opfer, nicht Täter! Die Therapeutin wies Herrn K. auf den Zusammenhang hin, daß er depressiv geworden sei nach dem Überfall, sein Sohn dagegen aggressiv, und schlug ein gemeinsames Gespräch mit dem Sohn vor. Dabei stellte sich heraus: Der Sohn fühlte sich ungerecht behandelt, obwohl er nicht der einzige Ausländer in der Klasse war. Vor allem aber wußte er den Vater auf seiner Seite, so daß die beiden sich sehr nahe waren – jedoch um den möglichen Preis eines Rauswurfs aus der Schule. Die Situation wurde dann so dramatisch und turbulent, daß die Therapeutin sich selbst an die Lehrerin wandte und erfuhr, der Sohn sei überaus aggressiv und greife ständig andere Schüler an. Darauf schlug sie im nächsten Gespräch, dem letzten vor ihren Ferien, dem Vater vor, den Kindern von dem Überfall zu erzählen, nachdem sie ihn noch einmal auf den Zusammenhang zwischen ihm und dem Sohn aufmerksam gemacht hatte.

Nach ihrer Rückkehr war die Situation entspannt, das Schulproblem gelöst. Bald darauf zog die Familie in eine andere Stadt, wo der Vater die Möglichkeit bekam, mit einem Bekannten gemeinsam ein Geschäft aufzumachen. Die Therapie war für die Therapeutin zwar dadurch eigentlich unabgeschlossen, aber für die Familie wohl zu einem guten Ende gekommen, wie der Patient ihr bei einem späteren Wiedersehen mitteilte.

Ich möchte bei dieser Fallgeschichte vor allem einen Aspekt herausgreifen: Die zunächst unausgesprochene Verbindung zwischen der Demütigung des Vaters als Opfer eines ausländerfeindlich-rassistischen Überfalls und der gesteigerten Aggressivität des Sohnes. Fast könnte man sagen, der Sohn kämpft unbewußt für den Vater, um dessen Depotenzierung rächend wieder rückgängig zu machen. Erst als die Therapeutin diesen Zusammenhang nicht nur dem Vater gegenüber anspricht, sondern ihn auffordert, ihn dem Sohn offenzulegen, entspannt sich die Situation, die sonst auch den Sohn zum Opfer eines demütigenden Schulverweises gemacht hätte.

Es ist interessant, sich zu vergegenwärtigen, daß es gerade zu dieser Verbindung von väterlicher Demütigung als Mitglied einer fremden Minderheit und gesteigerter Kampfeslust des Sohnes eine Parallele in der psychoanalytischen Literatur gibt, und zwar von Freuds Selbstanalyse in der »Traumdeutung«. So schildert er (1983, S.170) eine Episode aus seiner Jugend.

> Ich mochte 10 oder 12 Jahre gewesen sein, als mein Vater begann, mich auf seine Spaziergänge mitzunehmen und mir in Gesprächen seine Ansichten über die Dinge dieser Welt zu eröffnen. So erzählte er mir einmal, um mir zu zeigen, in wieviel bessere Zeiten ich gekommen sei als er: Als ich ein junger Mensch war, bin ich in deinem Geburtsort am Samstag in der Straße spazieren gegangen, schön gekleidet, mit einer neuen Pelzmütze auf dem Kopf. Da kommt ein Christ daher, haut mir mit einem Schlag die Mütze in den Kot, und ruft dabei: Jud, herunter vom Trottoir! »Und was hast du getan?« Ich bin auf den Fahrweg gegangen und habe die Mütze aufgehoben, war die gelassene Antwort. Das schien mir nicht heldenhaft von dem großen starken Mann, der mich Kleinen an der Hand führte. Ich stellte dieser Situation, die mich nicht befriedigte, eine andere gegenüber, die meinem Empfinden besser entsprach, die Szene, in welcher Hannibals Vater, Hamilkar Barkas, seinen Knaben vor dem Hausaltar schwören läßt, an den Römern Rache zu nehmen. Seitdem hatte Hannibal einen Platz in meinen Phantasien. ... Als dann im Obergymnasium das erste Verständnis für die Konsequenzen der Abstammung aus landesfremder Rasse erwuchs und die antisemitischen Regungen unter den Kameraden mahnten, Stellung zu nehmen, da hob sich die Gestalt des semitischen Feldherrn noch höher in meinen Augen.

Hier ist die Demütigung des Vaters eine vergangene, über die er mit Gelassenheit redet. Gerade das aber schmerzt den Jungen, weil es sein Bild des großen starken Vaters erschüttert, ihn traumatisch entidealisiert. Kohut (1973) beschreibt diesen Vorgang später als Zerstörung der idealisierten Elternimago, die eine verstärkte narzißtische Besetzung des Größenselbst zur Folge hat. Um das ihn schützende Bild der Stärke wiederherstellen zu können, reagiert der Sohn mit Krieger- und Gewaltphantasien. Wie weit der junge Freud diese Phantasien in die Tat und nicht nur in späteren sublimierten Wissensdrang umsetzte, wissen wir nicht. Seine schöne Formulierung, »Stellung zu nehmen gegen antisemitische Regungen der Kameraden«, läßt uns Spielraum für alle möglichen Interpretationen.

Freuds weitere Geschichte zeigt, daß er letztlich die Gelassenheit seines eigenen Vaters als Ideal für sich wiederherstellte: Bei seiner Flucht aus Wien mußte er, um die Stadt verlassen zu dürfen, der

Gestapo eine Bescheinigung ausstellen, daß alles mit rechten Dingen zugegangen sei. Freud schrieb: »Ich kann die Gestapo jedermann empfehlen.«

Hier wie in der obigen Fallgeschichte zeigt sich jedenfalls eine Vater-Sohn-Beziehung, die nicht nach dem klassisch gewordenen ödipalen Schema der Vater-Sohn-Rivalität zu verstehen ist.

Vielmehr erkennen wir ein Muster, das sich eher als Teilhabe an der Größe des Vaters und der narzibtischen Wiederherstellung seiner Größe beschreiben läßt.

Verschieden sind die Geschichten in dem Punkt, daß Herr K.s Sohn zuerst nichts von der väterlichen Demütigung wissen durfte und die Situation sich nur dadurch löste, daß der Vater seine Demütigung selbst aussprach, was eine gewisse Verarbeitung und Überwindung seiner Scham und Wiedergewinnung seiner Souveränität bedeutete. Dadurch scheint es dem Sohn möglich geworden zu sein, sich vom Zwang zur Identifikation mit der Opferrolle des Vaters und seinem wütenden Kampf dagegen frei zu machen.

Es ist das Verdienst der Familientherapeuten, unsere Aufmerksamkeit auf Prozesse zu richten, die nicht von *einem* Teil der Familie ausgehen, sondern sich in den Beziehungen unter den Familienmitgliedern entwickeln. Einer von ihnen ist die Parentifizierung: wenn die Kinder ihre Eltern beschützen und stützen müssen, sich einfühlsam, weise und liebevoll zu deren eigenen Eltern machen müssen. Sie ist in Flüchtlingsfamilien ganz besonders häufig: wegen der Traumatisierung der Eltern, aber auch, weil die Kinder durch Schulbesuch und den Zwang zum raschen Spracherwerb meist den schnellsten Zugang zur »Neuen Welt« haben.

Walter und Riedesser (1995) haben solche Prozesse der Rollenumkehr in ihrer Studie über chilenische Familien im deutschen Exil beschrieben.

Massiv von außen forciert wird die Parentifizierung durch die den Kindern aufgezwungene Dolmetscherrolle bei Behörden und Arztbesuchen. Welch hilfloser Scham und Überforderung die Kinder in solchen Situationen ausgesetzt werden, wenn sie miterleben müssen, daß ihre Eltern sich nicht zurechtfinden und zusätzlich Demütigungen einstecken müssen, kann man sich vorstellen. Söhne entwickeln dann wohl einen Hang zur Heldenhaftigkeit, wie wir vorhin gehört haben.

Wie reagieren Töchter?

Eine Szene aus Judith Kerrs Kinderbuch »Als Hitler das rosa Kaninchen stahl« vermittelt uns eine Ahnung davon, wie Parentifizierungen im Flüchtlingsalltag entstehen. Die neunjährige Anna, die sich trotz Flucht sicher fühlt, solange der Vater nicht so ein müdes, trauriges Gesicht macht, wacht nachts von dessen Schreckensschreien auf. Als sie erfährt, daß der Vater Alpträume hat, betet sie, Gott möge sie ihr schicken statt ihm. Und als sie eines Nachts selbst voller Schrecken aus einem Alptraum aufwacht, wandelt sich ihr Schrecken in Triumph, denn sie ist sicher, ihren Vater damit gerettet zu haben. Hier wird also eigener Schrecken zu einem sinnvollen Akt beschützender Stärke umgedeutet – und dadurch seine Bedrohlichkeit verdrängt. Zunächst entsteht so ein vordergründiger Zugewinn an Stärke, der aber, hinter der Fassade des starken »falschen Selbst«, eine fragile Basis hat, weil die Schrecken nicht verarbeitet werden können.

Ein anderes literarisches Beispiel schildert die Veränderung im Verhältnis zwischen Vater und Tochter durch die neue – englische – Sprache. Stefanie Zweigs autobiographischer Roman »Nirgendwo in Afrika« erschien 1995 und beschreibt das Leben einer jüdischen Familie in kenianischer Emigration.

Einen englischen Satz im Brief der zwölfjährigen Regina aus dem Internat mußte ihr Vater Walter, der sich als Freiwilliger zur britischen Army gemeldet hatte, mühsam Wort für Wort mit Hilfe seines Wörterbuches übersetzen und verstand ihn trotzdem nicht.

Bei solchen Grübeleien wurde ihm stets nur eines klar. Er wußte zu wenig von seiner Tochter, um ihre Reaktion zu deuten. Zweifelte er auch nicht an ihrer Liebe, so machte er sich doch keine Illusionen. Er und sein Kind hatten keine gemeinsame Muttersprache mehr. Einen Augenblick lang ... stellte er sich vor, er würde, wenn er erst Englisch gelernt hätte, nie mehr mit Regina Deutsch sprechen. Er hatte gehört, daß viele Emigranten es so hielten, um ihren Kindern die Sicherheit zu geben, daß sie in ihrem neuen Lebenskreis fest verwurzelt waren. Das Bild, wie er beschämt und verlegen Worte herausstotterte, die er nicht aussprechen konnte, und mit den Händen reden mußte, um sich verständlich zu machen, hatte in der beginnenden Morgendämmerung grotesk scharfe Umrisse. (Zweig 1995)

Einige Wochen später kommt es zu einer Begegnung zwischen Vater und Tochter im Lazarett, wo der Vater wegen eines Tropenfiebers geschwächt liegen muß.

> »Corporal is bloody good for a fucking refugee« (Corporal ist verdammt gut für einen Scheißflüchtling) sagte Walter. »You are speaking English, Daddy«, kicherte Regina. Der Satz machte in ihrem Kopf eine Beute, die sie ekelte und mit Schuld bedrängte. Ob ihr Vater wohl ahnte, daß sie sich so lange einen Daddy gewünscht hatte, der wie andere Väter aussah, Englisch sprach und keine Heimat verloren hatte? Sie schämte sich sehr, daß sie Kind gewesen war.

Hier gerät der Wunsch des heranwachsenden Kindes, so zu sein wie alle anderen Kinder, in deren Gemeinschaft akzeptiert zu sein, und einen Vater zu haben, der auch nach den neuen Maßstäben vollkommen ist, in Konflikt mit ihrer Liebe zu ihm.

Nun kennen wir es generell aus der Pubertät, daß die Eltern entidealisiert werden, der Sockel, auf dem sie stehen, durch die Kritik der peer-group und deren ganz andere Ideale bröckelt. Fast jeder Jugendliche schämt sich irgendwann einmal vor seinen Altersgenossen für seine Eltern. Das ist eine für die Beteiligten nicht immer angenehme Tatsache, die aber von Eltern gewöhnlich verkraftet werden kann (z. B. durch allgemein akzeptierte Klagen über die Schlechtigkeit der Jugend).

Schwieriger ist es, wenn die Eltern sich wirklich gegenüber ihren Kindern depotenziert fühlen, wie es bei Flüchtlingen häufig der Fall ist (die Kinder sind in der neuen Sprache und Kultur quasi die Aufsteiger), und wenn sie andererseits aufgrund ihrer sozialen Isolation in ganz anderem Maße auf ihre familiären Beziehungen angewiesen sind. Dann wächst das Verantwortungsgefühl und verschärft den Konflikt in den heranwachsenden Kindern.

Deshalb glaube ich, die Probleme der Kinder von Flüchtlingen werden uns auch in Zukunft in unseren Praxen weiter beschäftigen, selbst wenn vordergründig die Integration der Familien abgeschlossen ist.

Literatur

Deutsche Lieder (1980). Texte und Melodien ausgewählt und eingeleitet von Ernst Klusen. Frankfurt am Main, S. 202/828

Felber-Villagra, N. (1995): Das Gespenst der Politik in der Psychoanalyse. In: Möhring, P. & Apsel, R. (Hrsg.): Interkulturelle psychoanalytische Therapie. Frankfurt am Main.

Feuchtwanger, L. (1996): Exil. Berlin.

Freud, S. (1983): Die Traumdeutung (TB-Ausgabe). Frankfurt am Main.

Grinberg, L. & Grinberg, R. (1990): Psychoanalyse der Migration und des Exils. München, Wien.

Heine, H. (1978): Werke in fünf Bänden, Bd. 1. Berlin, Weimar.

Kerr, J. (1973): Als Hitler das rosa Kaninchen stahl. Ravensburg.

Kohut, H. (1973): Narziβmus. Eine Theorie der psychoanalytischen Behandlung narzistischer Persönlichkeitsstörungen. Frankfurt am Main.

Mühlleitner, E. & Reichmayr, J. (1997): Die Psychologische Mittwochs-Gesellschaft und die Wiener Psychoanalytische Vereinigung 1902–1938. In: Psyche 11.

Nirumand, B. (1989): Leben mit den Deutschen. Hamburg.

Raddatz, F. J. (1997): Taubenherz und Geierschnabel. Heinrich Heine. Eine Biographie. Weinheim , Berlin.

Rushdie, S. (1989): Die Satanischen Verse.

Sahl, H. (1994): Das Exil im Exil. München

Seghers, A. (1995): Transit. Berlin.

Walter, J. und Riedesser, P. (1995): Children, Fathers, Persecution and Exile – Why has my Father changed? Eine Studie über Chilenische Familien im Deutschen Exil. In: Children – War and Persecution. Osnabrück.

Zweig, S. (1997): Nirgendwo in Afrika. München.

Kulturelle Differenz, psychosomatische Erkrankung und interkulturelle Psychotherapie

Peter Möhring

Daß Menschen, die sich ungewollt in der Fremde aufhalten, krankmachenden Belastungen ausgesetzt sind, ist sicher seit Jahrtausenden bekannt. Kriegsgefangene, verschleppte Sklaven, in die Fremde verheiratete Bräute mußten nicht nur leiden, sondern waren auch gefährdet, in der Fremde zu erkranken und zu sterben. Die »Heimwehkrankheit«, die Menschen in der Fremde befällt, wurde schon im 17. Jahrhundert und in der Folge immer wieder beschrieben. Sie befalle vor allem Menschen, die sich gegen ihren Willen in der Fremde aufhielten, und könne sogar tödlichen Ausgang haben, wurde berichtet. Sie bestand in einem allmählichen Nachlassen der Lebenskräfte, in der zunehmenden Erschöpfung in der Sehnsucht nach der Heimat. Daß Menschen, die sich freiwillig aus dem Heimatland begeben hatten, weniger krankheitsanfällig waren, war ebenfalls bekannt.

Im inländischen Rahmen sehen wir Phänomene, die uns im kleinen zeigen, worum es im großen Zusammenhang bei der Migration geht, wenn zum Beispiel sich eine aus dem Allgäu nach Hessen eingeheiratete Frau lebenslang nicht an die dort angetroffenen Verhältnisse gewöhnen kann, was sich sogar noch auf ihre Kinder und Kindeskinder auswirken kann. Aber wieviel breiter sind die Kluften, einschneidender die Veränderungen, wenn sie Land, Klima, Kultur, Schrift und Sprache umfassen.

Selbstverständlich ist der Migrationsprozess von vielen Faktoren abhängig, die sowohl die Seite des Migranten als auch die des Gastlandes betreffen. Da ist zunächst die kulturelle (politische, religiöse, wirtschaftliche etc.) Distanz zwischen den Ländern zu nennen, sozusagen die Breite des Grabens, der übersprungen werden muß. Auch die Flexibilität und Anpassungsbereitschaft der Migranten spielt eine Rolle, ihr Bildungsstand (sozial höhergestellten Personen fällt die Migration in der Regel leichter) und die wichtige Frage, aus welchen Gründen sie gekommen sind. Kamen sie freiwillig als Arbeitsemigranten, als Flüchtlinge wegen eines Krieges oder wegen lebensbedrohlicher politischer Umstände? Waren sie inhaftiert, wurden sie gefoltert? Wen und was mußten sie zurücklassen und haben sie in unserem Land Freunde und Verwandte? Können sie zurück oder erwartet sie dort Verfolgung oder Tod?

Seitens des Gastlandes kommt es darauf an, ob Bereitschaft besteht, Fremde aufzunehmen, wie xenophil oder xenophob seine Bevölkerung ist, ob es auf Traditionen der Integration von ausländischen Zuwanderern zurückblicken kann oder ob Angst vor »Überfremdung«, wirtschaftlichen Nachteilen oder Verlust der eigenen ethnischen Identität die Haltung zum Fremden dominiert.

Was zum Beispiel die Bereitstellung von bedürfnisgerechten Einrichtungen für Ausländer im Gesundheitsbereich betrifft, kann in Deutschland nicht von Fremdenfreundlichkeit gesprochen werden, denn die medizinischen und psychosozialen Versorgungsangebote für Ausländer unterschreiten bei weitem deren prozentualen Anteil an der Bevölkerung.

Dabei ist seit langem bekannt, daß Migration auch Gesundheitsprobleme nach sich ziehen kann. Diese äußern sich häufig als psychosomatische Störungen und weisen in dieser ihrer Form auf die Verwobenheit des Leidens mit der gesellschaftlichen Situation hin, häufig allerdings, ohne daß dies von ihnen selbst und ihren Behandlern in angemessener Form wahrgenommen wird. Wahrgenommen wird von den deutschen Ärzten schon, daß die sprachlichen und kulturellen Differenzen diagnostische und therapeutische Möglichkeiten einschränken, aber häufig erschöpfen sich die Konsequenzen, die daraus gezogen werden, im Stellen von Diagnosen wie »morbus bosporus« oder »Mittelmeer-Syndrom«.

Mit ihrem Anliegen, die unbewußten Bedeutungen von Äußerungen zu entschlüsseln, bietet die Psychoanalyse einen geeigneten Rahmen für das Verständnis der psychosomatischen Symptombildungen, besonders, wenn sie als Ethnopsychoanalyse die Relation von bewußten und unbewußten Anteilen in der psychischen Struktur zu der umgebenden Gesellschaft und der Kultur in Beziehung setzt. Ein Grundgedanke dabei ist, daß Kulturen und Gesellschaften nach ihren eigenen Regeln und mit jeweils eigenen Mitteln, zum Beispiel Ritualen, Unbewußtheit erzeugen, um den Bestand der Gesellschaft zu sichern. Dabei werden von den Individuen im Verlauf der Sozialisation Anpassungsleistungen verlangt, an denen sie allerdings unter schlechten familiären und sozialen Bedingungen scheitern können. Dann kommt es zu Störung, die sich auf unterschiedliche Weisen – neurotisch, psychosomatisch, als Entwicklung von Sucht oder Delinquenz oder psychotisch – äußern kann. Beim Verlassen des eigenen Kulturraums muß zudem auf einen Teil der in den gewohnten Beziehungen und Kommunikationsformen enthaltenen Befriedigungen und auf die durch sie vermittelte Sicherheit verzichtet werden, was Erkrankungsrisiken erhöht.

Erdheim (1982) sagt, die psychischen Schwachstellen des Individuums werden zu den Eintrittspforten für Herrschaft und für kulturelle Phantasmen als unbewußte, auf die Gesellschaft projizierte Bilder eigener verbliebener Kindlichkeit. Das ist die Perspektive des Individuums, ethnopsychoanalytisch formuliert. Aus der Perspektive der Kultur sieht die Symptombildung so aus, wie Devereux (1982) es beschreibt: Kulturelle Elemente – Devereux spricht von kulturellen Mitteln – können von Individuen zum Ausdruck persönlicher Befindlichkeit, auch persönlicher Konflikthaftigkeit, benutzt werden. Denken Sie an ein Zwangssymptom, den Waschzwang: hierbei werden Reinlichkeit, Hygiene, also kulturelle Leistungen, die wichtig sind, aber bei uns tendentiell überbewertet werden, zum Ausdruck eines infantilen Aggressions- oder Sexualkonfliktes verwandt. Aus der Perspektive Erdheims dringt das gesellschaftliche Phantasma der – nennen wir es Anti-Analität – in diesem Moment in das Individuum ein.

Nicht jeder kann idiosynkratisch Symptome für sich »erfinden«, so mit kulturellen Mitteln »improvisieren«. Ich nenne dies eine Ich-Funktion, die darüber hinausgeht, kulturelle Mittel zu ihrem kulturellen Zweck zu verwenden. Menschen, die zu keinen individuellen Lösungen für ihre Konflikte finden und die eine wenig ausgeformte, stereotype Persönlichkeit haben, sind für eine Veränderung ihrer kulturellen Bedingungen besonders empfindlich. Wir bezeichnen sie als Ich-schwach und es gibt eine psychoanalytische Theorie, nach der manche psychosomatisch Kranke, nämlich die, bei denen die Krankheit mit krankhaften Organveränderungen verbunden ist, an einer Ich-Schwäche leiden.

Parin (1977) hat als erster solche Anpassungsmechanismen beschrieben, die zu einer Art selbständiger und unbewußter Anpassung an die umgebende Gesellschaft mit ihren jeweiligen Regeln und Besonderheiten führen und die es Individuen erleichtern, zur Befriedigung von Bedürfnissen zu gelangen, mit den anderen Angehörigen derselben Kultur zu kommunizieren und bestimmte Konflikte und Ängste zu meiden. Ich-schwache Menschen benötigen solche Mechanismen sehr und ihr Versagen kann zu Dekompensationen führen. Die Identifikation mit Rollen ist ein solcher Anpassungsmechanismus. Gibt es keine Alternative zu der Anpassung an kulturelle Stereotype, wird der Mensch davon abhängig, egal, ob diese »gesund« sind und ob sie zu befriedigenden Erlebnissen führen, andernfalls droht eine psychische oder körperliche Dekompensation. Damit schließt sich ein Kreis von »Anpassung als Krankheit«, wie ich das genannt habe (Möhring 1993).

Ich verstehe in diesem Kontext psychosomatische Krankheiten als Anpassungsstörungen, die sich mit psychologischer Plausibilität in körperlichen Symptomen äußern. Der Begriff der Anpassungsstörung ist mir in diesem Zusammenhang wichtig, da er darauf verweist, daß auch in der eigenen Kultur Anpassung mit Störungen einhergehen kann, die auch zu körperlichen Störungen führen können.

Der Anpassungsbegriff ist auch für interkulturelle Phänomene zentral. Wenn man an fehllaufenden Vorgängen der Anpassung krank werden kann, wie in dem Beispiel an »Überanpassung« an potentiell pathogene und mit unbewußten Phantasmen verbundenen Strukturen und Verhaltenselementen der eigenen Kultur, dann erst recht in Situationen, in denen man veränderten kulturellen Bedingungen gegenübertritt – wie beim Vorliegen von Kulturwandel und beim Wechsel von einer Kultur in eine andere. Dafür gibt es viele Beispiele. Natürlich (oder sollte ich »kultürlich« sagen?) gibt es hier große Unterschiede, die unter anderem von der kulturellen Differenz, von der xenophilen vs. xenophobischen Haltung eines Gastlandes, aber auch des Migranten selbst abhängen. Denn darüber sollte man sich klar sein: daß der Migrant oder die Migrantin seine oder ihre eigenen bewußten und unbewußten inneren Bilder vom »Fremden« auf das Gastland und seine Bewohner überträgt. Die Situation der Fremdheit lädt auch zu Projektionen geradezu ein, denn wo sonst projiziert der Mensch mehr als dort, wo er unvertraut ist. Solche Prozesse gibt es schon bei jedem kurzzeitigen Verlassen der vertrauten Umgebung.

Ich versuche, die Anpassungsvorgänge in der Fremde nach Erdheims Modell vom ethnopsychoanalytischen Prozeß zu konzeptualisieren. Erdheim hat sich damit befaßt, was passiert, wenn sich ein Ethnopsychoanalytiker in eine fremde Kultur begibt. Er beschreibt den dabei ablaufenden Prozeß als Pendelbewegung zwischen der Analyse der eigenen und der fremden Kultur. Diese kann nur erfolgen als Analyse des Gesamt der eigenen subjektiven Reaktionen angesichts des Fremden, denn zunächst handelt es sich um eine Pendelbewegung der subjektiven Reaktionen zwischen alt und neu, zwischen vertraut und unvertraut. Es wird versucht, das eigene Empfinden angesichts dessen, was es zu beobachten gibt, festzuhalten, und bis in seine unbewußten Dimensionen hinein zu verstehen. Dies führt auch in der Regel zu einer veränderten Einstellung gegenüber der eigenen Kultur, und heutzutage ist die Infragestellung des Eigenen, also der westlichen Industriegesellschaften, zu einem wichtigen Nebenprodukt der Ethnologie geworden. Der psychoanalytische Forscher ist gegenüber dem Emigranten insofern im Vorteil, als er die Analyse seines Erlebens, soweit er es – vielleicht auch noch mit Hilfe von Kollegen – vermag, als Prozeß der Bewußtwerdung vorantreiben kann. So wird beispielsweise analysierbar und verstehbar, warum eine Forscherin in einer fremden Kultur der Südsee spontan keine Angst vor sexuellen Übergriffen von Männern, statt dessen aber von Frauen entwickelt: Es stellt sich heraus, daß es dort einen Initiationsritus gab, bei dem Mädchen von älteren Frauen defloriert werden (Heinemann 1994). In einem anderen Beispiel wurden einer Chinareisenden, der von Staats wegen Begleiter zugeordnet worden waren, häufig von diesen – bei aller Höflichkeit und vordergründigen Freundlichkeit – distanziert-feindselige Gefühle entgegengebracht, unter denen die Frau sehr litt. Verstehbar wurden diese als Ausdruck der Empörung oder des Entsetzens darüber, daß eine Frau alleine reiste, etwas, was für diese Begleiter im Grunde undenkbar war. Es war sehr eindrucksvoll, nachzuvollziehen, wie sich bei dieser Reisenden, die es im Grunde gewohnt war, sich auch für längere Zeit alleine im Ausland aufzuhalten, im Verlauf einiger Wochen starke depressive Gefühle einstellten, verbunden mit dem Gefühl, nicht willkommen zu sein, und dem Wunsch, die Reise abzubrechen, ohne daß je ein unfreundliches Wort gefallen wäre. Man stelle sich nun vor, wie sich die Lage entwickelt, wenn in so einem Fall der oder die Fremde von sich aus unter dem Gefühl leidet, nicht willkommen zu sein, wenn also Minderwertigkeitsgefühle und Selbstwertprobleme vorliegen. Muß sich für diesen Menschen nicht jede Zurückweisung zumindest unbewußt als Bestätigung seiner Wertlosigkeit lesen lassen?

Ich arbeite psychotherapeutisch mit einem Araber, der wegen eines Sittlichkeitsdelikts in Deutschland im Gefängnis einsitzt. Es war dramatisch, zu verfolgen, wie von Monat zu Monat bei diesem Menschen Stereotypisierungen und Projektionen auf ein beängstigendes Ausmaß zunahmen, die Frustrationstoleranz abnahm und er Gefahr lief, sich in einen Kampf gegen die Anstaltswelt total in das Abseits zu manövrieren, in dem er sich wähnte. Hier wurde auch eine Verschiebung deutlich: Nie fürchtete er, im Ansehen seiner arabischen Freunde und Verwandten zu sinken, alle Lebensthemen konzentrierten sich auf die schmachvolle Gefängnissituation.

In der Fremde werden solche Phänomene, die uns durchaus auch in der vertrauten Umgebung bekannt sind, verstärkt, weil man dort nicht durch das Teilen der ethnischen und kulturellen Identität mit den anderen und die Sicherheit der eigenen Verkehrsformen geschützt ist. In diesen Verkehrsformen sind auch die zum Teil ganz unbewußt funktionierenden Anpassungsmechanismen enthalten, mittels derer man z.B. Nähe und Distanz regelt, sich seines persönlichen und gesellschaftlichen Werts versichert, Befriedigung sucht und findet, sich durchsetzt und gegen Angriffe und Übergriffe wehrt.

Nun gibt es keinen grundsätzlichen Unterschied zwischen Analytikern und anderen Menschen, auch nicht, wenn sie von einer Kultur in eine andere treten. Im ethnopsychoanalytischen Forschungsansatz wird lediglich versucht, sich das innerpsychische Geschehen bei diesem Vorgang möglichst bewußt zu machen.

Schwierigkeiten bei der Anpassung an fremde Kulturen sind von vielen Faktoren abhängig, nicht nur von innerpsychischen und ethnisch-kulturellen Bedingungen des Migranten. Die Toleranz und Freundlichkeit eines Gastlandes sind natürlich enorm erleichternd. Sie sind geeignet, in der Kürze der Zeit, die einem Fremden zur Gewöhnung bleibt – weil er ja unmittelbar, ohne »Moratorium«, handeln muß – »gute« Bilder der Fremde zu schaffen und zu verstärken, genauso wie umgekehrt Feindseligkeit das Gegenteil schafft. Wir alle wissen, wie schwer es ist, Vorurteile zu korrigieren, weil diese uns oft in einer Weise handeln lassen, die diese bestätigen. Morgenthaler (1984) beschrieb, wie er in den USA ganz wunderbar Kontakt und Interesse fand, nämlich indem er sich einfach in eine Bar setzte und sagte: »Look, I am a foreigner!« So einfach ist das für die meisten sicher nicht, zumal in Deutschland. Es kommt natürlich darauf an, wer das sagt, wie er das sagt, und wo er das sagt.

Ich wollte jedenfalls deutlich machen, daß im Falle von psychosozialen Belastungen, die in der Situation der Emigration besonders hoch sind, die persönlichen Schwachstellen zu den Sollbruchstellen für die psychische Gesundheit werden. Wenn das Ausland vor der Haustüre beginnt, wie es bei Migranten der Fall ist, und wenn diese unter den Bedingungen eines Defizits an eigenem kulturellem Raum leben müssen, in dem sich zu bewegen sie gewohnt waren, dann wird neben anderen das Auftreten von körperlichen Symptomen besonders begünstigt, und zwar aus verschiedenen Gründen:

Zum einen dienen die körperlichen Symptome dem Ausdruck psychischen Leidens, das als Reaktion auf den Verlust kultureller Elemente entstanden ist. Auf diese Elemente hätte man im Heimatland zum Ausdruck von Störungen psychosozialer Befindlichkeit zurückgreifen können, auch in einer Situation, in der die Sprache als Medium zur Kommunikation nicht so wie gewohnt zur Verfügung gestanden hätte. Dabei ist zu berücksichtigen, daß bestimmte körperliche Symptome als kulturell geförderte Symptombildungen, wie in der Konversionshysterie, im Herkunftsland häufig sein können und auch unabhängig von den Bedingungen des Gastlandes produziert werden.

Zum anderen dienen körperliche Symptome als Ausdruck des Versagens der Anpassungsmechanismen und als körperliche Erschöpfungsreaktion, also als Ausdruck einer Ich-Schwäche mit der Unfähigkeit zur flexiblen individuellen psychischen Anpassung an die neue Situation.

Ich hoffe, daß der Unterschied klar geworden ist: Es gibt nach meinem Verständnis (sozusagen in einer absteigenden Reihe der psychischen Anpassungsfähigkeit) die gelingende psychische und psychosoziale Anpassung, die neurotische, delinquente, süchtige Anpassungsstörung ohne körperliche Symptome, die konversionsbedingte körperliche Symptomatik als Anpassungsstörung, und die im engeren Sinne psychosomatische Symptombildung als Zeichen des Versagens psychischer oder psychisch vermittelter Anpassungsformen.

Ich will meine Ausführungen jetzt mit dem Beispiel einer Migrantenfamilie ergänzen:

> Eine junge iranische Familie mit zwei Söhnen, 8 und 10 Jahre alt, hatte Asyl beantragt, weil der Mann, ein Offizier, sich durch unbedachte Äußerungen als Royalist zu erkennen gegeben hatte (oder als solcher eingeschätzt wurde; dies wurde nicht klar) und daraufhin fürchten mußte, man werde ihn politisch verfolgen, einsperren und töten. Er soll einen entsprechenden Hinweis erhalten haben und dann mit seiner Familie geflohen sein. Der Mann wirkte etwas plump und ungeschickt. Die Familie schien »modern« und eher westlich orientiert, sie hatte in Teheran gelebt. Die Ehefrau schien von ihrer Familie, besonders von ihrem Vater, einem höheren Staatsbeamten, gefördert worden zu sein. Die zierliche, zart wirkende Frau war auch berufstätig gewesen, in guter Position in einem Büro. Die Frau war ca. ein Jahr, nachdem sie nach Deutschland gekommen war, in eine psychosomatische Poliklinik überwiesen worden, weil sie einige Monate nach der Ausreise unter vielen Beschwerden zu leiden begonnen hatte, derentwegen neben ihrer Hausärztin im Verlauf der Zeit noch ein Internist, ein Gynäkologe und andere Ärzte konsultiert worden waren, die aber nicht zur Besserung der Beschwerden verhelfen konnten. Es handelte sich um Schwindelgefühle, Unterleibsschmerzen, schließlich kamen Magenbeschwerden hinzu. Wegen depressiver Symptome hatte sie Psychopharmaka verschrieben bekommen und bald bestand die Gefahr, sie könne davon abhängig werden. Sie rauchte viel, die Magenbeschwerden wurden immer schlimmer, bis eine chronische Gastritis diagnostiziert und der Verdacht auf ein Magengeschwür geäußert wurde.
>
> Man kann hier eine Entwicklung von funktionellen Beschwerden (Unterleibsschmerzen, Schwindel) als erster Stufe, über psychopathologische Symptome (Depression, Abhängigkeitsgefahr) als zweite Stufe der Erkrankung, hin zu einer Organbeschädigung (Gastritis, Ulcus-Verdacht) verfolgen.

Was war geschehen? Die Familie war nach Ankunft in zwei Zimmern eines Hauses mit verschiedenen Familien untergebracht worden, die Asyl beantragt hatten. Alle litten unter der beengten Situation, Küche und Waschräume mit Fremden teilen zu müssen, aber die Frau schien darüber zu verzweifeln. Sie beschrieb mir die großzügige Wohnung, die sie in ihrer Heimat bewohnt hatten, und setzte alles daran, in eine andere Wohnung zu kommen. Die Wohnsituation sei ihr Elend. Voller Angst erzählte sie, daß in dem Haus vor ein paar Monaten eine Asylantin gestorben war. In dieser Situation, die sie als statisch erlebte, zu sterben, bevor sie überhaupt ihr – ich verwende diese Metapher, weil sie mir gut zu passen scheint – ethnisches Bewußtsein und ihre Identität wiedererlangt hatte, schien ihre Angst zu sein. Nicht nur die Wohnung, ihr Schicksal mit anderen teilen zu müssen und darin ihr eigenes sehen zu müssen, schien für sie untragbar, wobei sie ständig innerlich damit beschäftigt war, wie ihr alter Status auch nur annähernd wiederzuerlangen sei.

Daß sie aus Gründen der Zuteilung der Asylanten zu einzelnen Gemeinden nicht mit Verwandten zusammenleben konnte, die ebenfalls Asyl beantragt hatten, war für sie demütigend. Sicher lehnte sie ihre Mitbewohner auch deshalb ab, weil ihr Wunsch, mit den Verwandten zu wohnen, abgelehnt worden war. Insofern reagierte sie konsequent und sogar kämpferisch. Sie schien durchaus durchsetzungsfähig, aber es war nicht möglich, den greifbar nahe in der Luft liegenden Konflikt zu thematisieren, in den sie durch ihren Mann gestürzt worden war. Ich stellte mir vor, sie müsse eine Riesenwut auf den Mann haben, der ihr durch die Notwendigkeit der Flucht alles genommen hatte, was sie sich sicher nicht ohne Widerstände in ihrer Heimat geschaffen hatte, als ihre Selbständigkeit, ihren Beruf, ihre relativ privilegierte und emanzipierte Position. Meine Vorstellung war zunächst, es müsse sie – und vielleicht auch den Mann, der unter der Krankheit seiner Frau sehr litt, und auch die Kinder, die mir sehr sympathisch waren, und die sehr traurig wirkten – doch entlasten, wenn durch die Bearbeitung des Konfliktes für alle Klarheit darüber geschaffen werden konnte, daß die Frau im Konflikt mit ihrem Mann stehen mußte, weil sie seinetwegen in diese Situation gekommen war. Aber durch die Gegenwart und das Verhalten eines Dolmetschers – der Mann sprach kaum deutsch, die Frau gebrochen, die Kinder fließend – wurde mir klar, daß an eine Bearbeitung des Konflikts nicht zu denken war, denn dieser Dolmetscher zeigte durch seine Reaktionen und seine Art des Übersetzens, daß jegliches Aufbegehren der Frau gegen den Mann undenkbar war. Das Paradoxe an dieser Situation war, daß es der Frau in ihrem Heimatland gelungen war, sich gegen das traditionelle Stereotyp eine Position zu schaffen, die jedoch im Westen wieder ausgelöscht wurde, zum einen, weil sie wesentliche Pfeiler, die ihre Rolle trugen, verloren hatte, zum anderen, weil in der Fremde das traditionelle kulturelle Stereotyp der Geschlechterbeziehungen wie eine Schutzmauer gegen die Bedrohung – ich dachte, die Bedrohung für den Mann bestand in der Auflösung der Familie – verstärkt aufgerichtet worden war. So war die Frau darauf zurückgeworfen worden, den Emanzipationskonflikt, den sie in ihrem Land schon teilweise bewältigt hatte, auf regressive Weise neu in ihrem Körper zu beleben: Alles in ihr lehnte sich auf, alles rief: »Die Migration hat mich krank gemacht. Ich sterbe, bevor ich das wiederfinden kann, was ich verloren habe.« Das war leicht zu verstehen, der dahinterliegende Konflikt jedoch schwieriger.

Ich führte einige Gespräche, mit der Frau, mit dem Ehepaar, auch mit der Familie. Die Situation entspannte sich etwas. Ich konnte der Familie helfen, eine Wohnung zu bekommen. Sie war aber immer noch leidend und schien eine längere Therapie zu brauchen. Ich konnte erreichen, daß psychotherapeutische Sitzungen bei einem iranischen Psychologen, den ich kannte und der sehr einfühlsam und auch für das Problem der Frau verständnisvoll war, stattfanden. Einwände des Ehemannes, die Behandlung für unnötig zu erklären, konnten wir entkräften, so daß er – das war unabdingbar – zustimmte.

Nach einem Jahr kam sie vorbei und bedankte sich bei mir. Es ginge ihr und der Familie gut. Sie sah gut aus, wirkte kokett, verführerisch. Ich verstand jetzt, warum meine Phantasie gewesen war, daß der Mann die Gefahr gesehen hatte, die Familie könne auseinanderfallen.

Damit war die Geschichte besser ausgegangen als die meisten vergleichbaren, aber auch nur wegen der recht günstigen Umstände. Der Mehrzahl der Migranten kann eine adäquate Versorgung nicht geboten werden. Die Geschichte zeigt auch, was helfen könnte: Verständnis für die Lebensgeschichte und die unbewußten Seiten der Krankengeschichte, bessere Unterbringung, Anerkenntnis der psychischen Dimension des Leidens. Sie zeigt auch, daß man mit westlichen Behandlungsvorstellungen daneben liegen kann – was keine schlimmen Folgen haben muß, wenn man es rechtzeitig merkt. Und sie zeigt, daß das Klischee von den ungebildeten traditionalistischen Migranten, die mit der westlichen Kultur nichts anzufangen wissen, eben nur ein Klischee ist.

Zwei Dinge möchte ich herausstellen: zum einen die regressive Symptombildung in einer als aussichtslos empfundenen Situation, zum anderen die Komplexität der Bedingungen, unter denen die Krankheit entstanden war: Traditionalistischer Identifizierungsdruck als Antwort auf die Gefahr des Zerfalls von Familie und sicher auch ethnischer Identität.

Ich will noch einige Worte über Therapie anklingen lassen. Auch Ausländer haben ein Unbewußtes und innerpsychische Konflikte, auch wenn diese oft hinter den äußeren Konflikten verborgen liegen, die ihre besondere Situation als Migranten schafft. Auch sie haben gewisse Grundprobleme des psychischen Daseins zu lösen. Sie müssen damit zurechtkommen, daß es Generationen und Geschlechter gibt, daß sie sich in eine Gemeinschaft hinein entwickeln müssen, die es schon vor ihnen gab, und daß sie endlich sind. Hinter ihren aktuellen Konflikten finden wir oft infantile neurotische Wurzeln, auch wenn klar ist, daß sie situativ oft mehr aktuelle Konflikte haben. Die kulturell vorgegebenen Lösungen, die sie zur Verfügung haben, sehen unter Umständen anders aus als diejenigen, die wir gewohnt sind. Für einheimische Therapeuten ist es sehr schwer, im Einzelfall zu unterscheiden, ob sie mit ihrer Gegenübertragung auf ein kulturelles Stereotyp oder auf eine individuelle Idiosynkrasie reagieren. Um dies differenzieren zu können, kann entscheidend sein, ob man sich ausreichend mit der fremden Kultur auseinandergesetzt hat. Wenn ja, dann kennt man nämlich seine Reaktionen auf die Kultur, bzw. auf die ethnischen Charaktermerkmale.

Es wird immer wieder gefragt, wieviel ein Therapeut von der fremden Kultur wissen müsse, mit deren Angehörigen er arbeitet. Vor dem Wissen ist ein anderer Begriff wichtiger: die Toleranz. Ohne eine gewisse Bereitschaft, sich dem Fremden auch in den Dimensionen anzunähern, wo es uns befremdlich, unangenehm, ja zuwider ist, wird sich wenig bewegen können. Gerade die Momente, in denen wir eigenartig berührt sind, können die Wichtigsten sein. Die Wachsamkeit für die eigene Gegenübertragung kann helfen, emotional zu verstehen, was zum Beispiel fremde Heiratsregeln oder Kleider- und Sitzordnungen für unbewußte Reaktionen hervorrufen. Was die Frage des Wissens betrifft, hält die wunderschöne Studie von G. Devereux (1981) über die psychoanalytische Kurztherapie eines Prärieindianers eine gute Antwort parat: Devereux, der den Prärieindianer behandeln wollte, verfügte als Ethnologe über Wissen zu diesen Völkern, dennoch versuchte er, noch möglichst viel über dessen Stamm in Erfahrung zu bringen. Er war also sicher optimal präpariert. Als er mit dem Indianer zusammentraf, begann er jedoch damit, ihn zu bitten, ihm als Fremden etwas über seinen Stamm zu erzählen, und hörte interessiert und geduldig zu. Erst später kam es zu einem Gespräch über seine persönliche Situation, sein Leben etc. Er wollte dem Mann die Sicherheit in dem Gefühl geben, daß er als Therapeut bereit war, sich auf seine Situation, besonders auf seine kulturelle Identität einzustellen. Damit eröffnete sich für den Patienten ein Raum für psychotherapeutische Arbeit, weil er das Gefühl haben konnte, es werde wirklich um ihn gehen. Andererseits hätte er sich wohl durch das ihm fremdartig erscheinende Therapieansinnen bedroht und an die Wand gedrückt gefühlt. Obwohl Devereux bestens informiert war, hielt er sich zurück, benutzte sein Wissen nur als Hintergrund.

Hier gibt es eine grundsätzliche Entsprechung mit der psychoanalytischen Arbeitsweise: Freud (1912) empfahl die gleichschwebende Aufmerksamkeit als therapeutische Haltung, weil man so offen bleibt für das, was sich jeweils speziell in der Situation entwickelt. »Ohne Erinnerung, ohne Verlangen« an die Situation heranzugehen, lautet eine entsprechende Empfehlung von Bion (1970). So wird alles Wissen, das wir haben – auch das dringend nötige ethnologische –, alle Erfahrung zum Hintergrund, auf dem das neu entsteht, was wir verstehen wollen. Die Paradoxie, die darin liegt, daß wir möglichst kompetent sein möchten und als professionelle auch sein sollen, aber doch jedesmal, mit jedem neuen Patienten bereit sein müssen, sozusagen bei Null anzufangen und ihm konzedieren, daß er über sich soviel mehr weiß als der Therapeut (also selbst zunächst nichts zu verstehen) macht für mich den Reiz des Berufes aus, der Neugier und Kreativität erhält. Was daraus folgt, ist ebenfalls paradox: möglichst viel wissen, aber in der Situation alles vergessen.

Vieles muß man entdecken, obwohl man es schon weiß. Ich war wie vom Donner gerührt, als ein Schwarzafrikaner, dessen Herzneurose neurosenpsychologisch trotz erheblicher kultureller Differenzen leidlich gut zu verstehen war und der auch auf eine psychoanalytisch orientierte Therapie gut angesprochen hatte, nachdem er eine wichtige interaktionelle Abwehrform hatte aufgeben müssen, einen Riesenschritt nach vorne tat. Wo war die Neurose geblieben, das Wegfallen der Abwehr hätte aus meiner Sicht den Symptomdruck eher verstärken müssen. Das die Störung bedingende psychische System schien wie durch den Rinnstein weggelaufen. Der Wechsel zwischen verschiedenen psychischen Zuständen erfolgte bei ihm viel abrupter, als ich es gewohnt war, und er verfügte über Ressourcen, die ich einfach noch nicht kannte. Von solchen Wechseln, wie auch von flexibleren Ich-Strukturen, hatte ich schon gelesen, aber es war etwas völlig anderes, das zu erleben.

Es kann auch sehr schwer, belastend und unbequem sein, sich in ein fremdländisches Gegenüber einzufühlen. Menschen mit einer stabilen, integrierten multikulturellen Identität gibt es zwar, aber doch eher selten. Oft ist das Xenophile sehr von der Abwehr des Eigenen überlagert, das man nicht so gerne sehen will. Dennoch muß man mit den Patienten eine Art Zwischenreich zwischen den Kulturen aufbauen, das man gemeinsam bevölkert, eine kurze gemeinsame interkulturelle Geschichte schreiben, um mit ihm analytisch zu arbeiten. Man muß wissen, was man sich zutrauen darf. Es gibt auch Patientengruppen, wegen derer Diagnosen ich rate, sich nicht zu viel zuzumuten. Sicher ist es schön, das Fremde zu lieben und sich als aufnahmebereiter Mensch zu fühlen, aber leider ist es nicht immer einfach, gerade in »...philen« Kreisen, mit negativen Reaktionen ehrlich zu sein, was zur Folge hat, daß sie unbearbeitet bleiben.

Ich möchte aber mit einer optimistischeren Perspektive schließen: In den Begegnungsräumen von Kulturen ist Bewegung. Wenn dabei das Gefühl der Überforderung und Bedrohung überwiegt, hat das zerstörerische Wirkung. Wenn die Bedingungen für das gegenseitige Verstehen gut sind, entsteht neue Kultur. Ich finde es eine interessante Sichtweise, eine Klinik, in der Ausländer, deren Anpassungsversuche mißlungen sind, behandelt werden sollen, auch als einen Begegnungsraum zu sehen, in dem in diesen Zeiten ein Stück interkulturelle Kulturarbeit geleistet wird.

Literatur

Bion, W. (1993): Attention and interpretation. London.
Freud, S. (1912): Ratschläge für den Arzt bei der psychoanalytischen Behandlung. GW VIII.
Devereux, G. (1978): Ethnopsychoanalyse. Frankfurt am Main.
Devereux, G. (1981): Realität und Traum. Frankfurt am Main.
Devereux, G. (1982): Normal und anormal. Frankfurt am Main.
Erdheim, M. (1982): Die gesellschaftliche Produktion von Unbewußtheit. Frankfurt am Main.
Möhring, P. (1993): Anpassung als Krankheit. In: Ethnopsychoanalyse 3, S. 39–74.
Morgenthaler, F. (1984): Gespräche am sterbenden Fluß. Frankfurt am Main.
Parin, P. (1977): Das Ich und die Anpassungsmechanismen. Psyche 31, S. 481–515.

»Die Gerüche des Basars in meinem Behandlungszimmer«

Zum psychoanalytischen Verständnis psychosomatischer Zusammenhänge im Migrationsprozeß

Irmhild Kohte-Meyer

In der psychoanalytischen Beobachtung und Behandlung von Migranten-Patienten, die wegen unterschiedlicher psychoneurotischer oder psychosomatischer Beschwerden in meine Praxis kamen, sind mir einige psychodynamische Besonderheiten aufgefallen; diese werde ich darstellen und meine behandlungstechnischen Konsequenzen schildern.

Folgende Thesen möchte ich diskutieren:
Migrationserleben ist als ein traumatisches Geschehen zu verstehen; es kann ganz verschiedene Abwehrstrategien und Anpassungsreaktionen hervorrufen und so individuelles psychisches Erleben wesentlich prägen und u.U. sehr verändern. Ich und Ich-Identität kommen in einer fremden Umwelt auf den Prüfstand. Sprach- und Kulturwechsel können zu einer besonderen Form von Unbewußtheit führen, zu einem inneren Verstummen gegenüber emotionalem und affektiven Vorgängen. Migration führt zu innerpsychischen Veränderungen. Diese können als transkultureller Grundkonflikt benannt werden, der Anlaß zu neurotischer oder psychosomatischer Symptomatik werden kann. Eine andere diagnostische Einschätzung, anderer therapeutischer Umgang sowie Veränderungen in der eigenen therapeutischen Haltung, sind die Folgen dieses Verständnisses. Das Psychische aller Menschen ist als grundlegend gleichartig beschaffenes System anzusehen. Die psychoanalytische Begegnung

ist immer ein intersubjektives, interaktives Geschehen zwischen zwei Personen und gleichzeitig je ein individuelles, intrasubjektives Geschehen. So bedeutet die Begegnung mit Migranten-Patienten eine ganz besondere psychoanalytische Herausforderung.

Ich werde zuerst das transkulturelle Konfliktfeld beschreiben und darstellen, wie ich die psychischen Aufgaben und Folgen des Migrationsprozesses verstehe. Danach werde ich in zwei Fallbeispielen meine Thesen näher ausführen.

Die Begegnung mit dem Fremden

Es gibt ein Sprichwort: »Fremd ist der Fremde nur in der Fremde«. Zu Hause gehört der Fremde zu seiner sozialen, kulturellen Gruppe, dort weiß jeder, wer er ist. Der soziale Ort, an dem sich ein Mensch befindet, hat eine immense Bedeutung für sein seelisches Befinden: Erleben und Verhalten werden vom soziokulturellem Ort geprägt. Die soziale Gruppe bestimmt, wie Affekte geäußert, wie Triebwünsche befriedigt werden dürfen.

Dort, zu Hause, ist jeder gewohnt, als Fremden immer den anderen zu sehen und das Fremde immer am jeweils anderen zu betrachten. Bei einem Wechsel in die »Fremde« wird der nun selbst »Fremde« gravierende Einflüsse auf seine Befindlichkeit, Erschütterungen und Beunruhigungen zu bestehen und zu erleben haben. Das Erleben von Fremdsein und von Sich-fremd-Fühlen entfaltet eine eigene innerseelische Dynamik und Problematik; die Begegnung mit dem »Fremd-Gewordenen« bewirkt selbst etwas in jenem, der sich »bei sich zu Hause« fühlt. Mit diesem Prozeß des »Fremd-Werdens« werde ich mich beschäftigen, dabei der Frage nachgehen, welche innerpsychischen Verarbeitungsformen im Erleben des Fremdseins aufzuspüren sind und klären, wie diese Verarbeitung zu spezifischen Problemen, zu psychoneurotischer oder psychosomatischer Symptomatik führen kann.

Die Fokussierung soll erfolgen auf Ich, Ich-Identität und Über-Ich, erfolgt doch die Ausformung von innerpsychischen Instanzen und Identitätserleben innerhalb eines spezifischen Kulturraums in Interaktion mit Familie und Gruppe. Dies sind die psychischen Instanzen, die von einem Kulturwechsel direkt betroffen sind. Ein Aspekt des Über-Ich sei besonders hervorgehoben: Das soziale Über-Ich, es bildet neben archaischem und ödipalem Über-Ich einen Teil der Über-Ich-Struktur. Dieses soziale Über-Ich gestattet Triebbefriedigung entsprechend den Regeln der Gruppe, sichert die soziale Identität und verhindert Trennungsangst (Trimborn 1979). Das narzißtische Gleichgewicht wird ausbalanciert im Spannungsfeld zwischen Gruppe und Ich/Über-Ich. So entsteht eine stabile psychosoziale Ich-Identität. Jeder Wechsel des sozialen Ortes und kulturellen Raumes muß also Folgen für Identitäts- und Ich-Erleben und die steuernden Funktionen des Ich haben.

Die Begegnung mit diesen Patienten hat große Bedeutung für die eigene psychotherapeutische Identität und Stabilität. Dies gilt für den einzelnen Therapeuten und für psychotherapeutische Teams oder Gruppen gleichermaßen. Denn hier wird ein Teil unserer professionellen Kompetenz und Orientierung außer Kraft gesetzt. Das Problem- und Beobachtungsfeld ist zum Teil unbekannt. Die Matrix der ausländischen Familienstrukturen und -traditionen ist fremd, die kulturspezifische Ausformung von erlaubter Triebbefriedigung unbekannt. Das empathische Beobachten innerer Vorgänge, unsere innere Haupt-Einstellung wird erschwert. Denn die Art, wie sich innere Vorgänge vermitteln, unterliegt unterschiedlicher kulturspezifischer Ausformung und ist geprägt davon, wie im Migrationsprozeß mit dieser Ausformung umgegangen wird.

Das Feld der Beobachtung muß erweitert, verändert werden. Können in der Behandlung »Einheimischer« sozialer Hintergrund, Wirklichkeit und interaktionelles Gefüge weitgehend ausgespart werden, weil objektive und subjektive Wirklichkeit von Therapeut und Patient übereinstimmen, beider Hintergründe identisch sind, so gilt in der Arbeit mit Migranten-Patienten in besonderer Weise die Forderung Parins: die soziale Realität, die Matrix von Familienstrukturen und Traditionen in der Genese von psychischen Konflikten und Konfliktlösungen seien angemessen zu berücksichtigen. Die Untersuchungen von Ethnologen könnten hier weiterhelfen. Doch diese Studien vermitteln wenig über die spezifische individuelle innere Befindlichkeit unserer Patienten, welche sich in einem spezifischen psychischen Spannungsfeld zwischen verschiedenen Kulturen befinden.

Die Ethnopsychoanalytikerin Maya Nadig beobachtet, als sie für längere Zeit in einer ihr fremden Kultur lebt, an sich selbst grobe »Erschütterungen der eigenen Rollensysteme« und beschreibt das eigene Erleben in der Notwendigkeit der inneren Umstrukturierung als ein Gefühl eines »sozialen Sterbens«. Mögliche Schutzmechanismen gegen diese Erschütterungen sind Anpassungsleistungen des Ich, wie sie Parin (1978) analog zu neurotischen Abwehrmechanismen als Anpassungsmechanismen beschreibt. Sie dienen der Ausrichtung an die Außenwelt beim Wechsel des sozialen Ortes. Der Prozeß der Migration, der Wechsel des individuellen kulturellen Lebensraumes bringt das Individuum in einen »Zustand der Desorganisation« (Grinberg & Grinberg 1990). Der Wegfall »der anderen«, die die psychosoziale Identität bestätigend und teilhabend absichern, muß das narzißtische Gleichgewicht des Individuums erschüttern.

Diese beschriebene Erweiterung des psychoanalytischen Beobachtungsfeldes, das Handeln im transkulturellen Spannungsfeld, verändert die psychoanalytische Selbstbeobachtung. Die eigene subjektive Wirklichkeit, die internalisierten »inneren Handlungsentwürfe« (Lorenzer 1977), werden besonders wichtig, so, wie sie in der interaktionellen Beziehung mit dem Patienten mobilisiert werden.

Entgleisen der Kommunikation

Hier meine erste Begegnung mit einem Migranten-Patienten: Wenn statt eines erwarteten Engländers plötzlich ein US-Amerikaner mit schwarzer Hautfarbe als Patient in der Tür steht, bemerke ich, daß ich erschrecke, ängstlich werde und denke, mir fehlt völlig die Kompetenz, meine therapeutischen Fähigkeiten werden versagen. Ich habe das Gefühl, dieser erste Moment ist viel intensiver, spannungsgeladener, als ich es sonst bei neuen Patienten gewohnt bin. Ich beobachte und kontrolliere mich sofort besonders und fühle mich auch vom Patienten ganz intensiv beobachtet. Stimmt das oder sind das meine Projektionen, bedingt durch meine plötzliche Unsicherheit, ist mein Patient auffallend angespannt und ängstlich? Viel mehr als sonst in der Behandlung »Einheimischer« war eine spannungsvolle Erwartung entstanden: Wie wird unsere Begegnung weiterhin verlaufen, werden wir uns verständigen können?

Durch wechselseitige projektive und introjektive Vorgänge wird geklärt, ob in der Begegnung die Muster »bekannt«, Verhaltensformeln und kulturspezifische Rituale vertraut sind. In konkreter Interaktion werden die Vorannahmen des Verhaltens überprüft. In der transkulturellen Begegnung treffen unterschiedliche individuelle Verhaltensmuster und definierte Umgangsweisen aus unterschiedlichen sozialen und kulturellen Räumen aufeinander. Die Kommunikation kann »chaotisch« werden, ins Leere laufen und »entgleisen«, wenn die interaktionellen Rollen und soziokulturellen Normen zu verschieden sind. Wenn die inneren Möglichkeiten zweier Menschen sich nicht entsprechen und dies nicht im Kontakt miteinander geklärt werden kann, führen Fehleinschätzungen und Fehlinterpretationen zu wechselseitiger Verwirrung.

Beispielsweise in meiner Begegnung mit einer südamerikanischen Patientin: Sie hatte mir in den Erstinterviews zwar Therapiewunsch und erheblichen Leidensdruck deutlich vermitteln können, danach aber nie mehr von allein zu sprechen begonnen, sondern stumm lächelnd gewartet, etwas belangloses gefragt, was mich verwirrte und auch ärgerlich machte. Mir fiel im Schweigen ihre zunehmende Irritation und Gespanntheit auf. Ihr Verhalten hätte von mir als Widerstand verstanden werden können, doch es handelte sich um ein interaktionelles Mißverständnis. Sie glaubte, erst sprechen zu dürfen, nachdem sie von mir als Ärztin befragt worden wäre, so wie ich es zu Beginn unserer ersten Gespräche einleitend gemacht hatte. Eine therapeutische Beziehung entwickelte sich, als ich dies angesprochen und auch ihre Verwunderung darüber kommentiert hatte, daß ich auf ihre Worte wartete und nicht umgekehrt sie auf meine.

Zwei Welten

Ich möchte nun das Erleben und die subjektive innere Befindlichkeit in diesem transkulturellen Spannungsfeld auf Seiten der Patienten beschreiben. Das Erleben von mangelnder Spiegelung, soziokultureller Fremdheit und einem eventuell auch konstitutionellen Andersseins, die notwendigen Bewältigungsstrategien, sind als ein innerpsychischer transkultureller Grundkonflikt zu verstehen, der das gesamte psychische Geschehen mit definiert.

Elias Canetti (1994) spricht in den Zusammenhang davon, daß derjenige, der in zwei Sprachwelten leben wolle, auch zwei Herzen und zwei Lungen benötige. Ein 18jähriger (Deutsch-Italiener) formuliert: »Es ist, als wenn man gleichzeitig an zwei ganz verschiedenen Tischen zwei ganz verschiedene Schachspiele machen will.« Jede einzelne soziokulturelle Gruppe, jedes »Schachspiel«, jede »Sprachluft« zeichnet sich aus durch eigene Normen, Regeln und Riten. Diese zu kennen und zu beherrschen schafft ein Gefühl der Zugehörigkeit. Es gibt ein kollektives Ich-Ideal und ein kollektives soziales Über-Ich, das die Übertretung der Normen regelt und straft. In diesem Kontext bildet sich ein sicheres Ich-Gefühl (Federn 1956) in einem konstanten räumlichen und zeitlichen Gleichmaß. In der Beziehung zur Gruppe entsteht ein Gefühl einer Ich-Identität, ein Gefühl sich seiner selbst gewiß und sicher zu sein (Erikson 1968).

Dieses Gefühl hat seinen Ursprung in frühen Kindheitsidentifizierungen. Die je kulturspezifischen Verhaltensweisen sind die Modelle. Wenn das Kind Rollenaspekte der anderen, wichtigen Bezugspersonen erkennt, beginnt es, diese in sich aufzunehmen und sich mit diesen Rollenaspekten, Handlungen, Haltungen und ähnlichem identifizieren. Die Rituale und Forderungen der Erziehung, die Art des pflegerischen Umgangs mit dem Säugling – wie z.B. die alte türkische Tradition, den Körper des Babys fast zwei Jahre bis zur Bewegungsunfähigkeit fest zu wickeln – prägen Ich- und Selbst-Gefühl eines Heranwachsenden.

So gibt es beispielsweise in islamischen Familie traditionell weniger Toleranz bezüglich der Autonomie des Kindes und bezüglich Aggressivität gegenüber den Eltern. Nein-Sagen und eigene autonome Wünsche zu haben stehen dem Kind im Bezug zu erwachsenen Erziehern nicht zu. Für eine moderne deutsche Familie gilt jedoch eine andere Erziehungsmaxime, die Entwicklung zu Eigeninitiative und Individualität. Es wird vorstellbar, in welch heftigen Konflikt z.b. Kinder und Jugendliche der 2. und 3. Generation geraten müssen, wenn sie mit den Normen dieser beiden verschiedenen »Welten« konfrontiert werden. Eine 13jährige Iranerin beschreibt:»In der Schule wird man dazu erzogen, eine eigene Meinung zu haben und Nein sagen zu können. Zu Hause darf ich überhaupt nichts sagen, muß tun, was alle anderen in der Familie von mir verlangen.« Sie vermutet jedoch, ein jeder Mensch lebe in so völlig verschiedenen Bereichen, sie kann den transkulturellen Grundkonflikt nicht erkennen.

Das Ich antwortet auf diesen Grundkonflikt sowie auf schmerzliche Gefühle und auftauchende Angst und Verunsicherung mit Anpassungsmechanismen (Parin 1976) und spezifischen Abwehrmaßnahmen wie Spaltung und Verleugnung. Die Abwehrmaßnahmen können bis zur völligen Verleugnung der Migrationsproblematik führen, zu einer idealisierenden Anpassung an die neue soziale Umwelt. Dies hat, nach meiner Beobachtung, gravierende innerpsychische Auswirkungen. Das Ich des Migranten kann durch diese Abwehrmaßnahmen in seiner Funktions- und Leistungsfähigkeit sehr stark eingeschränkt und geschwächt werden. Bedingt durch diese Schwächung stehen dem Ich keine hinreichenden Möglichkeiten mehr zur Verfügung, größere Anforderungen zu bestehen und Befriedigung von Triebabfuhr zu leisten. Andrängende Triebimpulse können vom Ich nur in Form neurotischer Symptomatik bewältigt werden (Kohte-Meyer 1993, 1994). Dabei können als Folge des Migrationstraumas nicht nur neurotische, sondern auch psychosomatische, und konversionsneurotische Störungen beobachtet werden.

Ein weiterer Aspekt des Grundkonfliktes: Mit der Abwendung vom alten traditionellen Kultur-Raum ist auch der Verlust der vertrauten Muttersprache verbunden. Sprache ist nicht nur Mittler kognitiver Prozesse; sie ist Träger und Vermittler von Riten, Bräuchen und Zugehörigkeit. Sprache und auch die Struktur ihrer Grammatik sind Träger soziokulturell festgelegter Beziehungsmodelle (z.B. in der türkischen Sprache). Die Muttersprache ist der bewußte Zugangsweg zu Phantasien und Symbolen; sie ist die Sprache, in der früheste Rollen-Identifizierungen internalisiert wurden. Subjektive innere Befindlichkeit und Emotionalität werden nur über Sprache vermittelt, nur sie vermag den Affekten Ausdruck zu geben. Sprachlich koordiniert werden kognitiver Inhalt von Gedanken und Mitteilungen einerseits, Emotionalität und Verbindung zu den inneren Repräsentanzen andererseits; dies führt im Kontakt mit anderen zu einer geglückten Kommunikation, ermöglicht einen inneren Dialog. Einen Sprachwechsel zu vollziehen bedeutet, völlig neue innere Verbindungen und Koordinierungen zu erstellen – oder auch nicht neu zu erstellen und Sprache im Alltag nur zu kognitiv-pragmatischer Orientierung zu benützen, ähnlich einer knappen Urlaubssprache.

Mit der Hinwendung in einen neuen kulturellen Raum, an ein neues soziales Über-Ich und dem Wechsel in eine neue Sprache kann dem Ich sehr Wichtiges, Wesentliches verloren gehen: der sprachliche Zugang zur eigenen Emotionalität, zu Symbolen und Phantasien, aber auch die Kenntnis von Rollen-Mustern und Identifikationsmöglichkeiten aus dem verlassenen Kultur-Raum. Diese vorbewußt gespeicherten Phantasien sind Teil der alten Ich-Identität (Erikson 1950). Sie können im transkulturellen Prozeß durch Abwehr- und Anpassungsmaßnahmen nicht mehr zugänglich und völlig unbewußt werden. Ich-Prägungen aus dem alten Kulturraum und mit ihnen vorbewußt gespeichertes Wissen (Federn 1956) werden im Kulturwechsel verdrängt, verleugnet und somit unbewußt. Mit der Muttersprache wird die Sprache der Kindheit, die Phantasie von der Allmacht der Worte abgelegt. Werden die Verknüpfungen zwischen Fühlen, Erleben und Denken in der neuen Sprache nicht neu hergestellt, so entsteht eine sehr besondere Form der inneren Stummheit.

Dies möchte ich als »transkulturelles Entstehen von Unbewußtheit« bezeichnen, (in Anlehnung an Mario Erdheims Konzept der »Gesellschaftlichen Produktion von Unbewußtheit«, 1984). Diese spezifische, transkulturell entstandene Unbewußtheit löst Angst aus, denn dem Ich fehlen verfügbare szenische Phantasien und identifikatorische Modelle; in einem Sprachwechsel kann die Fähigkeit des Ich zur Symbolbildung verloren gehen. Die synthetisierenden Kräfte des Ichs werden gestört, die Fähigkeit des psychischen Apparates,

Affekte und Triebimpulse in sich zu integrieren und zu regulieren. Nur noch auf dem Wege von Symptombildung findet der psychische Konflikt einen nicht mehr symbolfähigen Ausdruck. Neurotische, psychosomatische oder konversionsneurotische Symptomatik können die Folge sein.

Diese klinischen Beobachtungen und theoretischen Überlegungen möchte ich an zwei Behandlungsverläufen diskutieren. Ich habe zwei Fallbeispiele ausgewählt, deren zentraler Konflikt dem Migrationsprozeß entstammte. Zur Verdeutlichung meiner Gedanken habe ich keine Patienten ausgewählt, deren vorbestehender psychischer Konflikt durch das Trauma der Migration verschärft wurde.

Transkultureller Verlust von Wissen

Beispiel 1:

Ich-Erschütterung und der Verlust inneren Wissens führen zur Erkrankung von Frau A., einer 27jährigen Iranerin. Ihre Symptomatik entsprach jener, die Erikson (1957) als zugehörig zur Identitätskrise beschrieb: Leistungs- und Konzentrationsstörungen, Schlaflosigkeit, Alpträume, Kopfschmerzen und Mißtrauen gegenüber anderen Menschen. Sie fühle sich vereinsamt und beschämt. Mit Geburt der jetzt elf Monate alten Tochter habe sie alle Sicherheit, über die sie sonst verfüge, verloren. Seither sei sie beherrscht von einer panikartigen Angst, die Tochter könne jeden Moment sterben, obwohl sie wisse, daß diese körperlich völlig gesund sei. Frau A. lebte seit einigen Jahren als erfolgreiche Studentin in Berlin und hatte hier einen etwas älteren iranischen Akademiker, geheiratet. Sie sei nach Deutschland gekommen, denn im Iran habe sie keine Chance gehabt zu studieren, da sie nicht religiös-fundamentalistisch ausgerichtet gewesen sei. Der Vater, auch Akademiker, sei dies ebenfalls nicht, jedoch die mütterliche Familie, die sie habe sehr früh verheiraten wollen. Sie habe anfangs in Deutschland Angst gehabt, jemand von der Familie, den sie liebe, könne sterben. Sie habe nie Angst um sich selbst erlebt. Bis zur Geburt der Tochter sei sie eine sehr erfolgreiche Studentin gewesen. Ihr Ehemann sei schwächlich. Sie könne ihn, wie ihre Mutter den Vater, beherrschen.

Bei der deutlich hysterisch agierenden Patientin vermutete ich einen neurotischen Konflikt im aggressiven und ödipalen Bereich mit erheblicher Ambivalenz gegenüber dem Neugeborenen. Vor allem beim zweiten Gespräch fielen mir die unförmigen, schwarzen, wallenden Gewänder auf, in denen die Patientin sich kleidete; sie wirkte wie eine alte islamische Frau. Dies kontrastierte mit ihrer Selbsteinschätzung und dem schwärmerischen Bericht ihrer studentisch-westlich-feministischen Orientierung an der Universität vor Geburt der Tochter und mit ihrer herablassenden, verächtlichen Schilderung von Mutter und Tanten. Verwundert berichtete sie ihre Träume. So, wie sie alles Göttliche und Religiöse bei Mutter und Tanten abgelehnt habe, so träume sie es und glaube es nun bedingungslos. Diese innere Umwandlung habe damit zu tun, daß

95

sie jetzt in ihrer Angst einsam und allein sei. Ich hatte den Wunsch, die Ideologiebildungen zu durchbrechen und emotional-authentisches aus ihrem Erleben in ihrem Heimatland zu erfahren. Das schien unmöglich. Der Zugang schien versperrt zu sein. Ich suchte nach Ideen, wie weiterzukommen wäre.

In meinem Gefühl von Irritation, Hilflosigkeit und Unsicherheit hatte ich mich an meinen Besuch in einem großen türkischen Basar erinnert. Das Bild der Lädchen und Gassen stieg plötzlich wieder in mir auf, wie es dort gerochen habe, was dort alles zu sehen, zu kaufen war. Ich verstand meinen Einfall als Gegenübertragungsreaktion und benutzte ihn als Anregung, mir von der Patientin ihre Heimatstadt schildern zu lassen, die Straßen und die Gerüche. Was war dort anders? Jetzt schien der Bann gebrochen. Die Patientin erzählte nun in bewegenden Worten von ihrer Heimatstadt und ihren Gefühlen zu dieser und den Menschen dort. Sie entwickelte Gefühle von Sehnsucht und Trauer, gestand selbst etwas verwundert, seit fünf Jahren nicht mehr daran gedacht oder davon gesprochen zu haben. In der Folge verschwand die Symptomatik. Die Patientin entwickelte neue Sicherheit im Umgang mit der Tochter, trat selbstbewußt auf, immatrikulierte sich wieder, erlebte die Ehe als befriedigend und nahm äußere Veränderungen an ihrem Erscheinungsbild vor. Sie beendete die Sitzungen nach wenigen Gesprächen.

Mein Verständnis zu diesem Fall: Mit Spaltungen und Ideologiebildung bewältigt die Patientin den Verlust des Heimatlandes, Gefühle von Schuld, Verlassenheit und Schmerz. Sie paßt sich eher imitatorisch an westeuropäische studentisch-feministische Rollen an. Mit der Geburt der Tochter freilich brechen die Rollenimitationen zusammen, denn jetzt wäre echte Identifikation mit mütterlich-weiblichen Rollen nötig. Diese sind ihr aus ihrem alten Kulturraum Iran nicht mehr bewußt verfügbar, sie inszeniert sie vergebens im Traum. Die Abwehrvorgänge, mit denen das Migrationserleben bisher bewältigt wird, Spaltung und Leugnung, verhindern die nun erforderliche neue Orientierung in der Rolle einer Mutter. Die Suche nach Identifikationsmöglichkeiten mit mütterlichem Verhalten wird im Traum und in ihrer plötzlichen religiösen Einstellung sowie in der Inszenierung ihres äußeren Erscheinungsbildes deutlich. Mit dem Wieder-Zugangfinden zu den alten emotionalen Wurzeln und positiven Beziehungen, mit dem Wiederbeleben von Schmerz, Trauer und Sehnsucht konnte die Patientin wieder bewußten Anschluß bekommen an vertraute weiblich-mütterliche Identifikation. Diese ist notwendig, um die Rolle einer Mutter gegenüber ihrem neugeborenen Kind zu erlernen und zu bewältigen, nur so kann sie, allein in der Fremde, die Beziehung zu ihrem Kind gedeihlich gestalten.

Eine Jugendliche

Beispiel 2:

Ayse, ein 16jähriges türkisches Mädchen, befand sich in einer kinderpsychiatrischen Klinik, als sie mich anrief und bat, von mir ambulant behandelt zu werden. Dies geschah auf Vorschlag der Klinikärzte, die sie nur unter dieser Bedingung entlassen wollten. Sie könne seit etwa drei Jahren nachts nicht mehr aufstehen, wenn sie es wolle, da ihr die Beine versagten, was sich erst morgens bessere. Sie habe im ganzen Körper ein Schwächegefühl. Die Beine seien bis zur Hüfte schlaff, fühlten sich gelähmt an, was auch am Tage bleibe. Daneben leide sie unter Schwindel, Kopfschmerzen und immer stärkeren Schmerzen in Armen und Beinen. Alle klinisch-neurologischen Untersuchungen, einschließlich Computertomographie seien negativ verlaufen. Ihre Geschichte begann rasch, mich als vermutlich konversionsneurotische Störung zu interessieren.

Zu den Vorgesprächen kam sie allein, was mich wunderte, denn üblicherweise möchten türkische Eltern wissen, wohin sich ihre Tochter in Behandlung begibt. Ihr Vater lebte und arbeitete seit 20 Jahren in Berlin. Sie selbst war im Alter von vier Jahren mit der Mutter und fünf Geschwistern aus einem kleinen, abgelegenen Dorf in Ostanatolien in eine türkische Großstadt zu Verwandten gezogen. Vor vier Jahren war sie nach Berlin gekommen, darüber sei sie sehr froh. Sie sei immer Vaters Lieblingskind, aber auch sein Sorgenkind gewesen; oft war sie krank, wenn auch nie ernsthaft. Mit der ein Jahr älteren Schwester besuche sie die gleiche Schulklasse. Sie hätten eine heftige Rivalität miteinander um Schönheit und Schulleistungen. Ayse habe sich mit recht gutem Erfolg bemüht, rasch die deutsche Sprache zu erlernen. Dies und die Umstellungen in Berlin habe ihr keine großen Probleme bereitet. Ihre Eltern seien moderne, aufgeklärte Atatürk-Anhänger. So trage weder die Mutter, noch die Schwestern ein Kopftuch; in keiner Weise werde sie traditionell erzogen. Sie sei beliebt bei den deutschen Mitschülern und auch in ihrer türkischen Mädchengruppe, habe aber wegen ihrer Probleme alle ihre Aktivitäten eingestellt. Sie halte sich nur noch im Hause auf, verlasse dies nicht, fühle sich einsam, unnütz, habe Ängste. Sie sei deprimiert, die Familie ratlos. Die Eltern hatten offensichtlich ein traditionelles Krankheitsverständnis und würden die Patientin gern einem Hodscha vorstellen; die Patientin lehne das ab, sie schien sich anders zu orientieren.

Wenn auch sehr schwierig, so erinnerte sich die Patientin in den Vorgesprächen allmählich doch, wie die Symptomatik zum ersten Mal aufgetreten sei: nachts während einer Klassenreise vor drei Jahren. Jungen und Mädchen seien, wie üblich, gemeinsam mit ihren Lehrern gefahren. Selbstverständlich hätten ihre Eltern dies erlaubt; sie solle so aufwachsen wie alle in ihrer Klasse. Es gäbe aber doch Unterschiede, sie beneide die deutschen Mädchen, denn diese wüßten, anders als sie, »Bescheid über Sexualität und Menses«. Mit ihr habe nie jemand über diese Dinge gesprochen. Nachdem die Symptomatik abgeklungen war, war sie einige Zeit später ein zweites Mal wieder aufgetreten, nachdem Ayse am Abend im TV eine Eurovisionssendung gesehen hatte. Sie hatte vergebens gehofft, die sympathische türkische Sängerin werde Erfolg haben und den ersten Preis erringen. Nun verschwanden die Störungen nicht wieder vollständig. Nach der Hochzeit einer türkischen Cousine wurden die Probleme so groß, daß sie sich nachts gar nicht mehr bewegen konnte. Nachdem alle ambulanten Versuche einer diagnostischen und therapeutischen Klärung fehlgeschlagen waren – sie war körperlich völlig gesund – wurde sie in eine Klinik aufgenommen.

Meine diagnostische Einschätzung schien klar: Bei dem intelligenten, differenzierten und emotional gut ansprechbaren Mädchen lag ein hysterischer Triebkonflikt vor, der sich in Form einer konversionsneurotischen Symptomatik zeigte. Die ödipale Situation war nicht genügend gelöst. Ich war bereit, die psychoanalytische Behandlung dieser jungen Türkin zu übernehmen. Doch etwas war noch unklar: Zum einen erschien es mir seltsam, daß diese türkischen Eltern so gar nicht versuchten, mich kennenzulernen, und zum anderen paßte das von der Patientin gezeichnete Bild der Eltern recht wenig zu der Vorstellung, die ich von Eltern hatte, deren Tochter an einer schweren Konversionsneurose erkrankt war. Wie sie beschrieb, schienen diese Eltern emotional offen, warmherzig und in liebevoll-akzeptierender Art mit der Patientin und ihren Bedürfnissen umzugehen. Vor Beginn der Behandlung – es handelte sich ja um die Therapie einer 15jährigen – wollte ich diese diagnostische Unsicherheit beseitigen. Die Patientin war zuerst mit meinem Vorschlag eines gemeinsamen Gespräches nicht einverstanden. Mir schien es unhaltbar, nicht die traditionellen Regeln einer türkischen Familie zu beachten. Es war mir wichtig, zu erfahren, wie die Eltern sich zum eigenen Migrationsprozeß einstellten. Ich entschied mich dafür, die Patientin um ein gemeinsames Gespräch mit ihren Eltern zu bitten.

Ich erlebte die Eltern, wie von der Tochter beschrieben. Ihre Gefühle waren ihnen bewußt und weitgehend mitteilbar. Die Tochter hielt sich währenddessen zurück, sie wurde nur lebendig, als sie ihr Recht auf psychotherapeutische Hilfe einforderte, denn sie wollte nicht zum »türkischen Zauberer«. Sie saß stumm und starr in sich versunken, zwischen den Eltern, wirkte so ganz anders, als ich sie aus unseren gemeinsamen Gesprächen kannte. Der Vater übernahm es, die Zukunftswünsche für die Tochter zu formulieren: Schulabschluß und Berufsausbildung in Berlin, dann vielleicht würde die Familie zurückkehren, nicht mehr aufs Dorf, sondern in eine Stadt ziehen.

Währenddessen waren in mir intensive Phantasien aufgetaucht, bunte Bilder eines türkischen Dorfes und dörflichen, gemeinsamen Lebens. Ich entschloß mich, diese Bilder als eine Gegenübertragungsphantasie zu werten, ihnen eine Bedeutung im gemeinsamen Prozeß zuzumessen, die Erkenntniswert haben könnte. Ich dachte kurz nach und fragte dann die Eltern, was mit der 15jährigen Tochter wohl im dörflichen Zuhause geschehen würde oder schon geschehen wäre, dachte an eine frühe Heirat. Die Eltern wandten sich mir zu, lachten und bestätigten meine Gedanken mit großer emotionaler Bewegtheit. Selbstverständlich würde die Tochter dort als schon verheiratete Frau leben, sie wäre wohl Großeltern. Auf türkisch wandten sie sich an die Patientin, die sich nun in verändert lebhafter Gestik am türkischen Gespräch beteiligte. Offensichtlich – und soweit, wie ich verstand – phantasierten die drei mit viel Spaß diese Szenen durch; Abwehr der sexuellen Inhalte in bezug auf Bindung Ayses an einen Mann und eine Heirat war nicht zu spüren. Nein, teilte Ayse mir ruhig nun wieder auf deutsch mit, sie wolle erst nach ihrer Berufsausbildung heiraten; ob einen deutschen oder türkischen Mann, das würden nicht die Eltern, sondern sie selbst entscheiden, ganz sicher; die Eltern wirkten damit einverstanden.

Nach diesem Gespräch besserte sich die konversionsneurotische Symptomatik der Patientin so dramatisch rasch, daß eine psychoanalytische Behandlung gar nicht länger in Erwägung zu ziehen war. Wir hatten nur wenige weitere Gespräche, verteilt über einige Monate. Ayse fand wieder Anschluß an Gleichaltrige und Aktivitäten mit ihrer früheren türkischen Mädchengruppe; die Schulleistungen verbesserten sich, die Konkurrenz zur Schwester ließ nach. Sie gewann an Selbstsicherheit und reflektierte differenziert ihre Situation eines türkischen Mädchens in Berlin. Gemeinsam hatten wir ihre Schwierigkeiten thematisiert, sie entdeckte, worin diese bestanden hatten. Im Umgang mit sich und mit anderen hatte sie vieles beobachten und wahrnehmen, dieses aber in der Bedeutung für sich und ihre Wünsche bisher nicht erkennen können.

Diskussion

Entgegen meiner Vorannahme und meiner diagnostischen Einschätzung, es liege eine konversionsneurotische Erkrankung vor, hatte sich, wie im ersten Fall, keine psychoanalytische Behandlung entwickelt; es war nicht zur Ausbildung einer Übertragungsbeziehung, nicht zu Abwehr- oder Widerstandsanalyse gekommen. Die Symptomatik bestand seit mehreren Jahren; eine Spontanremission ist ausgeschlossen. Wie ist das Entstehen der Symptomatik psychoanalytisch zu verstehen und wie kam die dramatische Veränderung zustande?

Ayse hatte einen zweifachen Migrationsprozess erlebt, von dörflicher in großstädtische Umgebung, von türkischer in deutsche Umwelt. Für sie – wie für die Eltern – war die neue deutsche Umgebung die idealisierte, alles Alte sollte weit zurückliegen. So verhielt sich keiner in der Familie traditionsgemäß. Ayse übernahm im Gegenteil fast zu viel Eigenverantwortung, auch im westeuropäischen Sinne. Die alte türkische Kultur wurde verleugnet und ihr bewußt keine Bedeutung mehr zugewiesen. In dieser Situation wird die Patientin ganz aktuell mit der Aufgabe konfrontiert, adoleszente, sexuelle Triebimpulse und Phantasien zu bewältigen, sie zu integrieren und zu einer prospektiven Lösung zu führen. Das heißt, sie müßte sich den Ansprüchen und Spielregeln eines sozialen Über-Ichs unterordnen können. Ayse stand jedoch zwischen den Normen und Kulturen. Die alten, türkischen sozialen Regeln und Normen galten einerseits, waren aber andererseits bewußt durch modern-westliche soziale Ansprüche und Verhaltensnormen ersetzt worden. Das war für Ayse das Ergebnis der Binnen-Migration in der Türkei und der Migration nach Berlin. Ayse wollte, auch im Verständnis der Eltern, so sein, wie alle in der Klasse und sich genauso verhalten, konnte dies jedoch nicht. Das türkische soziale Über-Ich verbot genau dieses westeuropäische Verhalten; ihr fehlt, wie sie sagt, »Wissen«, um das sie die anderen Mädchen beneidet. In der adoleszenten Konfliktsituation konnte sie weder in der einen, noch in der anderen Kultur auf identifikatorische Phantasien, auf Rollen- oder Handlungsmuster zurückgreifen.

Die Patientin war verwirrt, der Zugriff auf frühere, per Identifikation erworbene, vorbewußt gespeicherte Lösungswege war nicht möglich. Ayse standen, bedingt durch Spaltung und Verleugnung, weder tradierte noch neue kulturelle Wege offen. Wie sie nun als türkisches Mädchen in Berlin, als Jugendliche, ihre sexuellen Regungen, Erfahrungen und Triebimpulse angemessen erleben und vielleicht befriedigen könne, dafür hatte sie keine sozial gültigen Spielregeln mehr. In einer Desorientierung zwischen den Kulturen ist sie ergebnislos auf der Suche nach sicheren Mustern für Verhalten und weibliche Identifizierung. Die andrängenden sexuellen Triebregungen müssen so vom Ich als bedrohlich erlebt und abgewehrt werden, das wird die einzig mögliche individuelle Konfliktlösung. Die Abwehrmaßnahmen treffen auf präformierte psychische Strukturen. Ayse war Vaters Liebling, zu ihm scheint es noch latente ödipale Wünsche zu geben. In regressiver Weise werden nun die bisher nicht virulenten Fixierungsstellen einer ungelösten ödipalen Situation reaktiviert und inzestuöse Wünsche aktualisiert, die erfolgreich der Verdrängung unterlegen hatten. Die psychische Situation wird unhaltbar: alle Wünsche und Phantasien verschwinden, die verdrängten sexuellen Triebimpulse werden in körperliche Symptomatik überführt: Das Bild der Konversionsneurose entsteht.

Die Rückführung der im Symptom verschlüsselten Sexualität in das bewußte Erleben wird im Gespräch mit Patientin und Eltern plötzlich möglich: Wie eine türkische Familie mit sexuellen Wünschen und Phantasien soziokulturell umgeht, welche Möglichkeiten und Rollen dafür zur Verfügung gehalten werden, das wird durch meine Frage zum gemeinsam verhandelten Thema. Auf türkisch nun, der ursprünglichen Sprache der Familie, werden von den Eltern traditionelle kulturelle Verhaltensnormen und Möglichkeiten mit ihrer Tochter besprochen. Für die Patientin bedeutet dies, den Anschluß an alte, verleugnete Identifizierungen wieder zu gewinnen, entsprechend den Regeln der dörflichen Gemeinschaft. Der verdrängte Zugangsweg zu ihren sexuellen Phantasien war so geöffnet, deren Deformierung und Desymbolisierung von Triebwünschen kann aufgehoben werden; die symbolischen Zusammenhänge, zuvor im Symptom verstümmelt (Habermas 1968), werden nun wieder hergestellt.

Die Re-Symbolisierung (Lorenzer 1970) wird möglich und gelingt dadurch, daß jetzt eine sprachliche Kommunikation zwischen Eltern, Patientin und mir als Dritter entstanden ist. Diese wird in beiden Sprachen geführt; so verständigen sich beide Seiten, Eltern und Tochter, über die unterschiedlichen sozialen Über-Ich-Normen; der Anschluß an die vorbewußt gespeicherten Bilder und Phantasien wird für die Patientin gemeinsam mit den Eltern möglich. Indem frühere Ich-Zustände wieder erinnerlich werden, wird Verdrängung und Spaltung aufgehoben. Die verschiedenen Normen und Spielregeln möglicher weiblicher Identifizierungen und die Befriedigung sexueller Triebwünsche werden gemeinsam erörtert, die des alten dörflichen und die des neuen großstädtischen sozialen Über-Ichs. Die Patientin kann die sehr verschiedenen kulturellen Möglichkeiten phantasieren, wie junge Mädchen Weiblichkeit und Sexualität entwickeln, und sich danach selbst autonom entscheiden – im Einklang mit den familiären und den sie sozial umgebenden Über-Ich-Strukturen. Dies bedeutete im therapeutischen Gespräch aber auch, daß Patientin und Eltern sich erinnerten an die Migrationsgeschichte, an die Bedeutung der langen Trennung in der Familie und des Verlustes der alten Heimat, der zur verleugneten Verwirrung führte, an all ihre Schwierigkeiten und Gefühle von Trauer. Es war wichtig, daß sie diese schwierigen Erinnerungen nicht länger gemeinsam verschwiegen.

Meine Rolle in diesem Gespräch war es, eine Projektionsfläche und einen Raum anzubieten, wo die von der Patientin und den Eltern abgewehrten Phantasien und Erinnerungen sich abbilden konnten. In projektiver Identifizierung – wie zuvor bei Frau A. in meinem Einfall vom Basar – hatte in der Gegenübertragung *ich* die vermiedenen, abgewehrten Vorstellungen übernommen. Dadurch, daß ich die Familie nach der Tochter in diesen Lebensformen fragte, hatte sich eine Möglichkeit eröffnet, miteinander darüber zu sprechen und nun die im Migrationsweg weit zurückgelassenen Normen einer gelebten Sexualität für eine türkische junge Frau zu phantasieren. Es gab im familiären Diskurs zwei sehr verschiedene soziale Über-Ich-Strukturen, das deutsche und das türkische kulturelle Über-Ich. Diese verschiedenen, sich gegenseitig ausschließenden Aspekte eines sozialen Über-Ichs im Gespräch waren auf mich übertragen und von mir angenommen worden. So standen diese beiden sich nicht mehr feindlich und sich gegenseitig ausschließend gegenüber. Ich hatte es ermöglicht, daß beide angesprochen wurden, war für beide Lösungen offen gewesen. So wurden die Spaltungsvorgänge verringert. Ayse konnte die projektive Versöhnung und die Ko-Existenz beider Strukturen erleben, in einer retrojektiven Identifizierung in sich aufnehmen. Gemeinsam mit Psychoanalytikerin und Eltern konnte sie die eigene Wahrheit und die subjektive, schwierige Wirklichkeit erkennen, sich der anstehenden Syntheseleistung besser stellen.

Die Unbewußtheit, Unsicherheit für weibliche Rollenidentifizierungen und sexuelle Triebbefriedigung, transkulturell im Migrationsprozess entstanden, konnte aufgehoben, der Grundkonflikt befriedigend gelöst werden. Die Fixierungsstellen einer unvollkommen gelösten ödipalen Situation bestanden weiterhin, doch ohne Symptomatik; die zu bewältigenden Aufgaben der Adoleszenz würden Ayse hier weitere Entwicklungschancen bieten. Die vorgesehene psychoanalytische Arbeit in einer Übertragungsneurose war mit ihr nicht mehr erforderlich geworden.

Schlußfolgerungen

In beiden geschilderten Fällen verlief der gemeinsame Prozeß anders als erwartet. Die Problematik der Patienten war nicht in erster Linie ein individueller neurotischer Konflikt, sondern lag in der gestörten Verarbeitung ihrer Migrationserfahrung begründet. Die beschriebenen Symptome sind Reaktionen auf das »Ich-Beben« (Grinberg & Grinberg 1990), auf das Trauma der Migration. Die beschriebene »chaotische und entgleiste Kommunikation« zwischen mir und den Patienten findet nicht nur in der Interaktion zu anderen Menschen statt, sondern auch auf der »inneren Bühne« des Migranten. Dort stehen dem geschwächten Ich keine Identifizierungen und Rollenmuster zur Verfügung, die in einer Schwellensituation nun neu gefordert wären. Die ungelösten seelischen Vorgänge werden aus dem »seelischen Ich in den Körper konvertiert« (Federn 1956), auch im Sinne der »zweiphasigen Verdrängung« Mitscherlichs (1961). Triebimpulse finden regressiv frühe Fixierungsstellen und erreichen im körperlichen Symptom ihren symbolischen Ausdruck in einer Re-Somatisierung.

Das Beobachtungsfeld in der psychotherapeutischen Praxis ist neu zu ordnen, eine weitere Dimension in den psychotherapeutischen Raum einzuführen, die der Begegnung im transkulturellen Spannungsfeld. Die Aufmerksamkeit sollte also nicht nur dem spezifischen psychodynamischen Konflikt gelten. In einer transkulturellen Ich-Diagnostik sollte überprüft werden, wie, mit welchem Resultat, das Ich das Erleben von Migration und Kulturwechsel verarbeiten konnte. Denn ich verstehe meine geschilderten Erfahrungen so, daß neben den individuellen Entstehensmodi neurotischer Symptomatik bereits das Trauma der Migration zu spezifischer Psychopathologie führen kann.

Das bedeutet für therapeutische Haltung und Gegenübertragung: Ein ganz aktives und neugieriges Sich-einlassen auf das Andere wird wichtig, auf das Fremde, Erfahrungen, Erlebensmuster und Bilder aus einer fremden Kultur, die der Patient mitbringt in den analytischen Raum. Im Übertragungsprozeß wird es so für den Patienten möglich, gespaltene und sorgfältig voneinander getrennte Bereiche, die verschiedenen sozialen Über-Ich-Aspekte miteinander in Berührung zu bringen, sich nicht mehr unversöhnlich gegenüber stehen zu lassen. Indem der Therapeut sich in einer »containing function« (Bion 1990) aktiv verstehend zur Verfügung stellt und die Bearbeitung des Streßtraumas der Migration ohne moralische Regeln und Normen unterstützt wird (so Grinberg & Grinberg 1990) für einen Migranten eine Integration sowie die Bewältigung der schmerzlichen Erfahrungen und der Verwirrung möglich. Besonders wirksam ist es, daß der Patient ein Gegenüber erlebt, das seine Wahrheit mit erkennen kann, die Wahrheit über den Zustand des Ich und der brüchigen, zerrissenen Lebensgeschichte. Vor allem zu Beginn und immer wieder in einem längeren Behandlungsprozeß muß die Fokussierung auf das Erleben von Fremdsein in der Bewältigung des Migrationsprozesses gerichtet werden, trotz auftauchender Widerstände des Ich, die bei Bearbeitung von Spaltungsprozessen häufig sind.

So wird der Patient, wird sein Ich zu einer Synthese ermutigt, das Selbstbild kann neu entworfen werden. Die Abwehrkräfte und Anpassungsstrategien, die Verwirrung, Schmerz und Trauer im Migrationsprozeß vermeiden halfen, können nachlassen, die eigene schwierige Lebensgeschichte kann durchgearbeitet werden. Dort, wo transkulturelle Unbewußtheit entstanden war, wird dem Ich wieder aktiver Zugriff auf vorbewußte Identifizierungen und Rollenmuster möglich. Der Patient wird fähig zu neuen Beziehungen zur Umwelt, kann beginnen, prospektive Phantasien zu entwickeln, die Fähigkeit zur Symbolisierung ist wiederhergestellt.

Die psychoanalytische Begegnung mit Migranten-Patienten heißt nicht nur, selbst einen Raum anzubieten, sondern auch, sich führen zu lassen vom Anderen – dem Patienten in seine Welt – und seinen stummen Wunsch zu verstehen, das Alte im Neuen erhalten und leben zu können. Eine weitergehende Arbeit an tieferen Konflikten folgt den üblichen psychotherapeutischen Erfahrungen; jedoch wird die Auseinandersetzung im transkulturellen Spannungsfeld immer ein gemeinsamer Fokus bleiben müssen.

Literatur

Bion, W.R. (1990): Lernen durch Erfahrung. Frankfurt am Main.

Canetti, E. (1994): Die gerettete Zunge. Ges. Werke, Band 6. Frankfurt am Main.

Erdheim, M. (1984): Die gesellschaftliche Produktion von Unbewußtheit. Frankfurt am Main.

Erikson, E.H. (1950): Kindheit und Gesellschaft. Stuttgart 1984.

Erikson, E.H. (1957): Das Problem der Identität. In: Psyche, 21. Jg., S 114–176.

Erikson, E.H. (1968): Jugend und Krise. Stuttgart 1984.

Federn, P. (1956): Ichpsychologie und die Psychosen. Frankfurt am Main, 1978.

Grinberg, L. & Grinberg, R. (1990): Die Psychoanalyse der Migration und des Exils. München/Wien.

Habermas, J. (1968): Erkenntnis und Interesse. Frankfurt am Main.

Kohte-Meyer, I. (1993): »Ich bin fremd, so wie ich bin«. In: Streek, U. (Hg.). Das Fremde in der Psychoanalyse. München.

Lorenzer, A. (1970): Sprachstörung und Rekonstruktion. Frankfurt am Main.

Lorenzer, A. (1976): Die Wahrheit der psychoanalytischen Erkenntnis. Frankfurt am Main.

Mitscherlich, A. (1961): Anmerkungen über die Chronifizierung psychosomatischen Geschehens. In: Psyche, 15. Jg., S. 1–25.

Nadig, M. (1986): Die verborgene Kultur der Frau. Frankfurt am Main.

Parin, P. (1976): Das Mikroskop der vergleichenden Psychoanalyse und die Makrosozietät. In: Psyche, 30. Jg., S. 2–25

Parin, P. (1978): Der Widerspruch im Subjekt. Frankfurt am Main.

Trimborn, W. (1979): Der progressive Abwehrcharakter des Über-Ich. In: Cremerius, J., Hoffmann, S.O. & Trimborn, W.: Über-Ich und soziale Schicht. München, S. 97–143.

Der Ausgang des ödipalen Konfliktes im iranischen Kulturraum und seine Auswirkung auf die analytische Psychotherapie iranischer Patienten

Mohammad E. Ardjomandi

Der Ausgang des ödipalen Konfliktes im persisch-sprachigen Raum

Ausgehend von zwei Heldensagen aus dem persischen Nationalepos Schahnameh (Das Buch der Könige) möchte ich einige Besonderheiten vom Ausgang des ödipalen Konfliktes im iranischen Kulturraum herausstellen. In meinen Ausführungen werden die Auswirkungen dieser Art der Konfliktbewältigung im Alltag aufgezeigt. Sozialpsychologische Folgen werden am Rande gestreift.

Die Sage der Ritter Rostam und Sohrab

Zu Beginn dieser Sage ist der bekannteste Nationalheld des Iran, Rostam, voller Siegesrausch und stolz, weil er den Großkönig Kai Kawus erneut aus einer mißlichen Lage gerettet hat und innerlich über ihn triumphiert. Er reitet über die Grenzen Irans hinaus in das Feindesland Turan, um dort zu jagen. Während er seinen Rausch ausschläft, wird sein Lieblingsroß von der Turanischen Prinzessin Tahmineh gestohlen. Rostam sucht vergeblich nach dem Roß. Er macht sich auf dem Weg nach dem turanischen Semangan, wo er das gestohlene Pferd vermutet. Dort wird er vom einheimischen Fürsten aufwendig empfangen. In der Nacht schenkt ihm die schöne Prinzessin Tahmineh ihre Liebe. Sie sehnt sich danach, ihm einen Sohn zu gebären und will ihm als Dank das gestohlene Roß zurückgeben. Als Tahmineh ein letztes Mal neben Rostam liegt, schmückt er sie mit einem Onyx:»Bewahre diesen Stein auf, wie ich die Liebe zu Dir in meinem Herzen aufbewahre. Bringst Du eine Tochter zur Welt, so hefte ihn in ihr Haar, daß er sie vor Unheil bewahre. Gebierst Du einen Sohn, binde ihm den Stein um den Arm, daß er ihm Kraft gebe.«

Tahmineh gebärt Sohrab. Er wächst heran, ist gesund, schön und der stärkste unter seinen Altersgenossen. Als er eines Tages von seinen Spielgefährten verspottet wird, weil er den Namen seines Vaters nicht kennt, wendet er sich bestürzt der Mutter zu und fragt nach dem Vater. Sie verrät das Geheimnis und tröstet den Sohn mit den Worten:»Mein Kind, Du kannst ohne Scham Dein Haupt erheben. Dein Vater ist kein geringerer als Rostam. Kein Ritter auf der Welt kann sich mit ihm messen.« Sie gibt ihm jenen Stein, den sie von Rostam geschenkt bekommen hatte. Sohrab will nicht, daß die Mutter seine Abstammung geheim hält. Er möchte nach dem Vater suchen:»Ich werde mich an die Spitze eines Heeres stellen, den iranischen Großkönig Kai Kawus vom Thron stürzen und den Vater zum Schah vom Iran machen. Ist das geschehen, vertreibe ich Afrasyab, den Großkönig von Turan. Der Fluß Dscheihun wird die beiden Reiche nicht mehr trennen. Iran und Turan werden wieder eins sein. Du hütest ein Geheimnis, das Du nicht hüten solltest, liebe Mutter. Dein Platz ist an der Seite Rostams. Ist er König, wirst Du Königin.«

Sohrab überfällt den Iran. Er ist überall siegreich. Wo er auch hinkommt, sucht er nach dem Vater. Sowohl die Iraner als auch die Turaner verheimlichen die Identität Rostams. Die Iraner, weil sie Angst haben, der junge Recke würde den alten Ritter töten; die Turaner, weil sie sich vor einem Bündnis zwischen ihnen fürchten. Als Vater und Sohn sich beim Zweikampf gegenüberstehen, zögert Sohrab, gerade diesen Ritter anzugreifen, der ihm vertraut scheint wie ein Vater oder Freund. Rostam ist dem Jungen nicht weniger zugetan. Rostam verleugnet seine Identität, als er gefragt wird, wer er ist. Beide folgen jenem alten Ehrenkodex, daß nicht der Stärkere, sondern der Schwächere als erster seinen Namen preisgibt. Dreimal bekämpfen sich die Ritter. Das erste Mal endet der Kampf unentschieden. Das zweite Mal besiegt Sohrab den Vater, er tötet ihn jedoch nicht. Ihn überkommt jene unerklärliche Liebe, die er von Anfang an empfunden hat. Anstelle ihn zu töten, lädt er ihn ein, Freundschaft zu schließen und gemeinsam mit ihm zu zechen:»Ich wünschte, Du stürbest im hohen Alter daheim in den Armen Deines Sohnes, nicht hier auf dem nackten Stein.«

Als es zum dritten Mal zum Kampf kommt, besiegt Rostam den Sohn und verletzt ihn tödlich. Angesichts des Todes gibt Sohrab seine Herkunft preis:»Wärest Du ein Fisch im weiten Meer, ein blasser Stern am endlosen Himmel, ein Sandkorn in der Nacht, Rostam, mein Vater wird Dich finden und mich rächen. Liebe trieb mich ihn zu suchen, und Arglist brachte mich um.«

Als Rostam jenen Stein unter dem Panzer des Sterbenden entdeckt, den er einst seiner Frau geschenkt hatte, schreit er auf. Er zerreißt sich die Kleidung und wirft Sand auf sein Haupt. Er schickt Boten zu dem Großkönig Kai Kawus und bittet ihn um jenen Balsam aus seinem Thronschatz, der alle Wunden heilt. Kai Kawus, der sich vor den vereinten Kräften des Vaters und des Sohnes fürchtet, verweigert ihm dies. Sohrab ist des Todes.

Die Sage von Sijawusch und Sudabeh

Der Prinz Sijawusch wird von seiner Stiefmutter, der Königin Sudabeh, begehrt. Als diese ihr Ziel nicht erreicht, bezichtigt sie den Prinzen des beabsichtigten Inzestes. Der Großkönig Kai Kawus ist voller Zweifel. Er liebt den Sohn und die Frau gleichermaßen. Zwar bezeugen die Priester, die er befragt, die Unschuld des Knaben; ein Rest von Zweifel bleibt jedoch übrig.

Sijawusch übersteht schadlos die Feuerprobe, wodurch er seine Unschuld beweist. Er hindert den Vater daran, die Stiefmutter zu töten. Die untergründigen Verdächtigungen des Vaters und die Machenschaften der Stiefmutter hören jedoch nicht auf. Sijawusch zieht deshalb in den Krieg gegen Turan, den er gewinnt. Auf Geheiß des Vaters willigt er in den Frieden ein. Später soll er jedoch den

Frieden brechen und Geiseln töten. Sein Ehrgefühl erlaubt dies nicht. Er zieht es vor, beim Feind Asyl zu suchen. Von Afrasyab, dem Großkönig Turans, wird er zuerst in allen Ehren empfangen und reichlich beschenkt. Er heiratet die Tochter Afrasyabs, die Prinzessin Farangis. Um Ruhm und Reichtum wird er aber auch hier beneidet. Schließlich wird er beschuldigt, Afrasyab beseitigen zu wollen. Auf Geheiß seines Schwiegervaters und Oheims wird er geköpft, ohne Widerstand zu leisten.

Einflüsse auf den islamischen Iran

Die tragische Geschichte des Prinzen Sijawush ist noch heute im Iran lebendig. Kommt ein junger Mann um, spricht man von »suwaschun«. Die Ermordung des Sohnes durch den Vater bzw. dessen Stellvertreter und die Trauer darum ist ein zentraler Bestandteil auch der islamisch-iranischen Geistesgeschichte. Im Martyrium des dritten Imams der Schiiten, des heiligen Hosseins, ein Enkelkind des Propheten Mohammad und dessen Tötung durch den Khalifen Moawieh entdecken wir eine islamisierte Version dieser Sage. Die Trauer um Hossein erinnert in vielen Einzelheiten an die Trauer um Sijawusch. Nach der Tötung Sijawuschs gebiert seine Frau, die turanische Prinzessin Farangis einen Sohn. 15-jährig wird der Prinz Kai Chosrau von den Iranern heimgeholt und auf den Thron des Großvaters gesetzt. Er befreit das Land vom turanischen Heer und rächt den Tod des Vaters. Er vereint Iran und Turan. Er ist der Erlöser, der von Zarathustra angekündigte Messias, unter dessen Herrschaft Iran und Turan gesegnet in Frieden, Harmonie und Reichtum leben. Unter ihm vertragen sich Wölfe und Schafe. Der iranische Mythos des Erlösers fand nicht nur im Judentum Aufnahme, sondern auch in der schiitischen Eschatologie. In der Gestalt des Knaben Mahdi, dem 12. verborgenen Imam der Schiiten, erwarten die Iraner den jugendlichen Erlöser und seine tausendjährige gerechte Herrschaft, bevor die Endzeit heranbricht. Hier hat es den Anschein, als ob einem jugendlichen Kai Chosrau oder Mahdi gelungen ist, den Vater zu überwältigen.

Freilich bleibt dies im Iran eine vage, in die Zukunft projizierte Hoffnung. Bis dahin, bis zum Ausbruch der gerechten Herrschaft des jugendlichen Erlösers, herrschen über Iran und Turan die Großkönige, die Väter und greisen Mullahs, die sich Stellvertreter des verborgenen, erlösenden Imams nennen.

Gehen wir von den erwähnten iranischen Sagen aus, nimmt die Bewältigung des ödipalen Konfliktes im iranischen Kulturraum einen anderen als den uns geläufigen Ausgang. Während in der griechischen Sage Ödipus seinen Vater tötet, die Mutter heiratet, um anschließend ein eigenes Reich zu gründen, wird in der iranischen Heldensage der Sohn vom Vater beseitigt. Er wird beschuldigt, er begehre die Frau seines Vaters bzw. er wolle die Herrschaft des Vater-Königs an sich reißen. Deshalb ist die Drohung durch den Vater, d. h. die Kastrations- und Vernichtungsangst, bei iranischen Männern ständig präsent. Sie ist leibnah. Man ging nicht fehl zu sagen, das Ausmaß der Kastrationsangst, die ihr zugrundeliegende Aggressivität und die Neigung zur Projektion ist im iranischen Kulturraum größer als im mitteleuropäischen. Das hat dazu geführt, daß im iranischen Kulturraum spezifische Verarbeitungsmodi der Kastrationsangst entstanden sind. Solche Verarbeitungsmodi lassen sich sowohl im Alltag der Iraner eruieren, als auch in der gesamten Kultur Irans, einschließlich seiner Religionen. Sie manifestieren sich vor allem in drei Bereichen:

1. in der alltäglichen Interaktion zwischen Älteren und Jüngeren,
2. in der Ausgestaltung der islamischen Religion in ihrer für den Iran typischen schiitischen Version,
3. in der Entwicklung der persischen Dichtung zu einer von Mystik und mystischer Philosophie durchsetzten Kunstform, die das Alltagsleben im Iran in einem für die Europäer unvorstellbaren Ausmaß prägt.

Die alltäglichen verbalen und nonverbalen Interaktionen zwischen den Älteren und den Jüngeren sind im Iran geregelt durch die strikte Wahrung der Etikette (Adab) und durch Ritualisierungen. Die Etikette und die Rituale dienen der Wahrung des Abstandes vor allem zwischen den Jüngeren und den Älteren. Sie dienen dazu, zu verhindern, dem Vater – dem kastrierenden, bedrohlichen Objekt – zu nahe zu kommen, ihn anzugreifen oder zu beschämen. Rituale und Etikette haben die Funktion, dem Vater zu signalisieren, daß die Söhne seine Macht anerkennen, ihn respektieren, ehren und seine Tradition wahren. Alle Erneuerungen, die die Söhne vornehmen, werden gewöhnlich als eine Erweiterung der Tradition der Väter verstanden. Die Etikette bestimmt die alltäglichen Interaktionen der Menschen untereinander, vor allem schafft sie um die Väter und ihren Repräsentanten eine Zone des Tabus, die die Jüngeren nicht überschreiten dürfen. Die Etikette reguliert die sprachlichen Interaktionen, die Begegnungen und die Begrüßungszeremonien. Während die Jüngeren darin zum Ausdruck bringen, daß sie die Älteren ehren und deren Macht anerkennen, sind die Älteren in ihren sprachlichen Formulierungen dazu verpflichtet, ihre Fürsorge und ihre zärtlichen Regungen den Jüngeren gegenüber, auch den Söhnen, zum Ausdruck zu bringen. Wir gingen nicht fehl, anzunehmen, daß der Etikette und den Ritualisierungen Abwehrfunktionen zukommen. Die Etikette dient vor allem der Anpassung, der Sublimierung und der Kulturbildung. Im Alltag befähigt sie die Menschen dazu, mit der Gruppe der Gleichaltrigen, vor allem aber generationsüberschreitend zu den Älteren oder zu den Jüngeren relativ angstfrei Kontakt aufzunehmen und Beziehungen zu pflegen. Nicht »Du« ist die übliche Anredeform, sondern »Ihr, Herr Vater«. Nicht nur dem Vater, sondern allem, was ihm gehört, gebührt Respekt. So wird seine Frau, die Mutter, ebenfalls respektvoll mit »Ihr, Frau Mutter« angeredet. Hingegen bezeugen die Väter ihre Liebe und ihre gute Absicht damit, daß sie ihre Söhne »das Licht meiner Augen« nennen, während die Töchter mit »Seelchen« tituliert werden. Die Etikette und die Reaktionsbildungen verschleiern die verborgene Absicht. Die Etikette ist für alle Beteiligten bindend. Sie ist im gesellschaftlich bzw. kulturell Unbewußten verankert. Sie schafft jene Gesetze, jene Rahmenbedingungen, die notwendig sind, um die Destruktivität zu binden und eine einerseits von Zärtlichkeit und Fürsorge getragene Beziehung der Eltern zu den Kindern und andererseits eine durch den Respekt geprägte Haltung der Kinder ihren Eltern gegenüber zu ermöglichen. Der Anthropologe William O. Beeman hat in seinem 1986 veröffentlichten Buch »Sprache, sozialer Status und Macht im Iran« anhand von differenzierten Beispielen herausgestellt, wie die sprachlichen Formulierungen als Träger der Etikette sich verändern in alltäglichen Interaktionen zwischen gleichrangigen und zwischen niederen und ranghöheren Personen und wie bindend diese für alle sozialen Schichten und Personen sind. Die Etikette manifestiert sich aber auch im Gestus und in symbolischen und ritualisierten Handlungen. Das Verlassen der Etikette wird stets als befremdend und häufiger als bedrohlich erlebt, als ein Akt der Respektlosigkeit und der Feindseligkeit, die aggressive verbale Auseinandersetzungen oder destruktive Handlungen zur Folge haben kann.

1990 und 1993 habe ich dargelegt, daß der Aggression der Eltern den Kindern gegenüber stets eine narzißtische Kränkung – ein Akt der Beschämung – vorausgeht, an dem die Kinder entweder direkt oder indirekt beteiligt sind: daß sein erstgeborener Sohn Sal als Albino zur Welt gekommen ist, erlebt der mythische Ritter Ssam als einen Akt der Beschämung. Andere Ritter könnten auf ihn zeigen und sagen, er habe nur einen Greisen zeugen können. Diesen projektiv erlebten Akt der Fremdbestimmung versucht Ssam dadurch ungeschehen zu machen, daß er den Neugeborenen trotz des massiven Widerstandes der Mutter und der Amme in den Bergen aussetzt. Spätere Folgen sind massive Schuldgefühle.

Die Internalisierung und Etablierung eines reifen sozialen Über-Ichs geht im iranischen Kulturraum mit der gleichrangigen Konsolidierung beider Affekte, der Schuld und der Scham, einher. Die iranische Kultur nimmt m. E. eine Mittelstellung ein zwischen der vorwiegend von Schuld getragenen christlich-mitteleuropäischen Kultur und der ostasiatischen Schamkultur. Damit ist gesagt, daß die Etikette und die rituellen Handlungen sowohl der Wahrung der Schamschranken dienen, als auch die Funktion haben, unbewußte Schuld nicht manifest werden zu lassen und die durch Scham und Schuld mobilisierte Aggressivität zu binden.

Im iranischen Kulturraum geht es den Söhnen nicht darum, die Väter zu überwinden und zu überwältigen, um sich später von ihren eigenen Söhnen überwältigen zu lassen. Die Bewältigung des Vaters ist bestenfalls eine Hoffnung, die auf eine ferne Zukunft projiziert wird. Diese in die Zukunft projizierte Hoffnung dient der Abwehr von

Ohnmachtsgefühlen und moralischem Masochismus, aber auch der Abwehr von Depression, der Sucht und der sexuellen Perversion.

Im Alltag ist der Sohn verpflichtet, die Tradition des Vaters fortzusetzen und sein Erbe zu wahren. Es geht darum, das zu erhalten und zu ehren, was die Väter geschaffen haben. Das Erbe der Väter wird narziβtisch überbesetzt und idealisiert. Sein Erhalt ist die wichtigste Aufgabe der Jüngeren. Die traditionelle iranische Kultur ist demnach eine konservative Kultur. Das äuβert sich z.B. in der ständigen Wiederholung bestimmter Themen in der Kunst und in der Literatur. Es geht weniger um Erneuerung, um die Neuschöpfung, als vielmehr um die Neu-Interpretation. Bei der Wahrung der Form dürfen iranische Künstler improvisieren. Die Kunst und die Kultur der Iraner ist die Kunst und die Kultur der Wiederholung, und in diesem konservativen Geist sehen die Kulturhistoriker die Stärke und die Widerstandskraft dieser Kultur gegen die Invasion fremder Kulturen.

Die iranischen Söhne verarbeiten die phallische Konkurrenz mit den Vätern um Macht und Potenz in der Weise, daβ sie sich vermutlich aufgrund der Intensität der Kastrationsangst mit den Vätern überidentifizieren und ihnen die Macht überlassen. Sie wollen, daβ die Väter mächtig sind und mächtig bleiben. Daraus ziehen sie ihren Stolz. Sie partizipieren an der Macht und der Stärke der Väter und wollen diese eines Tages selbst fortsetzen, um sie ihren eigenen Söhnen weiterzugeben. Es geht also nicht darum, die Macht des Vaters zu brechen oder zu überwinden, sondern darum, sie fortzusetzen. Wir wären vielleicht geneigt, daraus all zu schnell die Schluβfolgerung zu ziehen, der Iraner werde nicht autonom und seine Individualität sei gefährdet. Die Identität eines persischen Mannes ist aber die direkte Fortsetzung und Neuformulierung der väterlichen Identität. Als autonom erweist er sich dann, wenn er im Stande ist, als Sohn ein guter Testamentsvollstrecker des Vaters zu sein, seine Tradition zu wahren und seine Macht zu erweitern und fortzusetzen. Der Iraner ist zwar auch selbst der stolze Vater eines Sohnes, zugleich aber immer der Sohn eines Vaters, auf den er stolz sein will und an dessen Macht er partizipiert. Ein wesentliches Merkmal der Psyche der iranischen Männer ist es, sich auf das väterliche Prinzip zu beziehen. Einerseits hat diese Einstellung etwas Tröstliches, weil gewissermaßen der eigene Hintergrund erhalten bleibt, andererseits haben es die persischen Männer aber gerade deshalb in der Beziehung zu ihren Frauen nicht leicht, da sich die Beziehung zwischen Vater und Tochter gewöhnlich als mächtiger erweist, als die Beziehung zwischen Mann und Frau. Diese vordergründig durch den Respekt der Tochter geprägte Beziehung ist durchtränkt von gegenseitigen zärtlichen Gefühlsbezeugungen zwischen Vätern und Töchtern. Die Töchter verhalten sich, wie die Söhne den Vätern gegenüber, ebenfalls distanziert und benutzen die Anredeform »Ihr, Herr Vater«, sie sind sich jedoch der zärtlichen Zuneigung ihrer Väter bewußt und teilen diese. Die persische Frau verläßt gleichsam nie das Haus ihres Vaters, da sie auch als verheiratete Frau zeitlebens den väterlichen Familiennamen trägt. Das Recht gewährleistet eine strikte Vermögenstrennung der Eheleute. Die Grundeinstellung des traditionellen persischen Mannes seiner Frau gegenüber ist eine mißtrauische. Als eifersüchtiger »Patriarch« hütet er seine Frau, weil er sich ihrer nie sicher ist und weil er den Eindruck hat, in der Beziehung zu ihr der Zweite zu sein. Die traditionelle persische Ehe ist geprägt durch eine leichte Paranoia der Männer. Die Beziehung des Mannes zu seinem Schwiegervater ähnelt seiner Beziehung zum Vater. Sie ist gekennzeichnet durch respektvolle Distanz und Wahrung der Etikette. Allerdings erweisen sich die interpersonellen Abwehrmechanismen hier als weniger stabil. Aggressive Impulsdurchbrüche auch in Form von Tätlichkeiten können beobachtet werden.

Kasuistik 1:

Ich habe einmal einen persisch-sprachigen afghanischen Asylanten, einen ehemals wohlhabenden Kaufmann aus Kabul, begutachtet, der scheinbar unmotiviert seinen Schwager mit einem Beil auf offener Straße verletzt hatte und unter dem Verdacht auf versuchten Mord stand. Seine Frau hatte gemeinsam mit der väterlichen Familie einige Jahre vor ihm Afghanistan verlassen und in Deutschland Asyl gesucht. Die mehrjährige Trennung hatte das alte Mißtrauen in ihm wiederbelebt, seine Frau ziehe den Vater vor und wolle ihn verlassen. Als er in der Bundesrepublik – angeblich aufgrund von Machenschaften seines Schwiegervaters – beruflich nicht Fuß fassen konnte und auch in das Blumengeschäft des Schwiegervaters nicht einsteigen durfte, entwickelte er gegenüber den männlichen Mitgliedern der Familie seiner Frau eine paranoide Einstellung, die schließlich zu dem erwähnten aggressiven Impulsdurchbruch führte. Das aggressiv besetzte Neidobjekt war zwar ursprünglich der Schwiegervater. Die Angst vor ihm hatte ihn jedoch veranlaßt, die Aggression auf ein anderes männlichen Mitglied der Familie zu verschieben und sich in der Person eines jüngeren Schwagers ein anderes verhaßtes Objekt zu suchen. Nach polizeilichen Vernehmungen und Entlassung aus der Untersuchungshaft erklärte sich der Schwiegervater bereit, ihn wieder in die Familie aufzunehmen. Dies führte dazu, daß er sowohl gegenüber dem Gutachter als auch gegenüber dem Richter völlig schweigsam blieb. Er zog eine drohende Strafe vor, weil er sonst durch seine Aussagen den Schwiegervater entehrt hätte.

Kasuistik 2:

Eine 35-jährige Perserin suchte mich auf, weil sie erhebliche Ehekonflikte mit ihrem Mann hatte, so daß die Ehe auseinanderzubrechen drohte. Sie war mit einem persischen Akademiker verheiratet, der nach der Beendigung seines Studiums in den Iran zurückgekehrt war. Sie hatten gemeinsam zwei Kinder. Nach der Ausrufung der islamischen Republik Iran blieben die Eheleute zuerst noch einige Jahre in Teheran, wo sie sich gemeinsam ein Haus kauften. Kurz darauf mußten sie jedoch aus politischen Gründen den Iran verlassen. Sie kamen in die Bundesrepublik Deutschland zurück, wo der Ehemann der Patientin bald eine gut dotierte Arbeitsstelle in einer mittelgroßen Stadt fand. Beim Verlassen des Irans hatten die Eheleute den verheirateten Bruder der Patientin und seine Frau sowie die alten Eltern der Patientin gebeten, ihr großes Haus zu bewohnen, weil sie Angst hatten, die Regierung würde sonst das leerstehende Haus beschlagnahmen. Sie vermieteten ihre eigenen Häuser und bewohnten von diesem Zeitpunkt an das Haus der Patientin und ihres Mannes, ohne dafür Miete zu zahlen.

Etwa 2 Jahre bevor die Patientin mich aufsuchte, hatten die Eheleute erneut gemeinsam in der Bundesrepublik ein Haus gekauft, das sie noch nicht abbezahlt hatten. Der Ehemann der Patientin bedrängte sie nun, ihren Vater zu bitten, das Teheraner Haus zu räumen, damit man das Haus verkaufen bzw. vermieten könne, um mit dem Erlös das in Deutschland erworbene Haus abzuzahlen. Die Patientin geriet deshalb in einen erheblichen Konflikt mit ihrem Ehemann; einerseits verstand sie sein Anliegen, zumal sie selbst wünschte, den materiellen Engpaß zu beseitigen. Andererseits sträubte sie sich gegen die Vorstellung, ihren Vater zu bitten, das Haus zu räumen bzw. dafür Miete zu zahlen. Der Gedanke daran, sie könnte dem Vater so etwas schreiben oder telefonisch sagen, beschämte sie zutiefst. Sie fühlte sich als eine illoyale Tochter. Sie hatte Angst, den Vater zu entehren, zu verletzen und zu beschämen, obwohl sie im Gespräch mit mir immer wieder beteuerte, ihr Vater würde rational ihr und ihres Mannes Anliegen durchaus verstehen. Die Patientin zog es vor, weiterhin im Streit mit ihrem Mann zu leben und den Bestand ihrer Ehe zu gefährden, als sich gegen ihren Vater, wie sie sagte, zu »versündigen«.

Die Vermutung liegt nahe, daß die Beziehung zwischen den iranischen Vätern und ihren Töchtern intimer ist als die Beziehung zwischen Ehemännern und Ehefrauen. Obwohl Ehemann und Ehefrau natürlich eine sexuelle Beziehung zueinander pflegen, kann das Erleben der Intimität zwischen Vater und Tochter größer sein als zwischen Mann und Frau. Die Ehefrau hat die Tendenz, ihren Ehemann ähnlich respektvoll zu behandeln, wie sie ihren eigenen Vater behandelt hat. Die ursprünglich dem Vater geltende Zärtlichkeit findet jedoch in dieser Beziehung nicht immer eine Entsprechung. Häufiger wird sie auf den eigenen Sohn verschoben. Die Beziehung zwischen den Söhnen und ihren Müttern ist eine sehr innige und intime, jedoch nicht körperlich und sexuell-inzestuös getönt. Die Zärtlichkeit findet hier vor allem in den ersten sechs Lebensjahren ihren vollen Ausdruck, während sich danach eine respektvolle Distanz anbahnt, die gekennzeichnet ist durch körperliche Tabus und von Etikette bestimmter sprachlicher Interaktionen. Zeitlebens behalten die persischen Männer ihre durch orale Zärtlichkeit geprägte Intimität zu ihren Müttern aufrecht, die auch in dem Bedürfnis ihren Ausdruck findet, für die Mütter zu sorgen und sie zugleich respektvoll zu behandeln. Im Grunde genommen geht es dabei aber um eine von Tabuisierungen körperlicher Nähe durchsetzte Intimität. In folgender Kasuistik möchte ich die Bedeutung der Etikette bei der Behandlung der iranischen Patienten darlegen.

Kasuistik 3:

In der Zeit zwischen 1975 und 1981 behandelte ich im Rahmen meiner Tätigkeit in einer poliklinischen Einrichtung für Studierende der Universität Göttingen eine Anzahl iranischer Studenten. Ausgehend von meinen damaligen psychoanalytischen Kenntnissen und Erfahrungen habe ich den Fehler begangen, bald die Etikette in die Widerstandsanalyse einzubeziehen. Meine iranischen Landsleute sahen mich in solchen Fällen mit verwunderten Augen an, sie waren verängstigt, zeigten deutliche Anzeichen, sich von mir zu distanzieren, und brachen nicht selten die Therapie ab. Häufiger hörte ich dann von anderen Landsleuten, ich wäre unhöflich, hätte unter dem Einfluß meiner deutschen Umgebung das Alphabet des guten Benehmens verlernt und ginge mit den iranischen Patienten in den Therapiestunden grob um.

Erst die Begegnung mit einer kultivierten, westlich orientierten jungen Iranerin, die während ihrer klinischen Psychotherapie im Krankenhaus Tiefenbrunn regen Gebrauch von der Etikette machte, und die Beobachtung ihrer heftigen, von Schamaffekten begleiteten Reaktionen bei der Nichtbeachtung der Etikette, stimmten mich bedenklich und veranlaßten mich, über die Bedeutung der Etikette nachzudenken. Ich ging jetzt dazu über, bei der Behandlung dieser herzneurotischen Patientin die Etikette nicht als Widerstand zu analysieren, sondern sie als eine schutz- und anpassunggewährende notwendige Verhaltensweise anzuerkennen und wahrte auch selbst die Etikette. Die Arbeitsbeziehung zu der Patientin besserte sich rasch. Die Patientin machte in der Therapie gute Fortschritte. Dies führte aber auch dazu, daß ich mich selbst wohler, gelassener und ruhiger fühlte und in der Beziehung zu der Patientin sicherer wurde. Die Patientin entwickelte zu mir eine idealisierende, milde positive Übertragung, die es ihr ermöglichte, sich von ihrem einengenden, paranoid-eifersüchtig verfolgenden Ehemann, der die Funktion des begleitenden phobischen Außenobjektes hatte, zu distanzieren, ihre Erwartungen an ihn realitätsgerechter zu gestalten und Schritte in Richtung der Verwirklichung eigener Autonomie zu unternehmen. Dies führte allerdings auch dazu, daß der Ehemann der Patientin eine eifersüchtige Übertragung zu mir entwickelte, mich als mächtigen, väterlichen Rivalen und sexuellen Verführer erlebte. Er geriet in eine erhebliche Ambivalenz zu mir: einerseits war er mir dankbar, daß seine Frau ihre Symptome verloren hatte, andererseits machten ihm ihre Autonomiebestrebungen und ihre Aktivitäten Angst. Er hatte Angst, seine Frau an mich, den Repräsentanten des mächtigeren, väterlichen Objektes, zu verlieren. In Ehepaargesprächen nach der Entlassung der Patientin war er zeitweise heftig erregt, wagte aber nicht, seine mißtrauischen und feindseligen Gefühle mir gegenüber zum Ausdruck zu bringen. Er hatte Angst, die Zone des Tabus zu verlassen und mich zu verletzen, was für ihn gemäß seiner Phantasien verheerende Folgen hätte. Auch hier zeigte sich, daß die Wahrung der Etikette ihm es schließlich ermöglichte, sein Mißtrauen mir gegenüber in einer angemessenen Form zum Ausdruck zu bringen, so daß es möglich wurde, die Übertragung anzusprechen. Er lebte in ständiger Angst, seine Frau würde nicht ihn lieben, sondern den Bruder ihres Vaters, einen wohlhabenden Arzt, mit dem sie seines Erachtens gerne sexuellen Verkehr hätte. Dieser Onkel war der Repräsentant der mächtigen älteren Generation, des Vaters und des Schwiegervaters. Die Angst vor ihm war in der Übertragung zu mir wiederbelebt.

Ausgehend von den theoretischen Ausführungen und den klinischen Beispielen komme ich zu meiner ersten, für die psychoanalytische Behandlung der Iraner bedeutungsvolle Hypothese:

Wenn die Etikette also der Anpassung dient und dazu befähigt, relativ angstfrei Kontakte aufzunehmen und Beziehungen zu pflegen, hat sie, wenn sie sich in der analytischen Situation manifestiert, einerseits Signalcharakter – sie zeugt davon, daß der Patient sich vor dem Therapeuten ängstigt und diese Angst zu bewältigen versucht, indem er zur Etikette greift; sie hat aber auch Anpassungscharakter und besagt, daß es dem Patienten erst durch Einsetzen der Etikette möglich ist, sich der therapeutischen Situation anzupassen und in der Analyse zu bleiben.

Deshalb vertrete ich die Auffassung, daß der Therapeut in der Etikette nicht nur ein Widerstandsphänomen sehen darf, das der Widerstandsanalyse zugeführt werden muß, sondern eher darin auch die Anzeichen der Anstrengungen des Patienten erkennen sollte, mit dem Analytiker in Beziehung zu treten und sich der analytischen Situation anzupassen. Ohne diese Anpassungsleistung ist die Entwicklung der Arbeitsbeziehung gefährdet. Das baldige Ansprechen der Etikette als Widerstand würde in diesem Fall erhebliche Angst im Sinne von Vernichtungs- und Kastrationsangst mobilisieren. Die Arbeitsbeziehung würde darunter leiden. Bestenfalls mobilisiert der Therapeut auf diese Weise unnötigen Widerstand, wenn nicht schon vorher der Patient der Therapie fernbleibt.

Die Bedeutung der Schia, eine iranisierte Version des Islams

Maxime Rodinson, der marxistisch-französische Orientalist, vertritt über den Gründer der islamischen Religion Mohammad die These, daß »das Bedürfnis nach einer arabischen Ideologie mit Mohammads Vater-Sehnsucht, mit seinem Bedürfnis, seinem Stamm koraisch mit einem allmächtigen Vater-Gott zu drohen, koinzidiert. Mohammads Leistung bestand darin, sein eigenes Bedürfnis mit dem Bedürfnis der Epoche in Einklang gebracht zu haben. Die Araber hatten ... vor der islamischen Religionsstiftung weder ein eigenes Reich, noch ein eigenes heiliges Buch. Aus den auditiv-visuellen Halluzinationen eines nach väterlichem Schutz dürstenden Individuums treten aus dem Unbewußten verdrängte Kindheitserinnerungen an den jüdischen und christlichen Monotheismus hervor: der Koran ist das Produkt einer Synthese aus Judentum und Christentum, die im Unbewußten Mohammads stattgefunden hat und in der die jüdische Komponente, die Vaterreligion, über die christliche, die Sohnesreligion siegt.«

Die meisten Iraner befolgen den schiitischen Glauben. Das Schiitentum, seit 1501 offizielle Staatsreligion im Iran, ist eine iranisierte Version des Islams. Der Märtyrertod, die Tötung des Jüngeren durch den Älteren, der Glaube an den verborgenen Imam und die damit verbundene messianische Heilserwartung – wesentliches Merkmal der Schia ist das in den Islam hinübergerettete iranische Erbe. In der islamischen mystischen Philosophie, im Sufitum und in der iranischen Theosophie begegnet uns das altiranische Kulturgut, das religiöse Denken des Zervanismus, die Lehre Zarathustras, dessen Eschatologie, der Endzeit und der Ankunft des Erlösers, ihr strenger Dualismus sowie der spätere manichäische Genostizismus.

Der Orientalist Josef van Ess (Küngle & van Ess 1994) hat die These aufgestellt, daß der Islam keine autonome Moral kenne. Fragen der Ethik würden seit jeher nicht durch Rekurs auf das Gewissen geregelt, sondern durch Verweis auf die Tradition, auf das Wort Gottes und das Vorbild des Propheten. Allein im Iran haben sich die Erinnerungen an die frühislamischen Philosophen Alfarabi, Avicenna und Averroes erhalten, die versuchten, die Ideen der »nikomachischen Ethik« und der platonischen »Politeia« im arabischen Gewande heimisch zu machen. Natürlich seien sich Moslems darüber im klaren, daß es so etwas wie ein Gewissen gebe, aber nur in der Mystik würden sich Ansätze ähnlich dem »Seelenfünklein« bei Meister Eckart finden. Was es nicht gibt, sei das Gewissen als autonome Instanz. Denn das Gewissen könne sich ja nur auf Gott berufen oder von ihm angehört werden; Gott aber sei auch Urheber jener Gesetze, denen man aus Gewissensgründen den Gehorsam verweigern würde. Ein Moslem handele nicht nach dem Gewissen, sondern nach dem Willen Gottes. Nicht Glaubensformeln seien es, durch die ein Moslem seine Identität erfahre, sondern bestimmte Handlungen, die er in derselben Art wie sein nächster – und meist zusammen mit ihm – vollziehe. Es gebe im Islam nichts, was dem Credo vergleichbar wäre. Der Moslem vollziehe ritualisierte Handlungen in der Öffentlichkeit mit den anderen Gläubigen im Sinne einer Orthopraxie (vgl. S. 74–77).

Diesen Behauptungen widerspricht auch der Theologe Hans Küng nicht Küngle & van Ess 1994). Meines Erachtens irren sich hier beide Autoren. Sie verkennen die Bedeutung und die unbewußte Dimension der Rituale und der Etikette, deren Wahrung gerade Ausdruck eines von Scham und Schuld bestimmten internalisierten reifen Gewissens ist. In der Opferung eines Tieres bei der Wallfahrt nach Mekka sieht van Ess keinen identifikatorischen Akt mit dem Stammvater Abraham, sondern ein kommemoratives Verhalten. Die Symbolik werde nicht bemüht und wenn diese einmal geschehe, sei sie diffus und begrifflich (ebd. S. 80). Auch diesen Thesen widerspricht Hans Küng nicht. Die Autoren verkennen hier die unbewußte Dimension der rituellen Handlung. Wenn ein iranischer Vater seinen in der Ferne lebenden Sohn zu Besuch bekommt, opfert er ihm ein Tier. Er signalisiert damit unbewußt in Identifikation mit Abraham, daß er gegenüber dem Sohn keine bösen Absichten hegt, daß er das Aggressive durch die Tötung des Opfertieres erledigt hat, daß der Sohn sich im väterlichen Haus sicher fühlen kann, da ihm nur noch die liebevollen und zärtlichen Gefühle des Vaters begleiteten. Dieses magische Ritual ist Ausdruck der Reaktionsbildung und des Ungeschehenmachens der aus der Aggressivität resultierenden unbewußten

Schuldgefühle, die im Über-Ich verankert sind. Für den Moslem decken sich das Gewissen und das Gesetz Gottes. Das Gesetz Gottes verschafft jene Rahmenbedingungen, die den gleichrangigen und gleichwertigen männlichen und weiblichen Mitgliedern der Gemeinschaft der Gläubigen, der Umma, ein im Idealfall von Destruktivität freies Zusammenleben ermöglicht. Der Islam kennt die Erbsünde nicht. Adam habe zwar gegen das Gesetz Gottes verstoßen, indem er einst der Versuchung erlag, und die verbotene Frucht, nach dem koranischen Glauben das Korn (den Weizen), aß. Er hat jedoch durch Buße Wiedergutmachung geleistet. Gott, der sich stets auf seinen Urvertrag (Koran 7, 171) bezieht, hat ihm einst verziehen. Deshalb ist auch der Islam keine Erlösungsreligion, sondern wie das Judentum eine Religion des Gesetzes. Mohammad ist kein Mittler, kein Erlöser wie Christus, sondern ein Prophet, ein Mensch, Gesandter Gottes, der das ungeschaffene Wort Gottes verkündet. Er ist ein Ummi, ein Illiterat, des Lesens und des Schreibens nicht mächtig (Koran 7, 157, 158), vergleichbar mit der jungfräulichen Maria, ein von intellektuellem Wissen nicht beflecktes Gefäß, daß das ihm anvertraute Wort Gottes in völliger Reinheit weitergeben konnte (Schimmel 1992, S. 50). Da der Mensch völlig rein geboren wird, trägt er auch mehr Verantwortung. Für alles, was er tut, ist er Gott und Mensch gegenüber verantwortlich. Mohammad ist kein Mittler, kann auch keine Schuld auf sich nehmen, wie Jesus Christus es getan hat. Da nach der islamischen Auffassung nichts ist außer Gott, was in der kurzen Formel des Glaubensbekenntnisses der Moslems »Schahada« (la ilaha illa Allah) zum Ausdruck kommt, ist jedes Vergehen gegen Mitmenschen ein Vergehen, eine Freveltat gegen Gott, Gottes Werk und Gottes Gebot und letztlich Verletzung des göttlichen Gesetzes. Dies würde der Behauptung widersprechen, der Moslem habe kein Gewissen. Nach der islamischen Auffassung können nicht nur andere Menschen, sondern auch Tiere, ja sogar Pflanzen und Steine beim jüngsten Gericht Menschen anklagen, die gegen sie ein Vergehen begangen und sie damit mißhandelt haben.

Erst die iranischen Schiiten haben die Vorstellung von Endzeit und den Glauben an den jugendlichen Erlöser, der in der Gestalt des verborgenen Imams allgegenwärtig ist und der eines Tages kommen wird, um die ungerechten Herrscher, die Alten, zu beseitigen und das Reich der Gerechtigkeit zu gründen – ein ureigenes iranisches Gedankengut, in den Islam eingeführt. Der Sieg des jugendlichen Erlösers über die alten Herrscher hat angesichts der Besonderheit des Ausganges des ödipalen Konfliktes im iranischen Kulturraum eine tröstende Funktion. Am Ende wird doch der Jugendliche, der Sohn, über den Vater siegen und ein neues Reich, das Reich der Gerechtigkeit, gründen, in dem weder Armut noch Ungleichheit existieren. Diese Vorstellung tröste gleichermaßen junge Männer und junge Frauen, die Letzteren, weil der Erlöser durch neue Gesetze jegliche Ungerechtigkeit und Ungleichheit beseitigen wird. Auch die islamische Mystik und die iranische Theosophie haben eine ähnliche tröstende Funktion. Das Entwerden in Gott, die mystische Einheit mit ihm, das »Entwerden im Objekt des Gedankens«, wie der Mystiker Junaid (zitiert nach Schimmel 1992, S. 94 und 207) es genannt hat, in das allmächtige Objekt Gott, dient der Abwehr der aus der ödipalen Konstellation resultierenden Gefühle der Ohnmacht. Die Einheit dient, in psychoanalytischer Terminologie ausgedrückt, der narzißtischen Aufwertung und der Etablierung seines jedoch keineswegs als pathologisch zu bezeichnenden Größen-Selbst. Dieses Größen-Selbst dient der Anpassung an die realen gesellschaftlichen Verhältnisse, das kulturell Unbewußte und letztlich der Abwehr der aus der ödipalen Konstellation resultierenden Kastrationsangst.

Die Übermacht des Vaters, die überaus große Kastrationsangst, die u.a. dazu führt, sich in einer respektvollen Distanz zum Vater aufzuhalten und dessen Tradition zu wahren und fortzuführen, birgt potentiell die Gefahr der kulturellen Stagnation in sich. In seiner Arbeit »Der Mann Moses und die monotheistische Religion« sagt Freud (1939): »... der Fall der mohammedanischen Religionsstiftung erscheine ihm wie eine abgekürzte Wiederholung der jüdischen, als deren Nachahmung sie auftrat. Es scheint ja, daß der Prophet ursprünglich die Absicht hatte, für sich und sein Volk das Judentum voll anzunehmen. Die Wiedergewinnung des einzigen großen Urvaters brachte bei den Arabern eine außerordentliche Hebung des Selbstbewußtseins hervor, die zu großen weltlichen Erfolgen führte, sich aber auch in ihnen erschöpfte. Allah zeigte sich seinem auserwählten Volk weit dankbarer als seinerzeit Jahve dem seinen. Aber die innere Entwicklung der neuen Religion kam bald zum Stillstand, vielleicht weil es an der Vertiefung fehlte, die im jüdischen Falle der Mord am Religionsstifter verursacht hatte.« (S. 199).

Demnach wäre die Gefahr groß, daß der Iraner aufgrund des Fehlens von Perspektiven und der Idealbildungen der Depression und der Perversion anheim fällt. Die Einführung des Prinzips des Dritten, d. h. der bereits in den präislamisch-iranischen Religionen vorhandenen Glaube an den jugendlichen Erlöser, ist eine kreative Erfindung der Iraner, die die Hoffnung schürt, letztendlich würde in der Zukunft der jugendliche Erlöser über die altbestehende Ordnung, über die Väter siegen. Diese Hoffnung bewahrt vor der Perversion und der kulturellen Stagnation. Die Gestalt des jugendlichen Erlösers taucht sowohl im Nationalepos der Iraner auf, als auch in den vorzoroasthrischen Religionen Irans und in Avesta, dem heiligen Buch Zarathustras. In der Gestalt des zwölften verborgenen Imams der Schiiten Mahdi, dessen Wiederkunft die Schiiten sehnlichst erwarten, sehen wir eine islamisierte Version des jugendlichen Erlösers. Die Väter, sowohl die geistlichen als auch die weltlichen Machthaber, berufen sich bei der Ausübung ihrer Macht auf den jugendlichen Erlöser und üben sie in seinem Namen aus.

In der Therapie der iranischen Patienten können Phantasien über den jugendlichen Erlöser auftreten. Der Patient wünscht sich, Zeuge der Ankunft des verborgenen Imams zu sein. Dieser Wunsch birgt die Hoffnung in sich, über die Alten, die Väter zu siegen. In der Übertragung bedeutet dies, den väterlichen Analytiker letztlich zu überwinden.

Daraus leite ich meine zweite These:

Das Auftreten der Phantasien über den jugendlichen Erlöser, den verborgenen Imam, signalisiert bei der Psychotherapie iranischer Patienten die Hoffnung, über den ödipalen Vater zu siegen. Eine direkte Äußerung dieser Hoffnung ist wegen der überaus mächtigen Kastrationsangst und der damit verbundenen Neigung zur Projektion nicht möglich. Solche Phantasien bedürfen des religiösen Gewandes, um verbalisiert zu werden. In solchen Situationen empfehle ich, die religiöse Phantasie in den Deutungsprozeß einzubeziehen, auch im Sinne einer in die Zukunft gerichteten Hoffnung auf den Sieg des Jungen über den Vater.

Die Bedeutung der Mystik und der Theosophie

Die persische Mystik hat alle Bereiche des Lebens bis zum heutigen Tag stark beeinflußt. Vor allem die Dichtung Irans ist geprägt durch das mystische Gedankengut. Narzißtische Omnipotenzphantasien, Verneinung der Grenzen zwischen Selbst und Objekt, ausgedehnte symbiotische Verschmelzungswünsche mit einem hoch idealisierten väterlichen Objekt sowie Flucht in hoch idealisierte, depressiv-narzißtische Erlebnisweisen und Affekte bestimmen den Inhalt dieser Dichtung. Das Leiden um des Geliebten und der Liebe willen und die Selbstvernichtung wurden zum zentralen Bestandteil der mystischen und erotischen Dichtung. Nicht die Erfüllung der Liebe, sondern der Liebesschmerz beseelt den persischen Dichter und dessen Leser. Das Leiden, das beseelt, steht im Dienste der Aufhebung der Grenzen zwischen Selbst und Objekt und damit im Dienste der Vereinigung mit dem allmächtigen, dem göttlichen Vater. Sie dient der Aufhebung der aus dem ödipalen Konflikt resultierenden Ohnmachtsgefühle. Dürfen wir vielleicht hier von einer Sublimierung des Masochismus im Dienste der Abwehr der Kastrationsangst sprechen?

Mystische Omnipotenzphantasien, Gottesübertragungen auf den Analytiker, der Wunsch mit ihm eins zu werden, treten in Analysen der persischen Patienten nicht selten auf. Der persische Analysand wünscht sich, in seiner Muttersprache mit dem deutschen Analytiker zu sprechen, er trägt mystische Inhalte vor, wähnt sich gemäß der Sufi-Tradition des Irans in seinem Analytiker, den er als Meister oder Geliebter bezeichnet, verliebt. Er fühlt sich mit ihm zu einem mächtigen Objekt verschmolzen. Die Abstinenz des Analytikers erlebt er nicht als Zurückweisung. Vielmehr genießt er gemäß der mystischen Tradition den Liebesschmerz. Das Schweigen des Analytikers bzw. das gemeinsame Schweigen kann von ihm verstanden werden als des Schweigen in Gegenwart des Geliebten, das Schweigen, das verbindet, das beide zu einem verschmelzen läßt.

Deshalb stelle ich folgende dritte These auf:

Sollten solche mystischen Erlebnisse in der Analyse iranischer Patienten auftreten, ist der Analytiker gut beraten, diese nicht früh als narzißtischen Widerstand gegen den sich anbahnenden ödipalen Konflikt zu deuten. Vielmehr sollte der Analytiker in seinen Deutungen die Bedeutung des mystischen Erlebens als eine Fähigkeit des Analysanden herausstellen, eine Fähigkeit, die der Anpassung dient und der Abwehr der Kastrations- und Vernichtungsangst.

Kindheit, Entwicklung der Jungen und der Mädchen

Nach diesen Überlegungen möchte ich auf die Unterschiede in der Kindheitsentwicklung der iranischen Jungen und Mädchen eingehen. Die Mütter sind gewöhnlich infolge der Identifizierung mit den gesellschaftlichen Normen darauf sehr stolz, wenn ihr erstgeborenes Kind ein Junge ist. Die neugeborenen Jungen und Mädchen werden von den Müttern in ihren ersten sechs Lebensjahren besonders intensiv gepflegt. Die Babys werden viel häufiger getragen als es hierzulande üblich ist. Die Bäuerinnen, die auf dem Feld arbeiten müssen, tragen ihre Babys meistens in einem Tuch auf ihren Rücken. Sie werden so lange gestillt, wie die Mutter dazu imstande ist. Die Stillzeit dauert nicht selten bis zu zwei Jahren. Die aufgeklärten iranischen Frauen der Ober- und z. T. der Mittelschicht haben jedoch infolge der Verwestlichung der Kultur diese Gewohnheit aufgegeben. Da Neugeborene als unschuldig gelten, sind auch ihre Ausscheidungen rein. Die Mütter und die Pflegerinnen fühlen sich deshalb nicht beschmutzt, wenn z.B. der nackte Neugeborene in ihrem Schoß uriniert. Auch bei der Säuberung der Exkremente eines Babys erlebt die iranische Mutter gewöhnlich keine Ekelgefühle. Liegt der Säugling nackt auf dem Wickeltisch, wird er von einer Schar von Frauen umgeben, die ihn necken, mit ihm ständig sprechen und in ein heftiges freudiges Lachen ausbrechen, wenn das Baby in dieser Situation uriniert und damit womöglich das Gesicht der Mutter oder anderer Frauen trifft. Die iranischen Frauen schätzen den Geruch der Säuglinge sehr und vergleichen ihn mit Parfüm. Das Kleinkind übernachtet nicht selten bis zum fünften oder sechsten Lebensjahr mit der Mutter, die auch das Kind überallhin mitnimmt. Nicht selten sieht man iranische Frauen öffentlich ihre Babys stillen. Beim leistesten Wimmern wird das Kind auf den Arm genommen, wird getröstet und gestillt. Im Gegensatz zu den in Indien gemachten Beobachtungen des indischen Psychoanalytikers Sudhir Kakar (1988) legen jedoch die iranischen Mütter großen Wert auf die rechtzeitige Erziehung zur Sauberkeit, so daß die iranischen Kinder gewöhnlich mit zwei Jahren ihre Schließmuskeln kontrollieren können. Dies nicht zu können, wird von den Müttern getadelt. Der Tadel bewirkt Scham- und Schuldgefühle. Der Besuch des öffentlichen Dampfbades ist auch im Iran wie in allen islamischen Ländern ein gesellschaftliches Ereignis und bestimmten Ritualen unterworfen. Sowohl weibliche als auch männliche Kinder werden gewöhnlich wöchentlich einmal von Müttern mit ins Dampfbad genommen, das an bestimmten Wochentagen ausschließlich von Frauen besucht wird. Mütter und Kinder halten sich mehrere Stunden im Bad auf, wo sie andere Frauen treffen, mit denen sie gemeinsam tratschen, das Wichtigste vom Tag erzählen und auch manchmal gemeinsam einen Salat essen und eine Tasse Tee trinken. Die Frauen tragen meistens ein Lendentuch, während die Kinder völlig nackt sind. Hat ein männliches Kind das sechste Lebensjahr erreicht, erregt er bei den anderen Frauen öffentliches Ärgernis. Sie verspotten das Kind, zeigen auf sein Glied, sagen ihm, daß er ein richtiger Mann sei und daß er sich schämen müsse, weiterhin das Frauenbad zu besuchen und sich nackt zur Schau zu stellen. Die Mutter sieht sich den fast rituell anmutenden Tadel der anderen Frauen ausgesetzt. Während die Jungen jetzt vom öffentlichen Frauenbad vertrieben werden und von diesem Zeitpunkt an in Begleitung ihrer Väter das Dampfbad aufsuchen müssen, begleiten die weiblichen Kinder, auch als Heranwachsende, ihre Mütter weiterhin ins Dampfbad. Die Väter spielen jetzt eine größere Rolle im Leben ihrer Jungen. Sie übernehmen bald viele Versorgungsaufgaben, die bis dahin die Mutter innehatte. Die Jungen begleiten die Väter häufig in ihr Geschäft, wenn diese z. B. Handwerker oder Kaufleute sind. Werden die Jungen eingeschult, sind die Väter der Ansprechpartner der Schulbehörde. Der Junge fühlt sich zu diesem Zeitpunkt zwar einerseits geschmeichelt, weil der Vater sich mehr um ihn kümmert als zuvor, andererseits aber von ihrer Mutter verlassen und im Vergleich zu den Schwestern benachteiligt. Als weitere Traumata kommen hinzu die Einschulung und die Beschneidung, die vor der Einschulung erfolgt, falls der Junge nicht kurz nach der Geburt beschnitten worden ist. Die Beschneidung, die groß gefeiert wird, wird ambivalent erlebt. Einerseits hat der Junge Angst vor dem Verlust des männlichen Gliedes, andererseits wird er durch die Beschneidung seinen Brüdern und seinem Vater ähnlich und auf diese Weise rituell in den Kreis der Männer aufgenommen, was für ihn eine enorme narzißtische Aufwertung bedeutet.

Die erwähnten Traumata, vor allem die für den Jungen unerwartete Trennung von der Mutter, haben nachhaltige Folgen für die weitere psychosexuelle Entwicklung des Jungen und seiner Identitätsbildung. Der Junge fühlt sich von der Mutter verlassen und hat den Eindruck, sie ziehe seine Schwestern vor. Das unerwartete Verlassenwerden von der Mutter, die unmittelbar nach einer langen Phase der intensiven Bindung zu ihr erfolgt, führt zu einer tiefen, zeitlebens bestehenden Ambivalenz gegenüber der Mutter und der Frau im allgemeinen. Diese Ambivalenz wird noch dadurch verstärkt, daß die Mutter als eine Fremde erlebt wird, die jederzeit die Familie verlassen und zu ihrer eigenen väterlichen Familie zurückkehren könnte. Das islamische kanonische Recht (Schari'a) schreibt nämlich vor, daß die Kinder generell dem Vater gehören, das heißt im Falle der Scheidung der Eltern bleiben die Kinder beim Vater, sofern die Jungen älter als zwei und die Mädchen älter als fünf Jahre sind. Dies führt dazu, daß die Mädchen zeitlebens, auch als Ehefrauen, nicht den Nachnamen ihrer Ehemänner tragen, sondern den Nachnamen des Vaters, womit die Zugehörigkeit zum Vater proklamiert wird. Hinzu kommt eine strikte Vermögenstrennung der Eheleute, so daß im Falle des Todes der Ehefrau nicht der Ehemann die Erbschaft antritt, sondern die Kinder bzw. der Vater der Verstorbenen. Diese besondere Stellung der Mutter in der Familie hat intrapsychische Folgen, die sich einerseits, wie gesagt, in der erheblichen Ambivalenz der Mutter gegenüber manifestieren, andererseits dazu führen können, daß der Junge sich im Sinne der Identifizierung mit dem Aggressor bald mit der Mutter und ihrer fürsorglichen Seite identifiziert: Eigenschaften, die er zeitlebens beibehält und die er später als Ehemann im Dienste der Versorgung seiner Familie, vor allem seiner Kinder stellt. Der persische Mann ist deshalb stets ein fürsorglicher Vater, Sohn und Ehemann, wenn er auch zeitlebens seine fast paranoid anmutende mißtrauische Haltung der Frau gegenüber beibehält. Die Angst, die Frau könnte ihn verlassen, führt dazu, alles mögliche zu tun, um sie festzubinden. Die persischen Männer sorgen zärtlich und zeitweise rührend für ihre Frauen. Entgegen der allgemeinen Auffassung von einem Pascha neigen sie dazu, z. B. ihre Familie zu bekochen bzw. immer wieder aus der Stadt Leckerbissen für die Frau und die Kinder mit nach Hause zu bringen. Sie schmücken ihre Frauen gerne. Reaktionsbildungen verschleiern die aus der Ambivalenz und aus der Angst vor Verlassenheit resultierende Feindseligkeit und die Geringschätzung der Frau. Die sprichwörtliche orientalische Eifersucht ist Ausdruck der Unsicherheit der Frau gegenüber, da der orientalische Ehemann sich nie gewiß ist, ob er seine Frau doch nicht an den Schwiegervater verliert.

Was die Entwicklung der Mädchen betrifft, geraten diese trotz der weiterhin bestehenden intensiven Bindung und Nähe zu der Mutter bald in eine heimliche, meist unbewußte Rivalität zu ihr. Da die Mutter eine Fremde ist, kann die ödipale Phantasie, die Mutter möge verschwinden, damit das Mädchen den Vater für sich alleine hat, mehr an Boden gewinnen und der Realität näher kommen. Es ist anzunehmen, daß die Ängste und die Schuldgefühle der persischen Mädchen ihren Müttern gegenüber größer sind als dies bei den mitteleuropäischen Frauen der Fall ist. Auch die Mütter trauen ihren Töchtern wenig, da ja nicht sie, sondern die Töchter den Namen des Vaters tragen, womit ihre Zugehörigkeit zum Vater sichtbar wird. Die dadurch bedingte intensive Ambivalenz kann, wenn die Reaktionsbildungen und die interpersonellen Abwehrmaßnahmen der Etikette und der Ritualisierung zusammenbrechen, zu heftigen aggressiven Impulsdurchbrüchen und feindseligen Handlungen führen.

Die Stellung der Frau im islamischen Iran ist wie in allen anderen islamischen Staaten sehr heterogen. So findet man z. B. wie in der Türkei, in Pakistan oder in Ägypten unter dem Lehrkörper der Universitäten mehr Frauen als hier in Mitteleuropa (Küng & van Ess 1994), manche Ämter bleiben jedoch im islamischen Iran den Frauen zeitlebens verwehrt. Sie durften z. B. eine Zeit lang kein Richteramt ausüben, weil man davon ausging, daß die Frauen mehr emotional als rational urteilen. Wie Josef van Ess (ebd.) herausstellt, befreit sich in der herkömmlichen orientalischen Familie die Frau nicht gegenüber dem Mann, sondern gegenüber der Schwiegermutter.

Wie überall im Orient und im Mittelmeerraum hat auch Familie im Iran traditionell eine patriarchalische Struktur und ihr Fortbestand wird primär agnatisch, d. h. von den männlichen Nachkommen her, bestimmt (Küng & van Ess 1994). Zwar ist der Islam eine egalitäre Religion, die weder Rassenunterschiede kennt, noch Stände oder Adel im europäischen Sinne; das kanonische Recht, das fast in allen islamischen Ländern im Familien- und Eherecht zur Anwendung kommt, kennt jedoch keine Gleichberechtigung der Geschlechter. Männer und Frauen sind gleichwertig, aber nicht gleichberechtigt. Jedes Geschlecht hat andere Rechte und andere Pflichten. Nur dem Schöpfer gegenüber sind sie zugleich gleichwertig und gleichberechtigt. Zwar unterscheidet sich das Schiitentum vom sunitischen Islam auch dadurch, daß das kanonische Recht die Frauen weniger einengt, aber eine Gleichberechtigung der Geschlechter, wie diese die Menschenrechte vorschreiben, wird von den schiitischen Machthabern abgelehnt. Den sichtbarsten Ausdruck der »Besserstellung« der Frau in der Schia findet man in der Verehrung der Frau als Heilige. Dennoch bleibt die unwidersprochene Autorität des Vaters auch bei der Erziehung der Frauen das oberste Prinzip. Die Macht und die Autorität des Vaters sind trotz der Nähe der Frauen zu ihren Müttern unumstößlich. Die väterlichen Normen und Ideale mögen bei der Über-Ich-Bildung der Frau milder und weniger unerbittlich sein, sie behalten jedoch ihre zentrale Stellung bei. So ist z. B. das Verlassen des Ehemannes ohne ausdrückliche Einverständniserklärung des

Vaters gesellschaftlich verpönt. In solchen Fällen fühlen sich die Väter beschämt. Daraus ergeben sich insbesondere bei der Psychotherapie der westlich orientierten, aufgeklärten persischen Frauen aus den intellektuellen und gehobenen Schichten, vor allem jenen Frauen, die im Ausland leben, besondere Schwierigkeiten der Handhabung der Übertragung und der Gegenübertragung. Dies möchte ich an einem weiteren klinischen Fall erörtern.

Kasuistik 4:

Eine damals 31-jährige intellektuelle Frau, die unter Identitätsstörungen, angstneurotischen und phobischen Symptomen litt, geriet während der Sitzung einer Stationsgruppe in eine heftige Erregung, als ich in Richtung der Frauen und ihrer Beziehung zu den Männern intervenierte. Sie warnte andere Frauen vor mir, dem orientalischen Potentaten, der die Frauen versklaven wollte. Sie verließ vorzeitig die Gruppensitzung. In einem anschließenden Gespräch kamen ihre Befürchtungen und ihre mir, dem Repräsentanten der väterlichen Autorität, geltenden ambivalenten Gefühle zum Ausdruck: Einerseits wollte sie von mir nichts wissen; sie hielt mich ja für einen reaktionären, traditionsbewußten orientalischen Potentaten, andererseits beklagte sie sich darüber, daß ich nicht ihre Therapie übernommen hatte. Dies hätte ich unterlassen, weil ich angeblich ihr Verhalten, ihren persischen Ehemann zu verlassen und eine außereheliche Beziehung mit einem deutschen Mann einzugehen, nicht billigte. Die Wucht der negativen Übertragung war zeitweise unerträglich.

Oben erwähnte ich, daß vom sechsten Lebensjahr an der Vater im Leben des Jungen eine viel größere Rolle spielt, da er wesentliche Aufgaben der Erziehung, die bis dahin die Mutter innehatte, übernehmen muß. Fehlt aber der Vater, kann die psychosexuelle Entwicklung des Jungen erheblich gefährdet sein. Dies möchte ich am Beispiel einer weiteren Kasuistik erörtern.

Kasuistik 5:

Ein 28-jähriger Student hatte 1988 in Deutschland Asyl gesucht, weil er als Mitglied einer linksmarxistischen Partei gegen die Machthaber im Iran politisch aktiv geworden war. Er ist der jüngste von vier Kindern. Zu Beginn seines siebten Lebensjahres wurde der Vater, ein angesehener Kaufmann in einer südpersischen Stadt, wegen angeblich krummer finanzieller Geschäfte inhaftiert. Er wurde zwar nach einigen Tagen entlassen, war aber so sehr beschämt, daß er kurz darauf verschwand, ohne sich von seinen Familienangehörigen zu verabschieden oder eine Adresse zu hinterlassen. Das Geschäft des Vaters übernahm traditionsgemäß sein ältester Sohn. Er wurde damit das Familienoberhaupt und hatte damit auch die Aufgabe der Erziehung unseres Patienten. Der Beginn des siebten Lebensjahres ist aber, wie ich sagte, in der Entwicklung des persischen Knaben eine sehr sensible Zeit, da in diesem Alter die Erziehung der männlichen Kinder, die bis dahin eng mit ihren Müttern und Schwestern zusammenleben, von den Müttern auf die Väter übertragen wird. Äußerlich symbolisiert sich dieser Einschnitt darin, daß die Knaben mit sechs Jahren aufhören, gemeinsam mit ihren Müttern und Schwestern das öffentliche Dampfbad »Hammam« zu besuchen. Die Trennung von den

Müttern erleben die Knaben als eine Bevorzugung der Schwestern. Sie sind sich der Liebe ihrer Mütter nicht mehr so gewiß und entwickeln gegenüber ihren Schwestern und gegenüber den Frauen im allgemeinen erheblichen Neid und Mißtrauen. Von diesem Zeitpunkt an übernehmen die Väter einen größeren Anteil der Aufgaben der Mütter. Sie wenden sich ihren Söhnen mütterlich zu und umsorgen z. B. diese im Dampfbad so, wie die Mutter es zuvor getan hatte. Zwar wird die Inzest- und Schamschranke sichtbar dadurch betont, daß die Knaben jetzt im Männerbad wie alle anderen ein Lendentuch tragen, sie erleben aber die körperliche Nähe zu den Vätern als beunruhigend, ja geradezu beschämend.

Unser Patient hatte also zu einem sehr sensiblen Zeitpunkt seiner Entwicklung den Vater verloren. Die Identifikation mit dem um 15 Jahre älteren Bruder erwies sich als brüchig. Die Beziehung zu dem Vater blieb sehr ambivalent. Einerseits neigte der Patient dazu, den Vater übermäßig zu idealisieren: In seiner Vorstellung war er ein mächtiger, reicher Mann mit viel Einfluß. Er konnte nicht verstehen, weshalb dieser einflußreiche Mann inhaftiert worden war. Andererseits schämte er sich aber dessen vermutlich unehrenhaften Benehmens bei finanziellen Geschäften. Narzißtische Überbesetzung und Idealisierung linker Politiker und internationaler marxistischer Theoretiker hatten eine Plombenfunktion. Sie diente der Überbrückung der schmerzlich klaffenden narzißtischen Wunde. Als die Berliner Mauer fiel und der SED-Staat sich als korrupt und morsch erwies, brach für diesen Patienten erneut die väterliche Autorität zusammen. Es kam zu einer Wiederholung des narzißtischen Traumas. Er konnte sich nicht mehr konzentrieren und litt unter Arbeitsstörungen. Er wurde depressiv, suizidal und kam in stationäre Psychotherapie. Auf seine Therapeutin entwickelte er die Übertragung einer mächtigen Mutter. Er träumte, die Therapeutin wäre riesengroß. Sie säße wie ein weiblicher Buddha im Schneidersitz im Zimmer. Sie hätte riesige Brüste. Er, der Patient selbst, erlebte sich im Traum als winzig und saß zusammengekauert wie ein Embryo im Schoße der Therapeutin. Nach diesem Traum hatte er Angst, von der Therapeutin verschlungen zu werden. Er entwickelte zu ihr eine fast paranoide Übertragung, die er auf weitere Personen ausdehnte. Er phantasierte, die Therapeutin stünde mit den Machthabern im Iran in Kontakt. Er fühlte sich belagert und verfolgt. In dieser Situation suchte er bei mir als Leiter des Funktionsbereiches Schutz. Er signalisierte mir, er schätzte, ja er liebte mich geradezu. Als die Therapeutin ihren Urlaub antrat, übernahm ich vorübergehend die Behandlung. Er präsentierte mir einige seiner bildnerischen Produkte, u.a. mehrere Plastiken aus Ton. In der Mitte einer Plastik saß ein kleiner Mann mit einem mächtigen, sehr langen Penis, der einen vor ihm sitzenden größeren, kräftigeren Mann anal penetriert hatte. Der Penis trat aus dem Mund dieses Mannes heraus und suchte die Vagina einer Frau auf, die hinter dem kleineren Mann saß, und kam aus ihrem Anus heraus und legte sich mit seiner Eichel, wie dem Kopf einer Kobra, auf das Haupt der Frau. Der Patient meinte, der kleine Mann sei sein älterer Bruder, während er der größere Mann sei, der von dem Bruder anal penetriert werde. Die Frau sei die Gattin des Bruders. Er sagte, er habe gelegentlich homosexuelle Phantasien und sei früher zu flüchtigen homosexuellen Handlungen in Form von gemeinsamer Masturbation mit anderen Jungen geneigt gewesen. Er sehnte sich nach Männern meines Alters, deren körperliche Nähe er sich wünschte.

Man könnte versucht sein, in diesen bildnerischen Produkten des Patienten und in seinen verbalen Mitteilungen seine Homosexualität zu erkennen und sein Verhalten als einen Akt der homosexuellen Unterwerfung zu deuten. Ich sagte ihm: »Der Verlust des Vaters ist für Sie sehr schmerzlich. Sie haben ihn noch nicht überwunden. Ihre Tonarbeiten zeigen, daß Sie den Wunsch haben, eine heile Familie, bestehend aus Vater, Mutter und Kind zu haben. Sie wünschen sich, daß ein mächtiger Vater da ist, der die

131

Familie zusammenhält und das Kind vor der Zudringlichkeit der Mutter schützt. Dies erleben Sie jetzt auch auf der Station mit Ihrer Therapeutin, von der sie sich verfolgt und vereinnahmt fühlen. Deshalb wenden Sie sich mir zu und suchen Sie bei mir Schutz.« Der Patient fühlte sich erleichtert. Die paranoiden Befürchtungen klangen innerhalb von einigen Tagen ab.

Die mächtige Stellung des Vaters und die überaus große Kastrationsangst können iranische Patienten veranlassen, sich vordergründig den Gesetzen des Vaters, damit also auch den Arbeitsbedingungen einer analytischen Situation, fast widerspruchslos anzupassen. Vom nicht mit der Kultur Irans vertrauten Therapeuten kann dies als ein Akt der Unterwerfung verstanden werden. In Analysen kann es leicht zur Entwicklung von erotisch getönten Übertragungen kommen. Die Patienten sind geneigt, entsprechendes Material zu bringen und der nichtgeübte Therapeut könnte dazu verführt werden, den Patienten mißzuverstehen und sein Verhalten als sexuell zu deuten.

In der Sage von Rostam und Sohrab im iranischen Nationalepos führen Vater und Sohn dreimal einen Zweikampf. Bei dem zweiten Kampf besiegt der Sohn den Vater, tötet ihn jedoch nicht, weil er jedes Mal eine eigentümliche Liebe zu dem Älteren verspürt. Vielmehr ist er bemüht, den Älteren homoerotisch zu verführen. Er lädt ihn ein, gemeinsam mit ihm zu zechen und fragt ihn, ob es ihm nicht lieber sei, in den Armen seines Sohnes zu sterben, als auf dem Schlachtfeld sein Leben zu lassen?

Dieses homosexuell getönte Beziehungsangebot hat keinen genital-sexuellen Charakter. Es dient der Abwehr der Angst vor der erahnten Vernichtung durch den Älteren. Diese »homoerotische Übertragung« habe ich am Beispiel der Kasuistik 5 erörtert.

Schleier und die Verschleierung der Frau und deren Bedeutung für die Beziehung der Geschlechter

Wie Annemarie Schimmel 1995 (S. 51) herausstellte, wurde »die Stellung der Frau im Koran gegenüber den Zuständen im vorislamischen Arabien deutlich verbessert; sie konnte ihr eingebrachtes oder in der

Ehe erworbenes Vermögen selbst behalten und verwalten, konnte auch erben – was früher nicht möglich war.« Der Prophet Mohammad soll gesagt haben: »Der Beste unter Euch ist derjenige, der am besten zu seiner Frau ist«. »Die innige Verbindung zwischen den Ehegatten wird«, nach Annemarie Schimmel (ebd., S. 52), »aus dem oft übersehenen oder zumindest falsch ausgelegtem Wort von Sure 2, 187, deutlich: ›Ihr seid ein Gewand für sie und sie sind ein Gewand für Euch‹, denn in der religiösen Tradition ist das Gewand ja das *alter ego* des Menschen, der Gegenstand der auf engste Verbindung hindeutet.« Obwohl es in der heiligen Schrift »Koran« kein eindeutiges Schleiergebot gibt, hat die Verschleierung der Frau im gesamten Nahen Osten und Nordafrika nach einer Phase der mißverstandenen Säkularisierung, die mit Verwestlichung und Akkulturation einherging, zu einer Gegenbewegung – einer »Gegen-Akkulturation« – geführt mit einer erneuten rigorosen Anwendung des kanonischen Rechtes Shari'a.

In dem historischen Roman »Die Straße nach Isfahan« von Gilbert Sinoué finden wir folgenden Dialog zwischen einer indischen Sklavin und dem Arzt und Philosophen Avicenna:

> Und ich habe nie verstanden, weshalb die Männer uns aufzwingen, uns hinter diesem Stoff zu verstecken. Ist für Euch die Frau ein so verachtenswertes Objekt, daß man es verbergen muß?

> Nein, Sindja. Genau das Gegenteil ist der Fall ... der Schleier ist dazu bestimmt, den Auserwählten vom Glanz des göttlichen Antlitzes zu scheiden. Es steht geschrieben: *Es ist einem Mann nicht gegeben, daß Gott zu ihm spricht, wenn nicht von Jenseits einem Schleier.* Was verschleiert ist, ist heilig. Was verschleiert ist, ist geschützt.

> Dann bin ich also heilig? ... Oder ist heilig derjenige, der seinen Blick auf mich senkt?« (S. 133).

Ähnlich würde auch ein frommer Moslem argumentieren, wenn er die Gründe der Verschleierung der Frau darlegen soll. Die Verschleierung wird begründet mit der Reinheit und Heiligkeit der Frau. Hinter dieser rationalistischen und ästhetisch-intellektuellen Begründung verbirgt sich allerdings auch die fast angeboren zu nennende Angst und Mißtrauen des iranisch-islamischen Mannes der Frau gegenüber, von der er glaubt, sie würde ihn jeden Augenblick verlassen, um zu ihrem Vater zurückzukehren. Allerdings ist die Verschleierung des

Heiligen, des Beschützenswerten und des Verletzlichen ein allgemeiner Zug islamischer Kultur. So wird das höchste islamische Heiligtum, das von Abraham und seinem Sohn Isma'il eigenhändig gebaute Ka'aba, mit einem schwarzen Tuch vollständig bedeckt und nur gelegentlich zu Gebetszeiten und während der Pilgerfahrt partiell entschleiert.

> Mittelalterliche Schriftsteller und Dichter haben vor allem, wenn sie über ihre Erfahrungen bei der Pilgerfahrt sprechen, das Zentralheiligtum des Islams oftmals mit einer verschleierten Braut, einer ersehnten Jungfrau verglichen, um derertwillen man die lange gefährliche Wüstenreise gern unternimmt; man hofft, sie berühren und ihr Schönheitsmal, den schwarzen Stein küssen zu können. (Schimmel 1995, S. 100).

Eine persische Miniatur der frühen timuridischen Zeit vom Beginn des 15. Jahrhunderts, die sich jetzt im Metropolitan Museum of Art in New York befindet, zeigt den Propheten Jonas, der nackt aus dem Leib des Fisches hervorkommt. Über ihm schwebt der Erzengel Gabriel, der dem Propheten Kleider überreicht, damit er seine Blöße zudeckt und sich seiner Nacktheit nicht schämt.

Manijeh, Tochter des mythischen turanischen Großkönigs Afrasyab, rühmt sich im iranischen Nationalepos damit, daß nicht einmal die Sonne ihren Leib nackt erblickt hat.

In seinem Roman »Tuareg« schreibt der spanische Romancier Alberto Vázquez-Figueroa (1990) wie zutiefst beschämt der Tuareg Gacel ist, als er in einer Kirchenruine seinen Schleier ablegt und seinen Bart abrasiert, um die übliche städtische Kleidung anzulegen und als Attentäter nicht erkannt zu werden. Dort heißt es:

> Voller Bedauern betrachtete er seine Gandura, seinen Turban und seinen Schleier. Fast hätte er sie wieder angezogen, aber dann unterließ er es doch, denn ihm war nicht entgangen, daß er sogar in der Kasbah mit der für ihn so selbstverständlichen Kleidung Aufsehen erregt hätte.
> Ihn schauderte bei dem Gedanken, daß nun wildfremde Menschen sein Gesicht sehen würden. Er schämte sich wie jemand, der gezwungen war, splitternackt auf eine von Menschen wimmelnde Straße zu treten. Vor vielen Jahren am Ende seiner Kindheit hatte ihm seine Mutter die erste Gandura angezogen. Später, als er ein richtiger Mann und Krieger geworden war, hatte er sein Gesicht zum Zeichen seiner neuen Würde hinter dem Litham verborgen. Der Verzicht auf diese beiden Kleidungsstücke war für ihn nun wie eine Rückkehr in die Kindheit, also in jene Zeit, als er sogar in den peinlichsten Situationen alle seine Empfindungen zeigen durfte, ohne daß sich jemand darüber aufgeregt hätte. (S. 295)

Ursprünglich ein Privileg der Adligen im alten Iran und in Byzanz, wurde der Schleier im islamischen Orient zu einem Symbol der Reinheit und der sexuellen Integrität der städtischen Frau, während auch heute noch, wie je zuvor, die Bäuerinnen und die Nomadinnen keinen Schleier tragen. Zwar haben zwischen 1900 und 1905 die iranischen Frauen eine entscheidende Rolle bei dem antikollonialen Kampf gespielt, sie waren auch während der Revolution für die Einführung der Demokratie und der konstitutionellen Monarchie im Jahre 1906 in den vordersten Reihen der Kämpfer, jedoch vermochte diese Revolution weder die städtische iranische Frau vom Schleier zu befreien noch ihr das passive und das aktive Wahlrecht zu gewähren. Die Entschleierung der Frau im Iran begann erst im Jahre 1934. Schon Jahrzehnte vorher waren die Dichter und Schriftsteller beiderlei Geschlechtes in ihren Werken für die Befreiung der Frau eingetreten. Dennoch erlebten die Frauen diesen Akt der Emanzipation sehr ambivalent. Zweieinhalb Jahre alt erinnere ich mich, wie eines Tages die älteste Schwester meines Vaters entrüstet und völlig aufgelöst in unserem Haus Schutz suchte und weinend meinem Vater erzählte, wie sie öffentlich auf der Straße von den Polizisten entehrt worden war, weil diese ihr den Schleier entrissen und ihn vernichtet hätten. Gleichzeitig besangen Dichter beiderlei Geschlechtes vehement den Akt der Entschleierung, den sie als Befreiung der Frau vom männlichen Joch feierten. Dennoch blieben sowohl die Männer wie auch die aufgeklärten iranischen Frauen gegenüber allen reformistischen und emanzipatorischen Bewegungen stets zutiefst ambivalent, wie dies der Mentor der neupersischen Literatur Bozorg Alavi (1957) herausstellt: »In ihrem Wesen ist« die iranische Frau »konservativ und klammert sich mit allen Fasern ihres Herzens an die alten Gebräuche. Nur äußerlich gibt sie sich als eine Anhängerin des Allerneusten« (S. 77). Diese Ambivalenz ist aber auch den aufgeklärten iranischen Männern eigen. Sie erfolgt aus der Angst, sich letzlich doch nicht auf die Mutter und auf die Frau als Repräsentantin der Mutter verlassen zu können. Diese Ambivalenz gegenüber allen die Frauen betreffenden emanzipatorischen Bewegungen ist auch Ausdruck der Identifizierung mit dem kulturell Unbewußten. Wie sehr sich die iranische Frau trotz aller erreichten

Autonomie von ihrem Mann abhängig fühlt und sich nach ihm sehnt, wird aus dem Roman »Der leere Platz von Ssolutsch« des zeitgenössischen iranischen Schriftstellers Mahmud Doulatabadi (1991) ersichtlich: Eines Tages wacht die Landarbeiterin Mergan auf und findet den Platz ihres Mannes Ssolutsch leer. Dieser hat sie und die drei gemeinsamen Kinder verlassen, weil er sich schämt, seine Familie nicht mehr ernähren zu können. Mergan übernimmt von diesem Zeitpunkt an alle jene Aufgaben, die bis dahin ihr Mann innehatte. Bis zur Grenze der Erschöpfung arbeitet sie und ernährt die Familie, so gut es geht. Tief im Inneren sehnt sie sich jedoch nach ihrem vermißten Mann, in dem sie das Oberhaupt der Familie, den Vertreter des Gesetzes und dessen Wahrer sieht. Am Ende des Romans verläßt sie gemeinsam mit einem ihrer Söhne das Dorf, um sich auf die Suche nach ihrem Mann zu machen und ihn heimzuholen.

Die iranischen Frauen hatten bis 1963 kein Wahlrecht. Von diesem Zeitpunkt an bekamen sie sowohl das passive als auch das aktive Wahlrecht. Auch die Verfassung der islamischen Republik Iran gewährleistet den Frauen beide Rechte, wenn auch im iranischen Parlament nur eine kleine Zahl von Frauen als Abgeordnete vertreten sind und keine Frau ein Ministeramt bekleidet. Obwohl die Verfassung von 1906 sich im allgemeinen an Code Napoleon anlehnte, richtete sich die iranische Gesetzgebung im Familien- und Eherecht weitgehend nach dem islamischen kanonischen Recht Shari'a. Dieses Gesetz wurde erst 1967 zugunsten der Frau u.a. in der Scheidungsfrage und in der Einschränkung der Polygamie verändert. Die islamische Republik Iran hat jedoch das Gesetz von 1967 als ungültig erklärt, da es sich angeblich mit dem kanonischen Recht nicht vereinbaren läßt.

Die Ambivalenz des iranischen Mannes der Frau gegenüber findet auch darin ihren Ausdruck, daß die Frau einerseits hoch verehrt wird, z.B. in der Gestalt der Tochter des Propheten, der heiligen Fatima oder in dem schiitischen Iran in der Gestalt der heiligen Ma'ssumah, der Schwester des achten schiitischen Imams, der in der heiligen Stadt Ghom begraben ist. Ghom war ja die Lehrstätte und jahrelang der Sitz des Führers der islamischen Revolution« Ajatollah Khomeini. Die Verehrung der Frau kommt auch z. B. darin zum

Ausdruck, daß Khomeini seine veröffentlichten Wein- und Liebes-
gedichte seiner über alles geliebten und verehrten Schwiegertoch-
ter gewidmet hat. Zahlreiche Mystikerinnen, wie z. B. die in der zweiten Häflte des achten Jahrhunderts lebende Mystikerin Rabi'a und
Dichterinnen wurden stets auch von Männern verehrt, die sich als
ihre Novizen und Schüler rühmten. Auch im präislamischen Iran
wurden Frauen wie die jüdische Königin Irans Esther, die Gemahlin
des Großkönigs Xerxes hoch verehrt. Ihr Grabmal ist in der westira-
nischen Stadt Hamadan ein viel besuchter Wallfahrtsort der
Moslems und der Juden zugleich.

Aber auch die andere Seite der Ambivalenz, die Verachtung der
Frau und die gegen sie gerichtete Feindseligkeit droht ständig in
Erscheinung zu treten, z.B. in Form der Steinigung der Frau, die eine
außereheliche Verfehlung begangen hat.

Alles spricht dafür, die iranische Gesellschaft als eine patriarchalische zu begreifen, in der das Wort des Mannes Gesetzescharakter hat
und die Rahmenbedingungen für das gesellschaftliche Zusammenleben stellt. Andererseits ist die iranische Kultur, vor allem die iranische
Kunst, auch eine Kunst und eine Kultur der Grenzüberschreitung und
der Revolte. In der Vergangenheit wurde dem iranischen Miniaturma-
ler vom Kalligraphen, dem höchstbezahlten Künstler, Grenzen gesetzt.
Sie bestimmten den Rahmen, in dessen Grenzen der Maler sich bild-
nerisch betätigen durfte. Die bekanntesten und besten iranischen
Miniaturisten haben jedoch häufig diese vom Kalligraphen gesetzten
Grenzen überschritten, z. B. dadurch, daß ein galoppierendes Pferd
das Rechteck des Rahmens sprengte, wie wenn der Reiter sich und das
Pferd befreien wollte. Auch die modernen iranischen Maler haben sich
diesen Symbolismus zu eigen gemacht. Die Patriarchen und die
Machthaber haben stets die Sprache und die revolutionäre Gesinnung
dieser Maler erkannt. So wurde der Maler Ebrahim Ehrari zur Zeit des
Schahs inhaftiert und des Landes verwiesen, weil er in seinen
Farbradierungen Vögel, Fische und Pferde darstellte, die den Rahmen
sprengten, um sich zu befreien; ein Akt der Revolte, der nicht selten
tödlich endet, durch einen aus dem Meer herausragenden scharfen
Speer, der den Leib des Fisches durchbohrt oder durch einen Fuchs,
der den aus dem Rahmen geflogenen Vogel auffrißt.

Sowohl die iranischen Männer als auch die Frauen sind allen reformistischen und an der westlichen Zivilisation angelehnten emanzipatorischen Veränderungen gegenüber skeptisch eingestellt. Die Ambivalenz hat ihre Wurzeln in der Eigenart der Erziehung der iranischen Kinder, der familiären Struktur, der psychosexuellen Entwicklung der Iraner und in den Eigenheiten der ödipalen Konstellation im iranischen Kulturraum.

Dies kann z.b. dazu führen, daß der Wegfall der äußeren Einschränkung, der äußeren Barriere, des Schleiers, zur psychischen Dekompensation und zu Symptombildungen führt, die im Sinne der Wiederaufrichtung der Barriere, des Schleiers, zu verstehen sind, wie die folgende Kasuistik zeigt.

Kasuistik 6:

Die 34-jährige persische Asylantin suchte die Klinik Tiefenbrunn auf, weil sie nach der Übersiedelung in die Bundesrepublik Deutschland eine Zwangssymptomatik entwickelt hatte und zunehmend an Beziehungsideen litt. Sie hatte sich sozial weitgehend isoliert, weil sie die Befürchtung hatte, Passanten könnten bei ihrem Anblick erkennen, sie sei lüstern und habe sexuelle Ambitionen. Sie vermied deshalb den Blickkontakt. Ihre Zwangsbefürchtungen bezogen sich auf ihre Söhne und auf ihren Ehemann mit dem Inhalt, sie könnten bei Verkehrsunfällen umkommen bzw. der Ehemann könnte sexuelle Beziehungen zu den eigenen Söhnen aufnehmen. Sie verließ nur noch in Begleitung ihrer Angehörigen die Wohnung. Zu den Nachbarn pflegte sie keinerlei Beziehung. Sie war der deutschen Sprache nicht genügend mächtig, obwohl sie bereits acht Jahre in der Bundesrepublik lebte. Die Patientin hatte den Iran in erster Linie nicht deshalb verlassen, weil sie politisch aktiv war, sondern weil sie sich nicht dem Schleierzwang unterwerfen wollte. Sie wollte als Frau frei leben, dem Mann gleichberechtigt sein und ihre sexuellen Bedürfnisse offen äußern. Ihren Vater hatte sie in den Pubertätsjahren verloren. Sie hatte sich gegen die Mutter behaupten können, die sie mit einem Mann im Iran verheiraten wollte und hatte es durchgesetzt, ihren geliebten Freund zu heiraten. Sie hatte ihren Mann davon überzeugt, eine gut bezahlte Stelle aufzugeben und mit ihr und den Kindern den Iran zu verlassen, damit sie sich dem Schleierzwang entzieht. In Deutschland lebten sie von der Sozialhilfe.

Die Analyse zeigte, daß die Zwangssymptome der Patientin, ihre Beziehungsideen und ihre Unfähigkeit, trotz ausgesprochen guter sprachlicher Begabung ausreichend Deutsch zu lernen, auch die Funktion hatten, die Patientin vor sexuellen Versuchungen, denen sie in der Bundesrepublik ausgesetzt war, zu schützen. Der Wegfall des äußeren Schleiers wurde von der Patientin unbewußt als extrem bedrohlich erlebt, so daß sie sozusagen durch ihre Symptombildung einen inneren Schleier, eine Barriere, aufrichten mußte, damit sie der gefürchteten sexuellen Versuchung standhielt. In der Übertragung erlebte die Patientin mich abwechselnd entweder als einen bösen, verfolgenden islamischen Geistlichen, der sie dem Schleierzwang unterwerfen wollte und ihr die sexuelle Begierde verbot, oder als einen Verführer, der sie von ihrem Mann und ihren Kindern trennen und seine sexuellen Gelüste an ihr befriedigen wollte. Sie

erlebte meinen Hinweis, sie könnte mit Hilfe eines Lehrers in der Klinik ihre Deutschkenntnisse verbessern, als ein sexuelles Verführungsangebot. Der ödipale Anteil dieser
Übertragung kam in den Träumen der Patientin zum Ausdruck: Sie träumte, ich sei ihr
Vater, betreibe eine Arztpraxis und sie sei meine Arzthelferin. Sie träumte, sie besuche
mich in meiner Wohnung und ich habe eine weiße Frau und zwei weiße Kinder,
während sie von anderen Patienten wußte, daß ich real eine Afro-Iranerin zur Frau habe
und meine Kinder von dunkler Hautfarbe sind. Sie hatte die Phantasie, in der analytischen Großgruppe mit mir in persischer Sprache zu sprechen und damit im Sinne der
Konkretisierung ihrer pervers anmutenden Urszenen-Phantasien alle Mitpatienten
von dem, was zwischen uns geschehen könnte, auszuschließen und sie zugleich zu
Zeugen dieser Urszene zu machen. Als einmal ihr Mann während eines Besuches
davon sprach, er könnte ein orientalisches Lebensmittelgeschäft gründen und sie
könnte in diesem Geschäft mithelfen, träumte die Patientin: Sie bewohnten eine luxu-
riöse Villa mit Swimmingpool. Ich wäre Gast in dieser Villa. Während sie sich an-
schickte, mit mir schwimmen zu gehen, wollte ihr Mann mit den Kindern das Haus
verlassen, was jedoch nicht möglich war, weil ein Nachbar – ein Künstler – durch Auf-
stellen von mehreren Großplastiken vor der Haustür der Patientin es verunmöglicht
hatte, daß die Tür mehr als einen Spalt weit aufging.

Verglich ich die Patientin und ihre Situation mit der Situation der deutschen Frau
und deren Möglichkeiten, ihre Freiheiten zu nutzen, meinte sie, sie wolle nicht so sein
wie die deutschen Frauen. Sie seien schlecht, moralisch verdorben. Sie wollte ihre Identität nicht verlieren. Meinen Hinweis, intellektuelle iranische Frauen in einer ähnlichen
Konfliktlage wie sie hätten das Problem so gelöst, daß sie sich dem äußeren Schleierzwang unterworfen hätten, um politisch und sozial aktiv zu bleiben und auf diese Weise
ihre Identität zu wahren, verwarf sie damit, daß ich wohl ein kleiner Khomeini wäre.

Die Analyse ihrer Verweigerung, die deutsche Sprache zu lernen,
stellte sich – wie León und Rebeca Grinberg (1990) gezeigt haben –
auch als Ausdruck der Ablehnung des Exils, der Kultur des Exillan-
des und des Wunsches des Emigranten dar, in seine Heimat zurückzukehren, wo es möglich war, sich in der Muttersprache zu verständigen. Damit drückte die Patientin aus, daß sie eine Barriere aufzurichten wünschte zwischen sich selbst und dem ambivalent besetzten Gastland, da die ihr im Gastland gewährte Freiheit ihre Ich-Inte-
grität bedrohte und sie der Gefahr aussetzte, ihre gegen sexuelle
Versuchungen aufgerichtete unbewußte Abwehr zu verlieren, die sie
per Symptombildung und der Verweigerung, »die fremde Sprache«
zu lernen, wieder aufzurichten versuchte.

Etikette und die Beziehung der Geschlechter zueinander

Eingespannt zwischen den innerseelischen unbewußten Motivationen und Einstellungen, der Identifizierung mit dem kulturell Unbewußten und den Erwartungen der Moderne, der westlichen Zivilisation, deren Anforderungen und Ideale die aufgeklärten iranischen Frauen bejahen, leiden diese unter einer »gebrochenen Identität«, die sie in jüngster Zeit durch Überidentifizierungen mit den alten Normen und Gesetzen, durch eine Gegen-Akkulturation, durch schiitisch-iranische Erneuerung zu restaurieren versuchen. Im westlichen Ausland war man erstaunt, daß die islamische Revolution auch von der überwiegenden Mehrheit der aufgeklärten intellektuellen iranischen Frauen getragen wurde, die vordergründig freiwillig den Schleier als ein Symbol der Befreiung anlegten und in vorderster Front gegen ihre vermeintlichen Befreier, den Schah und seine Regierung kämpften. In den Jahren der Revolution spalteten sich die aufgeklärten iranischen Familien der Ober- und Mittelschicht in den Städten in ihren politischen und gesellschaftskritischen Auffassungen. Selbst die Familie des Schahs blieb davon nicht verschont. Unter den Revolutionären ersten Ranges befanden sich eine große Anzahl iranischer Dichter und Schriftsteller, Juristen und Dozenten beiderlei Geschlechtes, die mit der westlichen Kultur sehr vertraut waren und meistens in den namhaften amerikanischen und europäischen Universitäten studiert hatten.

Wie ich bereits darlegte, birgt das Verlassen des Rahmens, der sich in Ritualisierungen verbaler und nonverbaler Art, in Wahrung der Etikette und des Respektes manifestiert, erhebliche Gefahren in sich, die nicht selten destruktive Handlungen selbst gegen die nächsten Angehörigen freisetzen können.

Im folgenden möchte ich am Beispiel von drei Kasuistiken meine Ausführungen klinisch belegen und zeigen, welche Bedeutung die interpersonellen Abwehrmaßnahmen des Respektes, der Ritualisierungen und der Wahrung der Etikette in der Beziehung der Geschlechter haben.

Kasuistik 7:

Eine 48-jährige, aufgeklärte iranische Frau suchte die Klinik Tiefenbrunn auf, weil sie unter multiplen psychosomatischen Beschwerden und zunehmender Adipositas litt. Die Patientin, bei der ich eine Hysterie mit vorwiegend ödipaler und oraler Problematik diagnostizierte, hatte Tiefenbrunn aufgesucht, weil sie erfahren hatte, daß ich als Iraner dort in leitender Stellung tätig bin. Sie ist Asylantin und emigrierte 1985 während des ersten Golfkrieges nach Deutschland, weil sie Angst hatte, ihr damals 13-jähriger Sohn würde eingezogen werden. Darüber hinaus war sie als berufstätige Frau zunehmend mit Passdaran aneinandergeraten, die ihr Kleidervorschriften machten. Einst hatte sie als Verkaufsleiterin in einer Fernsehfabrik erfolgreich gearbeitet. Nach der islamischen Revolution mußte sie jedoch ihre leitende Stelle aufgeben. Einst eine sehr schöne und schlanke Frau, nahm sie während der Migration erheblich an Gewicht zu. Obwohl aufgeklärt und emanzipiert, bediente sie ihren inzwischen erwachsenen Sohn, der sich ihr gegenüber wie ein Pascha verhielt und auf ihre Kosten sinnlose Geldausgaben machte.

Zur Zeit ihrer Aufnahme in der Klinik befand ich mich auf Urlaub. Als ich zehn Tage später meine Arbeit wieder aufnahm, fand ich ihren deutschen Therapeuten völlig verzweifelt vor. Ihm war es nicht gelungen, während dieser Tage eine Anamnese zu erheben und die Patientin körperlich zu untersuchen. Sie hatte stets einen Grund gefunden, sich zu weigern, mit dem Arzt zu sprechen und hatte sich jeglicher körperlicher Untersuchung entzogen. Mein Assistent wirkte völlig konfus, erregt, fast des Denkens nicht mehr fähig und meinte, er könne mit dieser Frau kein Wort reden und erwartete, daß ich sie sofort entlasse. Bei der Visite wollte die Patientin ausschließlich in persischer Sprache mit mir »verkehren«, obwohl sie des Deutschen mächtig war. Sie wollte nicht in einer Sprache mit mir reden, die von den anderen verstanden wurde. Ich hatte die Phantasie, sie wolle die ödipale Konstellation zu ihren Gunsten lösen, in der Weise, daß sie andere, die Dritten, ausschloß. Ich dachte, sie wiederhole öffentlich die Urszene, wobei die anderen, die deutschen Kolleginnen und Kollegen als drittes Objekt – quasi als Kind – ausgeschlossen wurden und sprachlos einem Drama zuschauen mußten, das sie nicht begriffen, weil sie ja der Sprache der Erwachsenen, der persischen Sprache in diesem Falle, nicht mächtig waren. Die Patientin sprach ein ausgesprochen gutes und gewähltes Persisch, das leicht erotisiert und verführerisch wirkte. Ich hätte mich gerne mit ihr auf persisch unterhalten, wenn ich nicht die Angst gehabt hätte, ihrer Verführung zu erliegen und die Tabugrenzen zu überschreiten. Deshalb sagte ich ihr, daß ich meine Mitarbeiterinnen und Mitarbeiter nicht auschließen möchte und daß sie ja genügend Deutsch könne und mit mir Deutsch reden solle. Sie sprach mich permanent in persischer Sprache an und brachte mich fast zur Verzweiflung. Nach der Visite inszenierte sie einen akuten Angstanfall, dessen Zeuge ich zufällig war. In einem Gespräch unter vier Augen sagte sie mir, sie wolle regelmäßig zu mir kommen und mit mir in persischer Sprache reden, um sich aufzutanken. Allein ich wäre in der Lage, ihre Situation und ihre Not zu verstehen. Sie wollte mir die Hand küssen, wie man dem älteren, dem Patriarchen die Hand küßt, weil sie mich eben sehr schätzte und sehr liebte. Sie selbst habe aber den Eindruck, daß ich sie nicht schätze und sie hinauswerfen wolle, weil sie sich als moderne Perserin anziehe, europäische Kleidung anlege und sich so intensiv herausputze. Das verstoße ja gegen die Sitten. Im nächsten Moment sprach sie von persischen Mullahs, die auch gepflegte und geschminkte Frauen nicht mochten und eliminierten. Auf die Frage, warum sie mit ihrem Therapeuten nicht spreche, sagte sie: »Es sind Dinge, die ich einfach nicht diesen jungen deutschen Männern erzählen kann. Ich darf ohne Ihre Erlaubnis diese Dinge nicht erzählen, weil Ihr Assistent Ihnen nachträglich alles erzählt und Sie werden es mir übel nehmen, wenn Sie erfahren, was ich über meinen verstorbenen Mann und die persischen Männer im allgemeinen gesagt habe. Es wird für Sie beschämend sein und Sie werden mich deshalb noch weniger lieben und würden mich verstoßen.« Sie bat mich um ausdrückliche Erlaubnis, mit meinem Assistenten reden zu dürfen und sich von ihm körperlich untersuchen zu lassen. Auf meinen Einwand, sie sei ja eine aufgeklärte iranische Frau, die jahrelang in einer leitenden Stellung erfolgreich Geschäfte gemacht habe und auch häufiger im Ausland gewesen sei, reagierte sie mit Verwunderung. Sie sagte mir, sie habe sich die ganze Zeit geweigert, mit dem Assistenten zu reden, weil sie meine ausdrückliche Erlaubnis dazu haben wollte. Ich sei ein angesehener Mann, sozusagen der Älteste in der Familie, ein Mann, der geschätzt werde und ohne dessen ausdrückliche Erlaubnis sie nichts unternehmen wolle. Sie sei mit Herz und Seele eine Perserin und liebe die persischen Sitten. Sie sah keinen Widerspruch darin, daß sie einerseits wegen der Mullahs und deren patriarchalischen Herrschaft ihr Land verlassen hatte, andererseits aber hier im Ausland einem anderen Patriarchen – in diese Rolle hatte sie mich ja hineinmanövriert – gehorchen und ohne dessen Erlaubnis nichts sagen und tun wollte. Sie betrachtete mich als Familienoberhaupt, als den Ältesten in der Familie meiner Mitarbeiter und begrüßte mich mit entsprechendem Respekt, wahrte die Etikette und wollte mir auch beim Abschied die Hand küssen. Damit erwies sich die Patientin trotz aller Aufklärung mit der Tradition der islamisch-iranischen Kultur identifiziert.

Ich möchte hier auf jene Irritationen hinweisen, die im Sinne von Gegenübertragungsschwierigkeiten bei meinem Assistenten und später bei mir selbst auftraten und sich in Verwirrtheit bei beiden, Ohnmacht und einem Gefühl von Entwertet-Sein bei meinem Assistenten manifestierten. Durch ihr Agieren versuchte die Patientin ihren kulturellen Hintergrund darzustellen und die damit verbundenen Affekte der Faszination von der Macht und der Gewalt des Patriarchen zum Ausdruck bringen. Sie wollte ihre Ambivalenz ihrer eigenen Kultur gegenüber in meinem Assistenten, teilweise auch in mich deponieren, in der Hoffnung, wir würden sie verstehen und ihr helfen, ihre gebrochene Identität zu überwinden, die ihrerseits Ausdruck eines Kulturschockes war; ein Kulturschock, der provoziert wird, wenn eine vordergründig aufgeklärte und westlich orientierte Iranerin mit der Wirklichkeit der abendländischen Kultur konfrontiert wird. Sie wollte in meinem Assistenten den Patriarchen provozieren, der über sie Macht ausübt und sie unterwirft, z. B. in der Weise, daß er sie hinauswirft, weil sie ihm nicht gehorcht, ihn entwertet und wütend macht. Sie wollte damit das altvertraute, ihre orientalische Kultur, in deren Regeln sie sich auskannte, reinszenieren. Ihr Verhalten war Ausdruck des kulturell Unbewußten, das nicht nur in ihr selbst, sondern vermutlich auch in dem europäischen Untersucher schlummerte als eine zutiefst verdrängte Triebregung, die Frau zu beherrschen.

Hans Bosse (1994) erlebte bei seinen ethno-psychoanalytischen Untersuchungen der Jugendlichen in Papua-Neuguinea durch die Begegnung mit der fremden Kultur einen heftigen Zustand von Verwirrung, Lähmung, Unbehagen und emotionaler Aufgewühltheit. Im Rahmen einer späteren Analyse konnte er diesen Zustand als Ausdruck der Begegnung mit dem kulturellen Unbewußten diagnostizieren, mit jenem tief verdrängten, kulturell verankerten mythischen Mord an den Söhnen, der auch im Unbewußten des europäischen Forschers schlummert. Die emotionale Sperre bestand darin, daß das eigene Unbewußte und das Ich des Forschers bereits überlastet waren. Die fremde Kultur brachte jene Bedürfnisse und Wünsche, Phantasien und Gefühle in ihm zum Leben oder reaktivierte sie, die er bis dahin nicht hatte zur Geltung bringen, nicht im Bewußtsein zu lassen und bearbeiten können. (S. 72)

Wie Bosse bei den Jugendlichen in Papua-Neuguinea beobachtet hatte, war auch bei unserer Patientin der kulturelle Widerstand mobilisiert worden, weil Traditionen der Ehre und der Schamvermeidung angesprochen und die Patientin die Aufforderung des Therapeuten, sie möge ihm alles so frei wie möglich erzählen, als Verstoß gegen die Normen ihrer eigenen Herkunftskultur gegenüber einer fremden Person erlebt hatte, der sie aufgefordert hatte, mit ihm über anstößige, intime Phantasien und Bedürfnisse zu sprechen. Bosse weist darauf hin, daß der Widerstand des Patienten in diesem Fall als ein Versuch zu verstehen ist, zu verhindern, daß das »kulturelle Unbewußte« im Laufe der Behandlung bewußt wird (vgl. S. 73).

Der Forscher gerät, nach Bosse, in eine tiefe kulturelle Identitätskrise, wenn er in einer fremden Kultur zu forschen beginnt, in der archaische und primitive Ängste, Wünsche und Phantasien offen thematisiert werden. Ähnlich ging es meinem Assistenten. Ich selbst war vermutlich deshalb so sehr verwirrt, weil ich nicht wahrhaben wollte, daß die aus meiner frühen Sozialisation mir gewissermaßen vertrauten Wünsche und Phantasien durch jahrzehntelangen Aufenthalt in Europa nicht eliminiert waren. Daß sie so rasch angesprochen und wirksam werden konnten, hatte auch mich in einen, wenn auch kurzfristigen, Zustand der Verwirrtheit versetzt. Vermutlich hatte unsere Patientin mittels des interaktionellen Anteils ihrer projektiven Identifizierungen uns veranlaßt, ihrem Bild von Männern und von Vätern zu entsprechen und sich gemäß dieser Vorstellungen zu verhalten. Vordergründig aufgeklärt und emanzipiert, sehnte sie sich danach, in der fremden Umgebung der Klinik eine ihr vertraute Situation wieder herzustellen, um sich orientieren zu können.

Kasuistik 8:

Die 41-jährige, sehr hübsche Iranerin, eine Asylantin, die sich seit Ende 1988 in der Bundesrepublik Deutschland aufhält, suchte die Klinik auf, weil sie 4 Monate nach ihrer Übersiedelung in die Bundesrepublik angefangen hatte, in den Kaufhäusern Gegenstände zu stehlen, die sie nicht brauchte. Sie war wiederholt auf frischer Tat ertappt worden. Als Wiederholungstäterin bekam sie eine Gefängnisstrafe, die sie hätte antreten müssen, wenn sie sich nicht in Behandlung begeben hätte. Als sie in die Bundesrepublik kam, war sie in der zweiten Ehe mit einem iranischen Mann verheiratet, den sie zurückließ mit dem Versprechen, er könne später nachkommen. Sie war der Einladung ihres ersten geschiedenen Mannes gefolgt, den sie noch immer innig liebte. Dieser, ein ehemaliger Fernseh- und Funkredakteur, litt an einer metastasierenden Krebserkrankung. Die Patientin war schockiert, als sie ihn in einem erheblich reduzierten Zustand vorfand. Sie pflegte ihn, obwohl er erneut verheiratet war. Vier Monate nach ihrer Ankunft in Deutschland starb dieser Mann. Einige Tage darauf stellte sich das Symptom der Kleptomanie ein. Hier in Deutschland lernte sie bald einen jüngeren Mann kennen, mit dem sie eine gemeinsame Wohnung bezog und von dem sie schwanger wurde, obwohl sie noch immer mit ihrem zweiten Ehemann verheiratet war. Sie erreichte es, daß dieser Mann sich in ihrer Abwesenheit scheiden ließ und heiratete den dritten jüngeren Mann. Sie ist fünffache Mutter. Ihren erstgeborenen Sohn, der sie an ihren ersten Mann erinnert, liebt sie innig und zärtlich.

Während alle anderen Patienten maximal alle vier Wochen nach Hause fahren dürfen, vereinbarte ich mit ihr, daß sie jede zweite Woche ihre Familie besucht, damit sie ihre fünfjährige Tochter versorgt. Sie hielt sich jedoch an die Zeiten nicht und kam regelmäßig einige Stunden später zurück. Sie bedrängte mich, jedes Wochenende Heimurlaub zu bekommen, da sie nicht mitansehen könnte, wie ihre Tochter unter der Trennung litt. Als ich diesem Wunsch nicht nachgab, bekam sie akute Angstanfälle, wobei sie bei offener Tür im Bett blieb, kein Wort wechselte, still vor sich hin weinte, zu den Mahlzeiten nicht erschien und auch die Termine bei mir nicht wahrnahm. Diese Verhaltensweisen der Patientin erlebte ich als einen Akt der Revolte gegen mich, den Leiter der Abteilung, den sie als einen Patriarchen, als einen Alleinherrscher erlebte, der ihr willkürlich Grenzen setzte. Ihre Kleptomanie, die kurz nach dem Tode des ersten Mannes auftrat, begreife ich nicht nur als Ausdruck der Suche nach einem verlorengegangenen geliebten Objekt, sondern auch als Ausdruck ihrer Revolte gegen das Gesetz, gegen die von außen ihr aufgezwungenen Rahmenbedingungen, freilich an einem untauglichen Objekt. Sie selbst verglich ihre Erregung bei den kleptomanischen Handlungen mit dem lustvollen Schmerz, den sie bei der Geburt ihrer Kinder erlebt hatte.

Der Geburtsschmerz ist das zentrale Erlebnis für die Frau, wie der Psychologe Eduard Spranger in seiner »Psychologie der Geschlechter« (in Schimmel 1995) feststellt. Schmerz ist aber nach der iranisch-islamischen Mystik die Voraussetzung für die seelische Läuterung, ohne die man den Rang des wahren »Gottesmannes« nicht erreichen kann. Er steht im Mittelpunkt vieler Sufi-Legenden und -geschichten (Schimmel 1995, S. 95).

Von Bedeutung ist, daß die Patientin trotz ihrer langjährigen Aufenthaltszeit in Deutschland kein Wort Deutsch gelernt hat. Daß sie die fremde Sprache nicht hat lernen wollen, ist nicht nur Ausdruck ihres unbewußten Schuldgefühles, ihre Lieben und ihre Heimat verlassen zu haben, sondern auch Ausdruck ihres Protestes gegen die patriarchalische Gesellschaftsordnung in ihrem Land und gegen eine ihr fremde Ordnung, die sie zu begreifen sich widersetzt, weil sie letztlich zurückkehren will, aber nicht kann. Das Verletzen der Rahmenbedingungen führt aber in der Klinik dazu, daß sie sich der Gefahr einer Strafe aussetzt, der Gefahr einer vorzeitigen Entlassung. Damit mobilisiert sie in mir jenen männlichen Usurpator, dem sie durch Migration entflohen ist. Auf diese Weise will sie den unbewußten Anforderungen ihres sadistischen Über-Ichs Genüge tun und die Schuldgefühle der Migrantin und der Ehebrecherin niederhalten. Eine ähnliche Funktion hat ihre Kleptomanie. Sie dient der Befriedigung der unbewußten Schuldgefühle.

Kasuistik 9:

Vor einem Jahr tötete ein 43-jähriger iranischer Musiker, der seit 8 Jahren als Emigrant in der Bundesrepublik lebt, auf offener Straße gegen Mittag seine um sechs Jahre jüngere Frau, die ihn zwei Jahre zuvor verlassen hatte, mit 27 Stichverletzungen und verletzte ihren Liebhaber, einen 22-jährigen iranischen Studenten, der sich seit seinem 13. Lebensjahr in der Bundesrepublik aufhält, lebensbedrohlich.

Er war das jüngste von acht Kindern und das einzige Kind aus der Ehe des Vaters mit der Mutter. Der Vater starb, als er elf Jahre alt war. Die Mutter heiratete bald darauf und ließ den Jungen allein. Nach einem Jahr mußte er die Schule aufgeben, um seinen Lebensunterhalt zu verdienen, weil er, wie er heute meint, sich nicht von seinen älteren Halbbrüdern abhängig machen wollte. Später wurde er Musiker, spielte auf einigen Instrumenten und sang in Kneipen und Nachtbars Schlager und volkstümliche Lieder und machte auf diese Weise sein Glück. Er heiratete eine entflohene junge Frau aus einer nordöstlichen Provinzstadt Irans, mit der er drei Kinder hatte. Nach der islamischen Revolution gab er dem Drängen seiner Frau nach und kam als Asylant in die Bundesrepublik. Seine Frau war zum vierten Mal schwanger. Die Familie wurde in Bayern in einem Asylantenheim untergebracht. Durch das Asyl hatte er sein ganzes Vermögen verloren, auch seine Eigentumswohnung in Teheran.

Den Verhältnissen im Heim konnten sich die Eheleute nicht anpassen. Sie fühlten sich schickaniert, verfolgt, von der Heimleitung im Vergleich zu anderen Asylanten schlechter behandelt. In der Hoffnung, das Asylverfahren zu beschleunigen, entschlossen sie sich, Christen zu werden, obwohl sie wußten, daß ein Austritt aus dem Islam nicht möglich ist. Sie ließen sich taufen und wurden offiziell evangelische Christen. Nach der Anerkennung des Asylverfahrens siedelten sie nach Norddeutschland um. Hier wurden sie von ihren Landsleuten verachtet, weil sie sich hatten taufen lassen. Die iranische Gemeinde in der Stadt nahm die Familie nicht ernst, obwohl sowohl er als auch seine Frau in der Hoffnung auf Anerkennung politisch aktiv wurden. Insbesondere nahmen Landsleute ihnen übel, daß sie sogar ihr viertes Kind, das nach ihrer Anerkennung als Asylberechtigte geboren war, hatten taufen lassen. Wegen einer schweren, langwierigen Wirbelsäulenoperation war die Frau über ein Jahr bettlägerig und wurde von ihrem Mann gepflegt. Später behauptete sie, er habe sie auch während dieser Zeit, als sie im Gipsbett lag und Schmerzen hatte, sexuell zunehmend bedrängt. Nach der Operation führte sie ein für seinen Geschmack abschweifendes Leben. Sie schminkte und kleidete sich sehr auffällig. Über ihren Mann lernte sie schließlich den 22-jährigen iranischen Studenten kennen, mit dem sie sich anfreundete. Sie zog bald aus der gemeinsamen Wohnung aus, ließ ihren Mann mit den Kindern alleine und nahm sich mit Hilfe ihres Freundes eine eigene Wohnung.

Es entwickelte sich jetzt ein unglaubliches Eifersuchtsdrama, an dem beide Eheleute und der jüngere Mann Anteil hatten. Täglich schrieb er ausführliche Liebesbriefe an seine Frau, schickte ihr Rosen, stellte ihr nach, hielt sich nachts vor ihrem Fenster auf, drang in ihre Wohnung ein, durchsuchte ihren Briefkasten, schaltete die iranischen Verwandten ein, damit sie zwischen ihm und der Frau vermittelten. Auf offener Straße kam es zu Beschimpfungen, wobei seine Frau die Liebesangebote und seine Bitten, zu ihm und den Kindern zurückzukehren, zurückwies, ihn in der Öffentlichkeit bloßstellte, beschimpfte und entehrte. Obwohl die Frau wiederholt bei der Polizei angegeben hatte, sie habe Angst, von ihrem Mann getötet zu werden, konnte sie es nicht lassen, immer wieder mit ihm Kontakt aufzunehmen und besuchte auch seine öffentlichen Konzerte. Schließlich entführte sie die vier Kinder mit Hilfe einer pensionierten deutschen Religionslehrerin, der Patin ihrer Kinder, und brachte sie in ihrem Haus in Süddeutschland unter. Dies geschah, obwohl nach dem iranischen Recht alle vier Kinder dem Vater gehörten und auch das hinzugezogene deutsche Gericht noch kein Urteil in Sachen des Sorgerechtes gefällt hatte.

Obwohl durch einen Vertrag aus dem Jahre 1929 die iranische und die deutsche Regierung übereingekommen sind, daß das Familienrecht des jeweiligen Ursprungslandes im Gastland bei ihren Staatsbürgern zur Anwendung kommen muß, entschied sich später ein deutsches Gericht, das Sorgerecht der Mutter zu übertragen. Sie fühlte sich aber außer Stande, für ihre Kinder zu sorgen, da sie inzwischen in die studentische Bude ihres Freundes eingezogen war. Sie konnte es nicht unterlassen, in der Öffentlichkeit in Gegenwart anderer iranischer Männer ihren Freund zu liebkosen, zu umarmen und zu küssen, um auf diese Weise ihren Ehemann zu demütigen und seine Eifersucht zu provozieren. Dies alles begründete sie damit, daß sie schließlich in einem freien, demokratischen Land lebe und als emanzipierte Frau das Recht habe, über ihren eigenen Körper zu verfügen. Offenbar fasziniert von der erahnten drohenden Gewalt und um ihre unbewußten Strafbedürfnisse zu befriedigen, konnte sie es nicht lassen, ihn zu provozieren und zu entehren. Er seinerseits fühlte sich betrogen, gedemütigt, in seiner Mannesehre verletzt, zu Unrecht beschuldigt, seines väterlichen Sorgerechtes zu Unrecht entzogen und damit als Mann depotenziert. Schließlich attackierte er auf offener Straße seine Frau und deren Liebhaber, als sie erneut seine Bitten ablehnte, zu ihm zurückzukehren oder zumindest ihm zu gestatten, die Kinder zu besuchen.

Dem Gutachter gegenüber vertrat er die Auffassung, daß er sich letztlich nichts habe zu Schulden kommen lassen. Vielmehr habe er das Recht, für seine Kinder Sorge zu tragen und diese nach seinem Glauben und in der Kultur seiner Ethnie großzuziehen. Zwar betonte er, daß er kein fanatisch-religiöser Moslem sei, er sei aber innerlich davon überzeugt, daß er als Moslem nach religiöser Vorschrift gehandelt und durch die Tötung seiner Frau seine Ehre wieder hergestellt habe. Er wisse zwar, daß in Deutschland

Selbstjustiz verboten sei, daß hierzulande die Eheleute wegen außerehelicher Beziehungen nicht bestraft werden können und daß in Deutschland gewöhnlich die Mutter das Sorgerecht für minderjährige Kinder bekomme. Er sei aber davon überzeugt, daß im Falle eines iranischen Moslems nur das iranische Zivil- und Familienrecht gültig sei und daß er gemäß seiner Kultur gehandelt habe. Nach der Rechtsauffassung seines Landes habe er nichts Widerrechtliches getan, wenn er sich auch schuldig fühle, weil er seine Frau getötet und einen anderen Mann schwer verletzt habe. Zwischen privater Schuld und dem Recht mache er aber einen Unterschied. Persönlich hätte er sich schuldig gemacht, weil er die Mutter seiner Kinder und seine geliebte Frau getötet und einen anderen Mann schwer verletzt habe, er habe aber dabei sich normentsprechend und gemäß der Rechtsauffassung seiner Kultur und seiner Religion verhalten. Deshalb fühle er sich juristisch gesehen nicht schuldig, vielmehr zu unrecht beschuldigt und inhaftiert. Er lehnte es ab, die hiesigen Rechtsauffassungen für sich als Moslem gelten zu lassen. Nur nach dem im Iran geltenden Recht könne er bestraft werden. Deshalb wolle er, falls er freigelassen werde, in den Iran zurückkehren und sich dort der Justiz stellen.

Seine Rechtsauffassungen ließen auf interkulturelle Mißverständnisse schließen, da er die Rechtsauffassungen seiner Ethnie in einer fremden Ethnie zur Geltung bringen wollte. Er war dabei dem inneren Irrtum anheim gefallen, daß er die Rechte seiner Kultur und der kleinbürgerlichen iranischen Mittelschicht, der er entstammte, auch in Deutschland Geltung verschaffen wollte. Er wollte auf diese Weise seine Ehre als gedemütigter Ehemann und gekränkter Vater wiederherstellen in der Hoffnung, seine Selbstachtung wiederzugewinnen, von seinen Landsleuten wieder respektvoll behandelt zu werden und zu verhindern, daß er ihrem Spott ausgesetzt ist. Er wollte jene Gesetze und Rahmenbedingungen wiederherstellen, die sowohl er als auch seine Frau und ihr iranischer Liebhaber durch Nichtbeachtung der Etikette, der Schamschranken und der respektvollen Begegnung verletzt hatten.

Literatur

Alavi, B. (1957): Das Land der Rosen und der Nachtigallen. Kreuz und quer durch den Iran. Berlin.

Ardjomandi, M.E. (1990): Destruktivität und Versöhnung im schiitischen Islam. In: Herdickerhoff, E. et al. (Hrsg.): Hassen und Versöhnen. Psychoanalytische Erkundungen. Göttingen, S. 120–137.

Ardjomandi, M.E. (1993): Der Ausgang des ödipalen Konfliktes im persisch-sprachigen Raum. In: Rohner, R. & Köpp, W. (Hrsg.): Das Fremde in uns, die Fremden bei uns. Ausländer in Psychotherapie und Beratung. Heidelberg.

Ardjomandi, M.E. (1993): Die fremde Kultur der Schiiten. Scham, Schuld und Narziβmus in der psychoanalytischen und psychotherapeutischen Behandlung von Iranern. In: Streeck, U. (Hrsg.): Das Fremde in der Psychoanalyse. Erkundungen über das »andere« in Seele, Körper und Kultur. München.

Ardjomandi, M.E. (1994): Vom ausgesetzten Kind. In: Streeck, U. & Bell, K. (Hrsg.): Die Psychoanalyse schwerer psychischer Erkrankungen. Konzepte, Behandlungsmodelle, Erfahrungen. München.

Ardjomandi, M.E. (1995): Die inneren und äußeren Grenzen. In: Bell, K. & Höhfeld, K. (Hrsg.): Psychoanalyse im Wandel. Gießen.

Beeman, W.O. (1986): Language, status, and power in Iran. Bloomington.

Bouhdiba, A. (1980): Der Hammam. Beitrag zu einer Psychoanalyse des Islams. Kölner Zeitschrift für Soziologie und Sozialpsychologie 22, S. 463–472.

Bosse, H. (1994): Der fremde Mann. Jugend, Männlichkeit, Macht. Eine Ethnoanalyse. Frankfurt am Main.

Doulatabadi, M. (1991): Der leere Platz von Ssolutsch. Zürich.

Ehrari, E. (1982): »Gemischte Gefühle« Radiertechniken und Grafiken. Berlin.

Firdausi, A. (beendet 1009): Schahnameh. Kritische Textausgabe. Hrsg. von Bertels. Moskau 1963–1971.

Freud, S. (1939): Der Mann Moses und die monotheistische Religion. in: Gesammelte Werke XVI. Frankfurt am Main.

Grinberg, L. & Grinberg R. (1990): Psychoanalyse der Migration und des Exils. München, Wien.

Halm, H. (1988): Die Schia. Darmstadt.

Herweg, R.M. (1994): Die jüdische Mutter. Das verborgene Matriarchat. Darmstadt.

Kakar, S. (1988): Kindheit und Gesellschaft in Indien. Eine psychoanalytische Studie. Frankfurt am Main.

Küng, H.& van Ess, J. (1994): Christentum und Weltreligionen – Islam. München, Zürich.

Pahlewi, R. (1979): Antwort auf die Geschichte. Die Schah-Memoiren. München, Berlin.

Paret, R. (Übersetzer; 1986): Der Koran. Kommentar und Konkordanz. Stuttgart.

Rypka, J. (1959): Iranische Literaturgeschichte. Leipzig.

Sahebjam, F. (1992): Die gesteinigte Frau. Hamburg.

Schimmel, A. (1992): Mystische Dimensionen des Islam. Die Geschichte des Sufismus. München.

Schimmel, A. (1995): Meine Seele ist eine Frau. Das Weibliche im Islam. München.

Schlerath, B. (Hrsg.) (1970): Zarathustra. Darmstadt.

Sinoué, G. (1994): Die Straße nach Isfahan. München.

Stein, H. (1993): Freuds letzte Lehre oder Eros und die Linien des Affen Aziut. Heidelberg.

Vázquez-Figueroa, A. (1990): Tuareg. München.

Widengren, G. (1961): Iranische Geisteswelt von den Anfängen bis zum Islam. Baden-Baden.

»Ich hab 'n Schlag abbekommen«

Psychodynamische Aspekte in der Therapie von Flüchtlingsfamilien

Hubertus Adam, Joachim Walter und Georg Romer

Die Ambulanz für Flüchtlingskinder und ihre Familien

Seit einigen Jahren unterhält die Abteilung für Psychiatrie und Psychotherapie des Kindes- und Jugendalters des Universitätskrankenhauses Hamburg-Eppendorf eine Spezialambulanz, in der Flüchtlingskindern und ihren Familien ein psychiatrisches und psychotherapeutisches Angebot unterbreitet wird. Hier besteht für externe Zuweiser ebenso wie für die Patienten selbst niederschwellig die Möglichkeit, im Rahmen einer Terminsprechstunde oder in vorgeschalteten interdisziplinären »Fallkonferenzen« einen ersten Kontakt herzustellen. Es ist dann möglich, gemeinsam zu entscheiden, ob der Weg einer Supervision der betreuenden Sozialarbeiterinnen und Sozialarbeiter gewählt werden sollte, ob ein zeitlich begrenztes Beratungsangebot notwendig, eine Krisenintervention oder langfristige psychotherapeutische bzw. psychiatrische Hilfe erforderlich ist. Im Rahmen der psychiatrischen Akutversorgung ist darüber hinaus gewährleistet, daß Patienten in akuten Krisensituationen rund um die Uhr einen Ansprechpartner finden und ggf. auch stationär aufgenommen werden können.

Im weiteren soll anhand einer afghanischen Flüchtlingsfamilie, die in der genannten Ambulanz analytisch-familientherapeutisch behandelt wurde, die Problematik von Konversionsstörungen vor dem Hintergrund von Verfolgung und Flucht diskutiert werden.

Psychodiagnostische und psychotherapeutische Aspekte in der Behandlung von Flüchtlingsfamilien

In der Arbeitsgruppe »Flüchtlingsambulanz«, wurde der sogenannte »Traumawürfel« entwickelt, um auf theoretischer Ebene die beteiligten Prozesse im Zusammenhang von Familie und Flucht sowie Belastungsarten und Bewältigungsformen zu verstehen. Zuvor ist es aber erforderlich, die Genese psychischer Störungen grundsätzlich kurz zu erörtern (siehe Grafik 1)

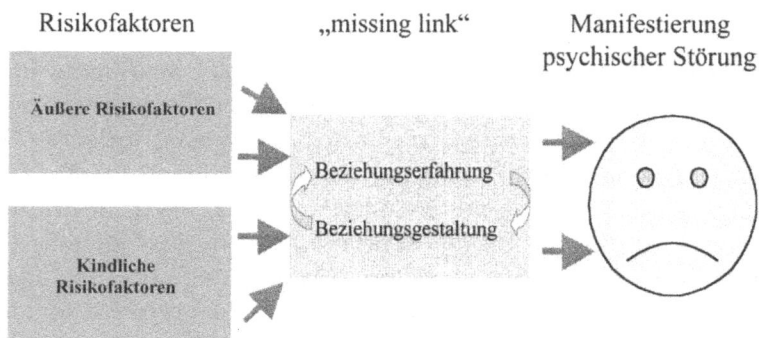

Graphik 1: *Manifestation psychischer Störungen*

Romer und Riedesser (1999) zeigten hier, daß die Beziehungserfahrungen und die Möglichkeiten und Einschränkungen ihrer Ausgestaltung die Manifestation psychischer Störungen mitbestimmen, häufig aber unbekannt sind.

Eine Definition des Begriffs Flüchtling ist schwierig, muß diese doch auf einem Kontinuum basieren, welches sich von der »freiwilligen Wanderung« über »forcierte Migration« bis hin zur »erzwungenen Flucht« erstreckt. Wenn auch eine Definition, ob der einzelne ein Flüchtling ist oder nicht, letztlich immer in der Arzt-Patient-Beziehung zu klären ist (Adam 1993), kann für Flüchtlingskinder und Familien festgehalten werden, daß es sich um Personen handelt, die mehr als den kulturellen Wechsel erfahren haben. Neben den zentralen Beziehungen, die oft gestört wurden, ist auch die äußere Welt in Trümmer zerfallen. Die Kinder und ihre Familien erfuhren, wie kulturelle Werte und Normen sowie Regeln des Zusammenlebens sich radikal veränderten und oft genug ihren Sinn verloren. Die innere Welt fiel ebenfalls in sich zusammen. Die Belastung führte dazu, daß adäquate und vorher oft erprobte Bewältigungsmuster, mit dieser Situation umzugehen, versagten. Flüchtlinge erlebten Krieg, Bürgerkrieg, Verfolgung, Folter und andere Formen struktureller, von Menschen gemachter bzw. geduldeter Gewalt. Viele von ihnen machten traumatische Erfahrungen. Fischer und Riedesser (1999) definierten dabei Trauma als: »Ein vitales Diskrepanzerlebnis zwischen bedrohlichen Situationsfaktoren und individuellen Bewältigungsmöglichkeiten, welches mit dem Gefühl der Hilfosigkeit und schutzloser Preisgabe einhergeht und so eine dauerhafte Erschütterung von Selbst- und Weltverständnis bewirkt.« (S. 351)

Wir halten es für das Verständnis traumatisierter Kinder und Familien für wichtig, nicht nur die symptomatische Ebene zu betrachten, sondern die traumatisierende Umwelt und die individuelle Vorgeschichte wie auch den bestehenden soziokulturellen Kontext mit einzubeziehen. Dies soll an Hand folgender Graphiken verdeutlicht werden:

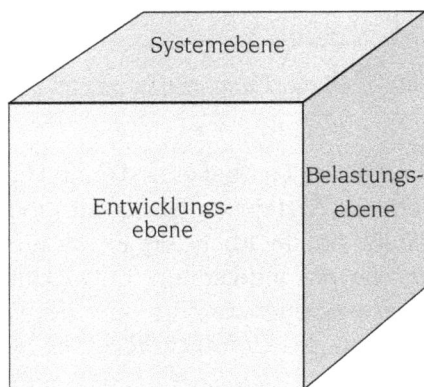

Graphik 2: Entwicklung und Belastung

Die potentiell traumatisierende Situation besteht demnach meist aus sequentiellen bzw. kumulierenden Traumata und trifft auf Menschen, die sich in unterschiedlichen Entwicklungsphasen mit entsprechenden Vulnerabilitäten und Abwehrmöglichkeiten befinden (Walter 1998). Dies muß vor dem Hintergrund traumaunabhängiger Vorgeschichten auf der Systemebene (Individuum, Familie, Gesellschaft) gesehen werden, verbunden mit Stärken und individuellen, familiären und kulturellen Beeinträchtigungen. Jeder bringt dabei seine eigenen Hoffnungen, Wünsche und Erwartungen ein. Die Gesellschaft bzw. Kultur, befindet sich ebenfalls im Umbruchprozeß (Krise, Krieg, Umgang mit Verfolgten und Exilierten).

Detaillierter sähe der Würfel für die individuelle Ebene demnach wie folgt aus:

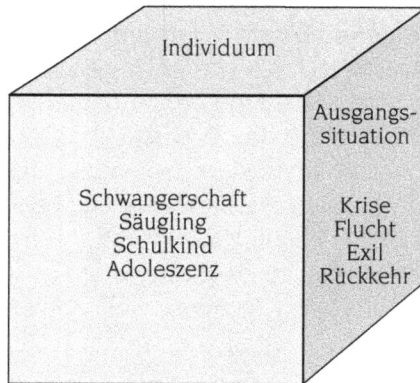

Individuum

Ausgangs-
situation

Schwangerschaft
Säugling
Schulkind
Adoleszenz

Krise
Flucht
Exil
Rückkehr

Graphik 3: »Entwicklungswürfel« bez. des Individuums

Wir sehen hier auf der einen Ebene den Umbruchprozeß dargestellt, der auf der Ebene der Systemkomplexität das Individuum in seiner Ganzheit beeinflußt. Auf der Ebene der Entwicklung kann man dann nachvollziehen, wie die individuelle Entwicklung aber auch die Entwicklung einer einzelnen Familie oder der Gesellschaft durch verschiedene Phasen des Umbruchprozesses (Krise, Flucht, Exil, Rückkehr) beeinflußt.

Schaut man sich die Entwicklungslinien der Familie an, ergäbe sich folgendes Bild:

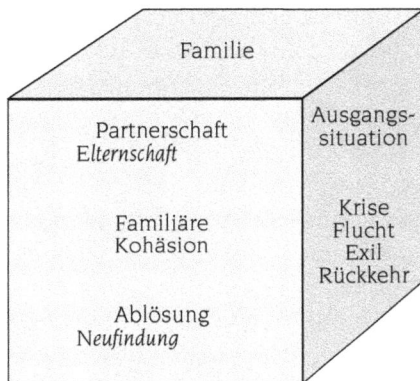

Graphik 4: »Entwicklungswürfel« bez. der Familie

Hier wird deutlich, daß jede Familie unterschiedlichen Phasen von Umbrüchen und Belastungen ausgesetzt ist. So läßt sich bei vielen Flüchtlingsfamilien im Exil nachvollziehen, daß es vor der Flucht eine Krise oder Vorbereitungsphase gegeben hat, in der z.B. überlegt worden ist, ob, wie und wohin die Familie fliehen bzw. migrieren soll. Bei vielen Familien ist die Entscheidung zu Migration oder Flucht Ergebnis einer Bilanzierung der Chancen und Belastungen in der Herkunftsgesellschaft und der – oft auf unzureichenden Informationen beruhenden – Hoffnungen an die Aufnahmegesellschaft.

Cierpka (1996) versteht unter den Phasen der Familienentwicklung zunächst die Schaffung eines dyadischen Konstruktsystems. Wichtigste Aufgabe des Paares ist dabei, nach Willi (1991), die Schaffung einer gemeinsamen inneren und äußeren Welt. Als nächstes wäre die Phase des Übergangs zur Elternschaft zu erwähnen, die viele entscheidende Veränderungen mit sich bringt – Hoffnungen und Erwartungen an die Kinder erlangen schon in der Schwangerschaft Bedeutung, nach der Geburt müssen die Eltern sich in einem langen Prozeß mit dem realen Kind und seinen Möglichkeiten und Begrenzungen auseinandersetzen: ferner die Phase der Triangulierung (zwei Eltern müssen jetzt mit ihrem Kind eine Dreierbeziehung schaffen und ausgestalten) und die ödipale Phase, in der sich die Familie insbesondere mit Ernährung, Versorgung und Erziehung der Kinder auseinanderzusetzen hat. Hier werden die Grundlagen für die Sozialisierung, d.h. die moralische Entwicklung, Abwehrformen und Bewältigungmuster entwickelt. Die weitere Phase wäre die der Familienkohäsion, in der sich das familiäre Beziehungsgefüge stabilisieren muß. Schließlich ist die Phase des Ablösungsprozesses zu nennen, in der die Familie und die Jugendlichen eine Zeit des irritierenden Wechsels zwischen Abhängigkeits- und Ablösungswünschen durchmachen. Jugendliche erleben sich im besten Falle als Akteure, die ihre Umwelt formen wollen und können. Trennungen sind je nach Verankerung der Jugendlichen in der Familie und der eigenen Hilfsbedürftigkeit der Eltern leichter oder schwieriger. Schließlich muß in einer nächsten Phase die Neuformulierung der Beziehungen folgen. Es zeigt sich nun, ob das Familiensystem über genügend Ressourcen verfügt, um den familiären Beziehungen eine neue Grundlage zu geben, Rollen und Entwicklungswünsche neu zu definieren. Der Vollständigkeit halber sollte die letzte Phase, Paare im Alter, erwähnt werden, obwohl bei den Flüchtlingsfamilien die älteren Flüchtlingspaare eher die Ausnahme darstellen.

Bezüglich des familiären Entwicklungsprozesses stellt sich vor dem Hintergrund von Flucht und Verfolgung die Frage, in welcher Phase der Familiengründung diese Zeit der Krise fällt. Es ist hierbei bedeutsam, ob eine junge Familie betroffen ist, die sich noch auf der Ebene der Paarbeziehung befindet und sich mit Kinderwünschen auseinandersetzt oder sich bereits in der Phase der Schwangerschaft befindet. Familien, die vielleicht bereits mehrere Kinder haben, sogar schon Adoleszente, treffen in dieser Zeit unter Umständen andere Entscheidungen bzw. müssen ihre Kinder, je nach Alter, in den Entscheidungsprozeß mit einbeziehen. Auch die Flucht bzw. Migration selbst läuft anders ab, wird anders organisiert und mit den einzelnen Familienmitgliedern anders besprochen, je nach dem, in welcher Phase die Familie sich befindet. Auch die Exilsituation mit ihren spezifischen sozialrechtlichen Aspekten und Bedingungen in der äußeren Welt trifft auf unterschiedliche familiäre Entwicklungsbedürfnisse und -anforderungen. Die potentielle Rückkehr einer

Familie kann wieder unterschiedliche Phasen in der Familienentwicklung betreffen.

Eine wie oben definierte traumatisierende Situation kann aufgrund eines einzelnen, plötzlich und oft unerwartet eintretenden Ereignisses für ein Individuum oder für eine Familie auftreten. Sie kann sich auch als eine Summe von an sich noch nicht zeitgleichen traumatisierenden Einzelsituationen im Sinne des kumulativen Traumas nach Khan (1963) und der sequentiellen Traumatisierung nach Keilson (1979) entwickeln. Derartige Traumata können folgende individuelle Folgen mit sozialen Auswirkungen, die das Familiengefüge erheblich beeinflussen, aufweisen:

- Mißtrauen gegenüber anderen
- Gestörte Unterscheidung von Phantasie und Realität
- Projektive Mechanismen
- Verlust der Beziehung zu Vergangenheit und Zukunft
- Veränderte Impulskontrolle, Empathie und Kommunikationsfähigkeit
- Rachegefühle und Phantasien
- Überanpassung
- Opferidentität, regressives Verhalten, u.U. sekundärer Stigmagewinn
- Transgenerationale Weitergabe

Ob eine Familie mit derartigen Belastungen, wie sie das Erleben von struktureller Gewalt (wie Flucht, Verfolgung) oder auch sozialrechtlicher Belastungen innerhalb des Asylverfahrens in einem Exilland darstellen, bewältigen können, ist u.a. abhängig von folgenden familiären Faktoren:
- Teilen sozialer und physischer Ressourcen
- Empathie
- Fähigkeit zur Kommunikation und Reflexion über das Erlebte und zur kritischen Bilanzierung
- Bedeutungssuche und Symbolisierung
- Adaptation der Beziehungen und Rollen
- Psychische Verfügbarkeit einzelner Familienmitglieder

- Vermittlung bzw. Aushandlung von Normen, Werten, Regeln und Zielen
- Ambivalenz, Toleranz und Konfliktfähigkeit
- Lernen am Modell
- Missionen und Delegationen

Mangelnde oder den Problemen und Konflikten nicht angemessene Lösungsversuche können zu dysfunktionalem Verhalten und ineffektiven oder auf Dauer schädlichen Bewältigungsmustern und zu Symptombildungen führen. Auf der familiären Ebene treten Auswirkungen des »Schweigepaktes« über nicht verbalisierbare Erlebnisse oft in den Vordergrund, auch grenzüberschreitendes Verhalten, Enttäuschung und Zerfallen der familiären Strukturen ist häufig zu beobachten. Symptome treten aber nicht nur auf der Beziehungsebene sondern auch auf der individuellen Ebene auf. In der Ambulanz für Flüchtlingskinder und ihre Familien konnte in den letzten Jahren ein Spektrum von kinder- und jugendpsychiatrischen Erkrankungen gesehen werden, welches weit vielfältiger war als die klassische »posttraumatische Streßstörung«. Dazu waren kinder- und jugendpsychiatrischer Symptome wie Enuresis, Zwangsstörungen, schwere depressiven Entwicklungen, dissoziale Auffälligkeiten, Drogenabusus, selbstverletzendes Verhalten bis hin zu manifesten psychotischen Erkrankungen zu beobachten. Häufiger trat auch eine konversionsneurotische Störung auf, auf die im folgenden näher eingegangen werden soll.

Konversionsstörungen bei Kindern

Als Konversionssymptome werden funktionelle Störungen ohne anatomisch-pathologisches Substrat bezeichnet, die sich in motorischen, sensorischen somatoviszeralen und/oder anderen Funktionsbereichen zeigen können und Ausdruck eines psychischen Konfliktes oder Bedürfnisses sind.

Seelische Konflikte werden als pseudo-neurologische Auffälligkeiten wie Lähmungen, Anfälle oder Schmerzsyndrome (Konversion) oder als körperliche Funktionsstörung (Somatisierung) erlebt und dargestellt.

Zusammenfassend kann man heute von folgenden theoretischen Feststellungen zum Konversionskonzept in Anlehnung an Kößler und Scheidt (1997) ausgehen:

- Es besteht ein unbewußter Konflikt.
- Der Konfliktinhalt kann, muß aber nicht ödipaler Natur sein.
- Es findet ein komplexer Vorgang der Symptombildung statt, an dem unterschiedliche – Abwehrmechanismen und symbolische Prozesse beteiligt sind.
- Für die Entstehung von Körpersymptomen spielen somatisches Entgegenkommen (z.B. Vorerkrankungen) sowie Identifikationsvorgänge mit modellbildenden Bezugspersonen eine Rolle.
- Die Ausbildung von Konversionssymptomen ist nicht in spezifischer oder ausschließlicher Weise an das Vorhandensein bestimmter Charakterstrukturen gebunden.
- Die psychogenen Körpersymptome finden sich überwiegend im sensomotorischen Bereich. Eine Abgrenzung gegenüber den psychosomatischen Erkrankungen im Bereich des vegetativ-autonomen Nervensystems (Somatisierung) ist theoretisch und klinisch begründet.
- Das körperliche Symptom hat Symbolcharakter, es läßt sich als Kompromiß zwischen unbewußter Intension und Abwehr verstehen.
- Unter Somatisierung wird die Verbindung von psychischer Vorstellung und körperlichem Vorgang bezeichnet.
- Das »erfolgreiche« Funktionieren dieser Mechanismen bedingt den primären Krankheitsbeginn (Belle Indifference).
- Im sozialen Kontext kann das Konversionssymptom zu einem sekundären Krankheitsgewinn führen.

Bei sorgfältiger Analyse lassen sich jedoch nach Hoffmann (1996) alle Darstellungen von Konversionskonzepten auf drei grundlegende Determinanten zurückführen:

- eine phänomenale,
- eine kommunikative
- und eine psychodynamische.

Unter der phänomenalen Determinante versteht Hoffmann, daß Konversionsphänomene unter diesem Blickwinkel funktionelle Störungen bestimmter zentral-nervös versorgter Organe sind, ohne hinreichendes, die Symptome begründendes organisches Korrelat. Die Symptome sehen also aus wie körperlich verursachte Störungen, sind es aber de facto nicht.

Die kommunikative Determinante meint insbesondere die körpersprachliche Ausdrucksphänomenologie. Die oft sehr dramatisch wirkenden Störungen lassen sich oft als unmittelbare Symbolisierungen und Konkretisierungen der zugrundeliegenden verinnerlichten Konflikte verstehen. Die Symptome sind aber nicht nur phänomenal (pseudo-neurologische Erscheinungen) und kommunikativ (körpersprachliche Ausdrucksphänomene), sondern auch psychodynamisch zu verstehen, d.h. es handelt sich um Symbolbildungen zur Lösung eines unbewußten Konfliktes. Hoffmann (ebd.) weist dabei insbesondere darauf hin, daß auch massive soziale Konflikte (äußere Konflikte im Gegensatz zu verinnerlichten) eine Konversionssymptomatik bedingen und ausreichend erklären können.

Die Aufspaltung von seelischen und körperlichen Erleben wird von Eggers (1998) als Kern von Konversionssymptomatik gesehen. Angst, Trauer, Verzweiflung, Ohnmacht und Hilflosigkeit sowie Scham und Schuld werden nicht mehr erlebt, sondern in einem körperlichen Symptom zum Ausdruck gebracht. Ödipalen Konflikte mit Kastrationsängsten und rivalisierenden Auseinandersetzungen können in der Dynamik eine wesentliche Rolle spielen. Hier stehen nicht zugelassene und verdrängte inzestuöse Wünsche im Vordergrund, die durch unterschiedliche Abwehrmechanismen wie Verschiebung, Verdichtung und Symbolisierung körpersprachlich zum Ausdruck gebracht werden. Dadurch kann eine subjektive Spannungsabfuhr und Entlastung erlebt werden. Ödipale Phantasien oder Realerlebnisse lagen bei den von Eggers untersuchten Patienten jedoch nicht ausschließlich zugrunde.

Wichtig war auch die Abwehr aggressiver Impulse, wobei aggressive Impulse, die einem Elternteil galten, in Form einer Aggressionsumkehr gegen die eigene Person gewendet wurden und es so zu selbstdestruktiven und autoaggressiven Handlungen kam. Ferner erwähnt Eggers (ebd.) schwere Abhängigkeits- und Ablösungskonflikte.

Diese Abhängigkeitskonflikte sind eng verknüpft mit dem Schulddilemma; das Kind bzw. der oder die Jugendliche strebt nach Unabhängigkeit und Autonomie und fühlt sich schuldig, da er/sie die geliebte Person (Eltern) verlassen muß. Der Jugendliche glaubt, die Eltern zu verraten, da diese es eigentlich nicht zulassen können, daß er sich autonom entwickelt (Trennungsschuld). Dies spielt eine besondere Rolle bei Flüchtlingskindern. Bettelheim wies schon 1963 darauf hin (Bettelheim 1977), daß es schwer ist, sich von Eltern zu trennen, deren Welt in die Brüche gegangen ist. Der Jugendliche realisiert aber andererseits, daß er noch abhängig ist und die Fähigkeiten der Eltern noch nicht erreicht hat. Daher muß sich der Jugendliche schämen (Abhängigkeitsscham). Im Rahmen der Konversionsneurose können diese Gefühle von Schuld und Scham verleugnet und hinter körperlichen Symptomen versteckt werden; auf Kosten hoher psychischer Energie gelingt so zunächst eine scheinbare Konfliktlösung.

Winnicott wies 1976 darauf hin, daß konversionsneurotische Symptome von Kindern eine Organisation von »äußerster Komplexität beinhalten, die wegen ihres Wertes hervorgebracht und beibehalten wird«. Daraus folgt für Eggers (1998), daß niemand berechtigt ist, dem Kind sein Symptom einfach »wegzunehmen«. Eggers weist darauf hin, daß eine »Beseitigung des Symptoms einer Entwertung des Wesens in seiner kreativen Potenz gleich kommt«. Er meint, daß es bei der Behandlung der Konversionssymptome im Kindes- und Jugendalter darum gehe, die beeinträchtigte emotionale und kognitive Entwicklung des Kindes zu fördern und dies nicht nur darauf reduziert werden dürfe, Symptome wegzukurieren. Die Aufgabe des Therapeuten muß es vielmehr sein, eine Art Katalysatorfunktion zu übernehmen, um beim seelisch gestörten Kind dessen autochtone emotionale Entwicklung und Reifung zu fördern. Dazu ist es notwendig, daß sich der Therapeut gegenüber dem Kind wie ein

»Übergangsobjekt« verfügbar macht, zu dem das Kind eine verläßliche und kontinuierliche Gefühlsbeziehung herstellen kann, eine Beziehung, die es ihm erlaubt, frühkindliche Beziehungskonflikte zu bearbeiten, die es an einer gesunden, lebendigen Entwicklung behindert haben.

Falldarstellung

Im folgenden werden die bisherigen theoretischen Ausführungen bezüglich Belastung und Bewältigung im individuellen und familiären Kontext sowie die Hintergründe der Konversionssymptomatik am Behandlungsbeispiel einer Flüchtlingsfamilie aus Afghanistan verdeutlicht.

Familie Bouschemi (anonymisierter Name) aus Afghanistan hat den Weg über Mundpropaganda zu unserer Ambulanz für Flüchtlingskinder und ihre Familien gefunden. Die Mutter kam in die Ambulanz und äußerte den Wunsch, von einem bestimmten Arzt, der ihr empfohlen worden sei, behandelt zu werden. Als das Sekretariat ihr mitteilte, daß dieser nicht zu sprechen sei und sie mit einem Kollegen zufrieden sein müsse, äußerte die Patientin starken Unwillen, willigte aber schließlich ein. Dem Therapeuten zeigte sie hingegen sehr deutlich, daß er ihr eigentlich nicht genüge. Die Patientin induzierte hier schon von Beginn an eine potentielle Spaltung von Wunsch (ihr gewünschten Therapeut) und Realität (Vertretung).

Zur Familiengeschichte: Die Mutter, ungefähr 55 Jahre alt, sprach nur wenige Worte Deutsch, konnte jedoch gestisch und mimisch ihre Wünsche darstellen. Sie kam mit ihren drei Kindern, der älteren Tochter Nadja, 21 Jahre alt, der jüngeren Tochter Leila, 15 Jahre alt, und mit dem jüngsten Sohn Ali, 14 Jahre alt. Später, während der Therapie, kam die Zwillingsschwester der ältesten Tochter, Parwasha, ebenso nach Deutschland, kurz darauf die älteste Tochter Farah, 22 Jahre alt.

Die Familie berichtete zu Beginn, daß sie – wie viele der afghanischen Familien – aus relativ wohlhabendem sozialen Milieu aus Herat nach Pakistan geflüchtet sei und daß der Vater mit zwei, ebenfalls noch älteren Schwestern (Parwasha und Farah) dort verblieben sei, während der Rest der Familie nach Deutschland weitermigriert sei. Man habe befürchtet, daß Ali als einziger Sohn, an den man hohe Erwartungen habe, in Pakistan gefährdet sei. Es habe die Gefahr bestanden, daß er von den Mudjaheddin entführt werde und ein hohes Lösegeld für ihn erpreßt würde. Ferner sei für die Reise der anderen Familienmitglieder nicht genügend Geld vorhanden gewesen.

Symptomträger seien die jüngsten Kinder. Der junge Ali fiel insbesondere dadurch auf, daß er sich in Deutschland dissozial entwickelte und neurologisch nicht erklärbare »Krampfanfälle« entwickelt habe. Er übertrat die Regeln innerhalb der Familie, kam spät nach Hause, kümmerte sich wenig um seine Schule, rauchte, mochte sich dem »Frauengefüge« zu Hause nicht unterordnen und »entfloh« in ein Leben in Cliquen auf der Straße. Dabei schien er sich der ihm am besten zugänglichen jugendlichen Subkultur anzuschließen.

Auch die Schwester Leila äußerte ihre Konflikte in »dramatisierter« Form. Oft mehrfach am Tag traten seit dem Beginn der Erkrankung des Bruders psychogene Anfälle auf. Kinderärztliche und neurologische Untersuchungen erbrachten keine pathologischen organische Befunde. Primäre Indikation zur familientherapeutischen Behandlung waren die Konversionsstörungen bei den jüngsten zwei Kindern. Die familientherapeutischen Sitzungen fanden dreiwöchentlich statt und wurden immer mit derselben Dolmetscherin durchgeführt. Die Dolmetscherin übersetzte insbesondere für die Mutter, die Kinder konnten alle Deutsch verstehen und lernten schnell, Ali sprach als einziger gut Deutsch. Im Rahmen der Therapie sprachen alle Kinder (bis auf die letzte Phase) fast ausschließlich ihre afghanische Muttersprache Dari. Ali grenzte sich deutlich ab, indem er als einziger stets Deutsch sprach und für die Mutter übersetzen ließ.

Wer macht was – Die erste Phase der Therapie:

Die erste Phase der Familientherapie war durch Einhaltung und Bestimmung des Rahmens geprägt. Es ging einerseits darum, daß Ali Regelverstöße beging, daß aber auch die Frauen die ihm gegenüber ebenfalls zu Beginn aufgestellten Regeln übertraten. Sie durchstöberten z.B. seine Sachen, um nach Zigaretten etc. zu suchen, immer mit der Begründung, ihn schützen zu wollen, da er an Asthma leide. Auch im therapeutischen Setting war die Regelübertretung immer wieder Thema. Die Familie kam teilweise bis zu 30 Minuten zu spät, brachte die Überweisungsscheine nicht pünktlich oder erschien unvollständig und getrennt voneinander. Die psychogenen Anfälle von Leila rückten zunächst gegenüber der gemeinsam von »den Frauen« vorgetragenen Enttäuschung über Ali in den Hintergrund, obwohl sie ursprünglich auch für die Mutter die Hauptursache dafür waren, therapeutische Hilfe aufzusuchen. Es war zu Beginn schwierig, den therapeutischen Auftrag zu klären. Erwartungen an das Therapeutenteam waren zunächst unklar und der Auftrag diffus. Trotzdem machte die Familie immer wieder deutlich, daß sie sich dringend familientherapeutische Gespräche wünsche. Es war schwierig, Ali ein geschütztes Gefühl im therapeutischen Setting zu geben.

Die primäre Hypothese zum Beziehungskonflikt war, daß die Familie ohne den strukturierenden Vater in der kulturell fremden Umgebung dekompensiert. Wie oft bei abwesenden autoritären Vätern schien seine Beziehungswirksamkeit von realer Präsenz abhängig zu sein. Seine Funktion schien innerhalb der Familie wenig verinnerlicht. Ali schien einerseits entsprechend den kulturellen Bedingungen als »Kronprinz« der Familie und Stellverteter des Vaters gebraucht zu werden, aber die Frauen mußten befürchten, ihre neugewonnene Macht an einen Mann zu verlieren. Diese auch vom Sohn nicht auszufüllende Rolle wurde dabei den männlichen Therapeuten unbewußt übertragen, wobei immer wieder auch deren ständige Präsenz und Kontrolle gefordert aber gleichzeitig hintergangen wurde. Schon bald wurde allerdings ein wesentliches Dilemma der Familie deutlich. Die Familie versuchte mit dem für sie nur telefonisch anwesenden Vater immer wieder ins Gespräch zu kommen und merkte doch, daß dieser (ambivalente) Versuch scheiterte. Ein telefonisch anwesender Vater vermochte nicht den ausbrechenden Sohn im Zaume zu halten. Auch die Therapeuten mußten letztendlich gegenüber der Forderung nach Präsenz und konkreter Durchsetzung von Regeln versagen. Sie konnten den fehlenden Vater im Hause natürlich nicht ersetzen.

Die zweite Hypothese bestand darin, daß sowohl Ali als auch Leila in sehr ambivalenten ödipalen Beziehungen verstrickt waren. Ali, der meist bei der Mutter schlief, da er nächtliche Ängste hatte, wurde von dieser gleichzeitig idealisiert und abgewertet. Leila wünschte den Vater als Strukturgeber. Sie schien ihn sich aber auch durch verführendes Verhalten nahehalten zu wollen. Dafür sprach, daß alle Mädchen offenbar deutlich um die Zuwendung der Therapeuten konkurrierten.

Die Mutter, die immer in sehr leisem, depressivem Tonfall nuschelnd berichtete, daß sie ja »so dankbar« dafür sei, daß es Therapeuten gebe, die sich ihrer und ihrer Probleme annähmen, schien aber auch zu bemerken, daß sie mehr und mehr in den Mittelpunkt rückte und Autorität und Macht ausüben müßte. Dann würde aber der von ihr nach außen hin zumindest als vermisst dargestellte Vater ersetzbar werden. In dem Moment, wo sie mehr Macht und Autorität übernehmen würde, wäre der Vater nicht mehr notwendig. Sie übernahm keine Verantwortung, versuchte während dieser Phase die Therapeuten durch Lob in dieser Rolle festzuschreiben. Aber die Dissozialität des jüngsten Sohnes nahm zu und führte dazu, daß der Vater gerade dadurch, daß dieser Wunsch an die Therapeuten nicht erfüllbar war, zwar real abwesend, aber doch ständig präsent war. Die Dissozialität erfüllte somit ihren Zweck.

Ich falle – Die zweite Phase

Leila zeigte vermehrte Symptome. Teilweise mehrfach täglich bekam sie Anfälle, sank dabei in sich zusammen, lag mehrere Minuten lang nahezu bewußtlos auf dem Fußboden im heimatlichen Wohnzimmer, aber auch in der Schule auf dem Schulhof. Dann versammelte sich die Familie um sie, um ihr zu helfen. Auch im therapeutischen Setting ereigneten sich derartige Anfälle. Kurze Zeit nach Ankunft der beiden anderen Schwestern litten diese ebenfalls an Kopfschmerzen. Auch Parwasha erlitt bald darauf psychogene Anfälle, sie fiel innerhalb der Wohnung hin, legte sich auf die Couch im Wohnzimmer und demonstrierte, wie schlecht es ihr ging. Mehrmals waren Einsätze des Rettungswagens erforderlich, es kam zu einem erneuten zehntägigen stationären Aufenthalt von Leila.

Im therapeutischen Verlauf entstand in der Gegenübertragung der Therapeuten zunehmend das Gefühl, auf der einen Seite sehr notwendig zu sein und gebraucht zu werden, auf der anderen Seite immer wieder auch hilflos gemacht zu werden. Die Verbalisierung dieser Hilflosigkeit ermöglichte es, auch mehr über die traumatisierenden Situationen der Familie ins Gespräch zu kommen. Die Familie erinnerte sich schließlich, als diese Thematik angesprochen werden konnte, an Situationen in Kabul. Für Monate waren sie in einem Keller eingeschlossen, mußten miterleben, wie der Nachbar durch einen Raketenangriff starb. Auch in den eigenen Keller schlugen während heftiger Gefechte zwischen den afghanischen Bürgerkriegsparteien (ca. 1992) Geschosse ein. Nur durch großes Glück sei niemand verletzt worden. Die Enttäschung darüber, daß der Vater in dieser so schwierigen Zeit nicht mehr anwesend war – als Kaufmann war er in Indien unterwegs – wurde angesprochen. Verlassenheit, Enttäuschung und Wut auf den Vater, der sich in Sicherheit gebracht und die Familie verlassen hatte, wurden verbalisiert. Es war eine Phase, in der die Familie zwischen den Terminen anrief, von den Schwierigkeiten berichtete und versuchte, mehr Therapiestunden zu bekommen.

Der haltlose Vater – Die dritte Phase

Erst allmählich war es therapeutisch möglich, den Vater mehr und mehr in den Mittelpunkt der Stunden zu rücken. Erst nach mehreren Anläufen gelang es, zu erreichen, daß die Familie ein Bild des Vaters mit in die Stunde brachte und für ihn ein Stuhl reserviert wurde. Statt des von den Therapeuten erwarteten größeren Portraits wurde ein kleines Paßbild eines älteren grauhaarigen Mannes achtlos an den Rand des Tisches gestellt. Die Erinnerungen wurden aber konkreter, die Familie begann, biographische Einzelheiten vor der Flucht nach Deutschland zu berichten. Dabei wurde die Ambivalenz gegenüber dem Vater greifbarer.

Einmal sei der Vater von einer Geschäftsreise nach Hause gekommen. Leila habe an diesem Tag eine Fensterscheibe zerschmissen. Der Vater sei sehr böse gewesen und hätte die Kinder sicherlich geschlagen, vielleicht auch seine Frau. Beim Erzählen dieser Situation war es im therapeutischen Setting deutlich spürbar, wie die Familie sich damals wie heute zusammenschloß. Sie kicherten, als sie davon berichteten, wie sie dem Vater eine Lügengeschichte aufgetischt hätten, um so Leila, aber auch alle anderen Familienmitglieder, zu schützen. Erstmalig wurde die deutliche Ambivalenz gegenüber dem Vater klar benannt. Es wurde das Familienproblem deutlich, einerseits Angst vor dem Vater zu haben und andererseits der Wunsch nach dem strukturgebenden Vater. Es entstand ein hysterischer Modus von Wunsch und Wunschabwehr.

Noch in Pakistan und in Afghanistan war der Vater zumindest immer wieder real präsent. Im Exil hätte er in der Vorstellung der Familie als internalisiertes, regelndes Objekt repräsentiert werden können, dies schlug aber fehl. Er wurde zum unnützen alten Mann, der die Familie oft genug im Stich gelassen habe. Dadurch, daß jeder seine Bilder von und Erwartungen an den Vater einbrachte, fand eine Differenzierung innerhalb der Gruppe der Frauen statt, die sonst fast monolithisch Ali gegenüberstanden. Dies bedrohte aber auch die Kohärenz, die bisher das Überleben ermöglicht hatte. Die Mutter erzählte von einem Ehemann, der auch in der Beziehung haltlos war, schon in Afghanistan fremdgegangen sei. Sie habe ihn als Mann aus einer niedrigeren sozialen Schicht verachtet. Dies war den Kindern zwar oberflächlich bekannt, deutlich ausgesprochen allerdings nicht. Dieses »Wegdriften« des Vaters war von einigen in der Familie unbewußt erwünscht, so von der Mutter und der Tochter Nadja, die sich davon mehr Freiheiten versprachen, andererseits war es aber nicht aushaltbar, insbesondere für Ali. Leila und später auch Parwasha zeigten sich deutlich ambivalent bezüglich des Wunsches, den Vater präsenter zur Verfügung zu haben.

Hier spielte natürlich auch die Rolle des männlichen Beschützers in Kriegssituationen eine große Rolle. Eigentlich wurde vom Vater erwartet, daß er die Familie beschützt, selbst mit »Feuer und Schwert« die Familie verteidigt. Die Abwesenheit des Vaters löste auch hier ambivalente Gefühle aus, freute sich die Familie einerseits darüber, den Vater in Sicherheit zu wissen, vermisste sie andererseits den Beschützer und Kämpfer.

Alleinsein – Die vierte Phase

In dieser therapeutischen Phase wurde die Regression der Familie deutlicher. Es ging vermehrt um Müdigkeit, Trauer, um ungestillte Bedürfnisse, Gefühllosigkeit und Unglück, häufig auch in dieser Zeit festgemacht am Fastenmonat Ramadan, der an die Regeln der Vergangenheit erinnerte. Auch hier wurde deutlich, daß die Krankheiten in der Familie dazu genutzt werden, die Regeln nicht befolgen zu müssen. Es wurde im Sinne einer nostalgischen Depression der Verlust des – aus der Entfernung im Sinne einer positiven Illusion verklärten – rettenden guten Vaters für die Familie spürbar. Jeder schien in dieser Phase nur noch Kraft für sich zu haben und der Vater wurde eigentlich sehr benötigt. Leila hatte diese Kraft z.T. nicht, mußte sich dahingleiten lassen, sich hängenlassen, da ihre Bedürfnisse – auch die nach altersentsprechenden Freundschaften mit Jungen – nicht erfüllt werden konnten. Alles war für sie nur anstrengend und zäh. Auch im therapeutischen Prozeß spiegelte sich dieses zähe Warten in mehrfacher Hinsicht. Immer wieder mußte auf die Familie gewartet werden, sie kam zu den Sitzungen meist zu spät. Es war schwierig, einen roten Faden im therapeutischen Prozeß zu finden, wie die Familie drohten auch die Therapeuten immer wieder im Hier und Jetzt, in konkreten kleinen Dingen des Alltags zu versinken. Symptomatische Besserungen waren unzuverlässig. Therapeutisch ging es in dieser Situation darum, zu überlegen, wie weit man die Familie regredieren lassen konnte, wie weit sie auch im therapeutischen Setting Möglichkeiten finden konnte, über das Verlorene zu sprechen und zu trauern.

Es mußte aber auch der Regression eine Aggression entgegengesetzt werden, die Regelübertritte der Familie waren zu ahnden, es blieb festzuhalten, daß das Einbringen von Überweisungsscheinen notwendig ist – auch, um die Regression für die Familie selbst nicht zu bedrohlich werden zu lassen. Die Einsamkeit mußte einerseits für die Familie spürbar werden, betrauert werden dürfen, andererseits mußten auch die äußeren Stützsysteme und inneren Ressourcen der Familie gestärkt werden.

Es wurden Familienskulpturen durchgeführt. Sowohl Ali als auch Leila wurden aufgefordert, die anwesenden Familienmitglieder quasi als Puppen zu benutzen und sie aufzustellen, ihnen dann Leben einzuhauchen, bestimmte Situationen und Gefühle vorzugeben. Als Leila ihre Familie aufstellte und einer der Therapeuten die Position des Vaters einnehmen sollte und sie gefragt wurde, wie sich denn der Vater jetzt fühlen könnte, erlitt Leila einen sehr dramatisch aussehenden Anfall. Sie glitt zu Boden. Sofort waren alle Familienmitglieder, bis auf die Mutter, die neben dem »Vater« auf ihrem Stuhl verharrte, um sie herum und kümmerten sich um sie. Leila legte sich quasi vor den Therapeuten/Vater zu Füßen und ließ sich versorgen.

Ich hab 'n Schlag abbekommen – ein Versuch der Integration

Dies wurde als Ausdruck der konflikthaften Situation von Leila gedeutet. Konfrontiert mit möglichen Gefühlen des Vaters und dessen »realer« Präsenz glitt sie in die Ohnmacht, versammelte damit aber auch die Familie um sich. Sie spürte auf der einen Seite den aggressiven Vater, der sie zu Hause potentiell bedrohte und um dessen Liebe sie – eifersüchtig auf den einzigen Sohn Ali – buhlte, den sie sich aber auch in sexueller, ödipaler Hinsicht in Konkurrenz zu der den Vater ablehnenden Mutter sehr nahe wünschte. Dieser andere Vater war ein über die Trennung trauernder, schwacher Vater, den man nicht alleine lassen durfte, der Schutz benötigte. Die Verweigerung dieses Schutzes führte zu einem enormen Schuld- und Schamgefühl.

Konfrontiert mit diesem inneren Konflikt legte sie sich ihm vor die Füße. Sie erinnerte, daß sie auch ganz real vom Vater »'nen Schlag gekriegt« hatte. Ferner hatte aber auch die Familie einen Schlag dadurch abbekommen, daß sich der Vater immer dann entzog, wenn es schwierig geworden war und er eigentlich hätte helfen müssen. Die äußeren Bedingungen im Exil, insbesondere die beengte Wohnsituation, wurden ebenfalls als beschämender Schlag (Kulturschock) empfunden. Unbewußt machte Leila aber auch im übertragenen Sinne ein »sexuelles Angebot«, indem sie sich »ohnmächtig« und damit auch »schuldfrei« vor den Therapeuten-Vater hinlegte.

In der Folge wurde aber deutlicher, daß das Erhalten eines Schlages, als der der Vaterverlust empfunden wurde, auch stärkende Kräfte wecken könnte. Dafür durften aber keine Mythen mehr aufrecht erhalten werden. Klarer wurde, daß man aus Pakistan eigentlich auch vor dem Vater geflohen war, daß dies vielleicht ausschlaggebender war als die Flucht vor den Mudjaheddin ins Exil, die ja u.a. auch die Flucht war vor einer Gesellschaft, in der Frauen immer mehr in den Hintergrund treten müssen. Es konnte in den letzten Stunden vermehrt das Vaterthema verbalisiert werden, der ambivalente Vater gewann mehr Raum und die Anfälle von Leila hörten zwar nicht auf, nahmen aber in ihrer Bedrohlichkeit und Häufigkeit erheblich ab.

Das Ausnutzen der Therapeuten als Vaterersatzfiguren konnte mehr und mehr als Re-Inszenierung der erlebten Belastungen verstanden werden. Sie, die Familienmitglieder, nutzten die Therapeuten aus, so wie auch sie ausgenutzt und hin- und hergestoßen worden waren.

Zusammenfassung

Es sollte versucht werden, einen Überblick zu geben über die Arbeit innerhalb der Ambulanz für Flüchtlingskinder und ihre Familien. Es wurden bestimmte spezifische Probleme innerhalb von Flüchtlingsfamilien dargestellt und an einem Beispiel eine konversionsneurotische Störung vorgestellt, die nur vor dem Hintergrund solcher Belastungs- und Bewältigungsfaktoren zu verstehen ist, wie sie für Flüchtlingsfamilien typisch sind (Adam et al. 1995).

Wir sehen bei dem Mädchen, daß es hier aggressive Ablösungs- und Trennungsversuche vom Vater und von der Familie gegeben hat. Diese Ablösungskonflikte waren für sie doppelt schwierig: einerseits in den bereits angesprochenem Dilemma zwischen Trennungsschuld und Scham, andererseits aber auch innerhalb des kulturellen Konfliktes. Sie lebt als 15-jähriges Mädchen in der Bundesrepublik und sieht natürlich, wie ihre gleichaltrigen Peers sich hier verhalten können. Sie hat ebenfalls den Wunsch, Freunde zu haben, in Discos zu gehen und wie ein normales, hamburgisches Mädchen zu leben. Sie weiß aber, daß dies die Familie, aber auch der Vater nicht dulden wird und merkt, daß sie auch den Schutz der Familie innerhalb des doch gefährlichen und bedrohlichen Hamburgs braucht. Auch hier ist sie in einem inneren Konflikt zwischen Trennungswunsch und Wunschabwehr.

Weiterhin spielte aber auch der ödipale Konflikt eine enorme Rolle. Es lag ein ödipaler Verschmelzungswunsch mit dem Vater zugrunde, der dadurch erschwert wurde, daß es sich um einen aggressiven Vater handelte. Sie selbst konnte nicht zurückschlagen, sich nicht gegenüber dem Vater wehren und sich letztendlich nicht als eigenständige Persönlichkeit entwickeln.

Möglich war es ihr aber, gemeinsam mit der Familie Hilfe aufzusuchen und in Anspruch zu nehmen. Sie und die Familie als Ganzes konnten davon profitieren und für sich neue Lebensperspektiven erarbeiten. So konnten innerhalb des therapeutischen Rahmens Überlegungen auftauchen, wer zu welchem Zeitpunkt die Familie verläßt und auszieht. Einen »Schlag abzubekommen« impliziert neben der Traumatisierung als eine Seite der Medaille eben auch, daß es »nur« ein Schlag war, den man vielleicht nie vergißt, aber überlebt hat. Wenn es, wie es bei der Familie ansatzweise möglich war, gelingt, die früher erlebten, aber verdrängten Affekte wieder mit dem »Schlag«, dem »Trauma«, in Verbindung zu bringen, ist ein wichtiger Schritt in Richtung Reintegration und »Über-Leben« getan (Adam, Riedesser & Walter 1994).

Literatur

Adam, H. (1993): Terror und Gesundheit – Ein medizinischer Ansatz zum Verständnis von Folter, Flucht und Asyl, Weinheim.

Adam, H., Riedesser, P. & Walter, J. (1994): Wenn das Vertrauen zu Menschen verloren geht. Seelische Probleme des Flüchtlingskindes. In: Welt des Kindes 2, S. 22–27.

Adam, H., Riedesser, P., Riquelme, H., Walter, J. & Verderber, A. (Hrsg.), 1995: Children – War and Persecution, Osnabrück.

Bettelheim, B. (1977): »The Ultimate Limit«. The Free Press of Glencoe (Original 1963).

Cierpka, M. (1996): Handbuch der Familiendiagnostik. Berlin, Heidelberg, New York.

Eggers C. (1998): Konversionssymptome im Kindes- und Jugendalter. In: Praxis der Kinderpsychologie und Kinderpsychiatrie 47, S. 144–156.

Fischer, G. & Riedesser, P. (1999): Lehrbuch der Psychotraumatologie, München, Basel.

Hoffmann, S.O. (1996): Der Konversionsmechanismus. In: Psychotherapeut 41, S. 88–94.

Keilson, H. (1979): Sequentielle Traumatisierung bei Kindern: Deskriptiv-klinische und quantifizierend-statistische follow-up Untersuchung zum Schicksal der jüdischen Kriegswaisen in den Niederlanden. Stuttgart.

Khan, M. (1963). The concept of cumulative trauma. In: Psychoanalytical Study of the Child 18, S. 286–306.

Kößler, M. & Scheidt, C.E. (1997): Konversionsstörungen. Stuttgart, New York.

Walter (1998): Psychotherapeutische Arbeit mit Flüchtlingskindern und ihren Familien. In: Endres, E. & Biermann, G.: Traumatisierung in Kindheit und Jugend. München, Basel.

Romer, G. & Riedesser, P. (1999): Prävention psychischer Störungen im Kindes- und Jugendalter. Perspektiven der Beziehungsberatung. In: Suess, G.J. & Pfeifer W.-K. P. (Hrsg.): Frühe Hilfen. Anwendung von Bindungs- und Kleinkindforschung in Erziehung, Beratung, Therapie und Vorbeugung. Gießen, S. 65–85.

Willi, J. (1991): Was hält Paare zusammen. Reinbek.

Winnicott, D.W. (1976): Von der Kinderheilkunde zur Psychoanalyse. München.

Die »andere Mentalität«

Eine empirische Untersuchung zur sekundären Krankheitssicht türkischer MitbürgerInnen[1]

Michaela M. Özelsel

Die »andere Mentalität« ist in den Massenmedien zu einem Schlagwort geworden, das zur »Erklärung« kulturdifferenten Verhaltens herangezogen wird und – häufig – der Ausgrenzung bzw. Abwertung ausländischer Mitbürger dient. Was versteckt sich hinter diesem vagen Persönlichkeitskonstrukt, das mit den situativen Variablen konfrontiert zu sein scheint? Gibt es die »andere Mentalität« überhaupt? Wenn ja, welche mentalen Variablen sind es denn, die »Ausländer« »anders« machen und die für den klinischen Bereich relevant sein könnten? Ausgeprägte situative Belastungen im Zuge der Migration sind offensichtlich; die Adaptation an eine fremde Kultur, der oft hiermit einhergehende Verlust sozialer Kompetenz, verbunden mit dem Verlust von Heimat, dem sozialen Netz etc. stellen extreme Anforderungen an die Anpassungsfähigkeit der Migranten ebenso wie das »Aufwachsen zwischen den Kulturen« an die zweite und dritte Generation.

In der Therapieforschung rücken soziologisch-systemische Betrachtungsweisen zunehmend in den Vordergrund. Die hierbei untersuchten Persönlichkeitsvariablen (Copingverhalten, soziale Kompetenz, soziale Interaktionsmuster etc.) sind jedoch in starkem Maße kulturabhängig und dürften Anhaltspunkte für die Besonderheiten therapeutischer Erfordernisse ausländischer Mitbürger bieten.

Im Interesse eines friedlichen, gegenseitig bereichernden multikulturellen Zusammenlebens mag es richtig sein, Gemeinsames zu

---

[1] Erstmals erschienen in Verhaltenstherapie und psychosoziale Praxis 26, 349–356 (1994). Der Abdruck erfolgt mit freundlicher Genehmigung des dgvt-Verlages

betonen und das überstrapazierte Schlagwort der »anderen Mentalität« durch differenziertere Betrachtungsweisen zu entschärfen. Geht es jedoch um die therapeutische Interaktion, so wäre gerade die Nichtanerkennung der Andersartigkeit der unter uns lebenden ethnischen Minoritäten ein unverantwortliches Versäumnis. Krankheits- und Gesundheitsvorstellungen beeinflussen maßgeblich den Heilungsprozeß und sind kulturell bedingt. In der kulturvergleichenden Medizin und Psychologie spricht man in diesem Zusammenhang von »primären« und »sekundären« Krankheitsvorstellungen. Mit dem Ersteren ist das bio-medizinische Modell der westlichen Industrienationen gemeint, mit letzterem das kulturell bedingte Glaubenssystem der Patienten, welches mit besagter »anderer Mentalität« in engem Zusammenhang steht (vgl. auch die ethnographische Unterscheidung »ethischer« und »emischer« Betrachtungsweisen).

Kulturdifferente Weltsichten – therapeutisch relevante Variablen

Inwiefern unterscheiden sich nun deutsche und türkische therapierelevante »Wirklichkeiten«? Es sollen im folgenden diesbezügliche Ergebnisse einer empirischen Studie an türkischen Mitbürgern (Özelsel 1990) referiert werden. Die an ihnen erhobenen Daten können nicht für »Ausländer im allgemeinen« gelten. Die Türken sind jedoch nicht nur Deutschlands zahlenreichste Minorität; aus dem islamischen Kulturraum stammend gelten sie auch als die »fremdesten der Fremden« und »prototypische Ausländer«. Es handelt sich also eher um eine Extremgruppe, die jedoch gerade deshalb für das Aufzeigen von Tendenzen nützlich ist und deren Gültigkeit für jeweils andere Ethnien es im Einzelfall zu überprüfen gilt.

Die nach Deutschland migrierten Türken kommen meist aus Gebieten, in denen noch eine weitgehend systemische Sichtweise vorherrscht – die neuerdings hier wieder angestrebt wird. Der einzelne ist wichtig im Sinne seiner Einbettung in die übergeordneten Systeme der Großfamilie und der Nachbarschaft. Im angestrebten Idealfall entsteht durch gegenseitige Ergänzung eine Art »Kollektivwesen«, d. h. eine Gruppe von Menschen wird praktisch zu einem einzigen »kollektiven« Lebewesen. Dieses »kollektive Individuum« schreibt in gegenseitiger Ergänzung seinen einzelnen (Mit-)Gliedern die unterschiedlichen Dimensionen zu, die nach westlicher Sicht des Menschen einen einzelnen Menschen ausmachen. Spezifische Funktionen oder Verhaltensweisen werden weniger durch persönliche Idiosynkrasien als durch festgelegte soziale Rollen bestimmt. Dieses angestrebte Ideal bewußter gegenseitiger Abhängigkeit ist das Gegenteil dessen, was nach westlicher Sicht eine »gesunde, reife Persönlichkeit« ausmacht, d.h. ein voll individuiertes, möglichst autonom handelndes »Einzelwesen«. Das Ziel ist also bewußte systemische Interdependenz statt autarker Independenz.

Status Quo

Schon Mitte der siebziger Jahre zeigte sich, daß der Krankenstand der ausländischen Arbeitnehmer und deren Familien sich dem der Deutschen angeglichen und diesen teilweise überschritten hatte. Die damals noch günstige Altersstruktur und die Tatsache, daß die Anwerbung nach gesundheitlichen Kriterien vonstatten gegangen war, ließen jedoch eine überdurchschnittlich gute Gesundheit erwarten (vgl. auch Ziegeler u.a., 1982). Nationalitätenspezifisch wurde festgestellt, daß türkische Patienten prozentual öfter und schwerer krank sind und länger krankgeschrieben werden als die anderen nationalen Gruppen (Leyer, 1987). Selbst wenn man berücksichtigt, daß »Gastarbeiter« vor allem in Arbeitsbereichen eingesetzt werden, die gekennzeichnet sind durch körperlich schwere und auch gesundheitsschädigende Arbeit sowie durch ein hohes Arbeitstempo, erklärt sich daraus dennoch nicht die unerwartet hohe Erkrankungshäufigkeit bei einer Gruppe mit im Grunde günstigen Voraussetzungen (Ziegeler & Hock 1982).

Nationalitätenspezifisch sind auch bei der diagnostischen Sicherheit große Unterschiede zu verzeichnen: Bei nur 34% der türkischen Patienten, die mit der Überweisungsdiagnose »koronare Herzkrankheit« in die Medizinische Poliklinik Gießen eingeliefert wurden, konnte diese Diagnose (lt. Materialien zum Studentenunterricht, K.R.) bestätigt werden. (Bei den Deutschen galt dies für 75%.) Als eine der Hauptursachen wird (in diesen Materialien, K.R.) die kulturspezifische Symptompräsentation angenommen:»Türkische Patienten mit Koronarer Herzkrankheit dramatisieren, benutzen Körpersprache, wirken klagsam wie manche deutsche Herzneurotiker, während viele deutsche Patienten mit KHK eher bagatellisieren« (Gallisch 1989).

Auch die Behandlung türkischer Patienten erweist sich als außerordentlich schwierig. Selbst bei einem Modellprojekt, welches speziell zu einer Verbesserung dieser Situation konzipiert worden war, zeigte sich, daß es nur in 24% der Fälle zu einer Behandlung kam, die aus mindestens drei Kontakten bestand. Bei 76% kam es schon innerhalb der ersten drei Sitzungen zum Therapieabbruch (Gießener Modellprojekt»Psychosomatische Probleme türkischer Arbeitnehmer und ihrer Familien«, 1987).

Sprachliche Barrieren werden zwar bei längerer Aufenthaltsdauer weniger wichtig für die therapeutische Interaktion. Dagegen geraten die Therapeut-Patient-Beziehung, Motivierungsstrategien, Selbstverpflichtungs-aspekte etc., die sämtlich stark von der Kenntnis und Berücksichtigung einer»anderen Mentalität« abhängen, zunehmend in den Vordergrund. Scheitern diese, kommt auch eine Therapie, die – sprachlich gesehen – durchaus möglich wäre, nicht zustande. Die Annahme, daß diese Problematik durch die Akkulturation der nächsten Generationen automatisch verschwinden würde, ist nicht realistisch. Untersuchungen in den USA zeigen, daß sich kulturdifferente, klinisch relevante Muster über drei bis vier Generationen von Migranten empirisch nachweisen lassen (Schmerzausdruck, paraverbale Unterschiede [beispielsweise Sprechpausen], Präferenz von körperliche Distanz im Gespräch etc.; vgl. Tafoya 1992).

Ergebnisse der empirischen Untersuchung

I. Streßreagibilität

In der Literatur wird immer wieder auf die unerwartet hohe Inzidenzrate psychosomatischer Erkrankungen der türkischen Mitbürger hingewiesen. Es heißt, daß sie »somatisieren«. Hierzu werden Hypothesen aufgestellt wie: »Aufgrund der verbalen Sprachlosigkeit drückt sich das Leid über die Körpersprache aus« oder »es handelt sich um eine Anpassungsleistung an die Organmedizin der westlichen Industrienationen«. In unserer Untersuchung (Özelsel 1990) konnte gezeigt werden, daß Türken bei Streß gleichermaßen zu somatischen und psychischen Reaktionen neigen, während deutsche Probanden fast zweimal so häufig psychisch wie somatisch reagieren. Diese Ergebnisse könnten zum einen die »Somatisierungstendenz« türkischer Mitbürger erklären, zum anderen auch zur kulturdifferenten Symptompräsentation beitragen, die u.a. für die hohe Anzahl von Fehldiagnosen verantwortlich gemacht wird. In Anbetracht der Tatsache, daß es sich bei den Türken offensichtlich um ein ausgewogenes, ganzheitliches Erlebensmuster handelt, wäre es vielleicht richtiger, Hypothesen aufzustellen, die erklären, warum Deutsche »psychisieren« ...

Tabelle 1: Neigung zur psychischen oder somatischen Stressreagibilität

	Deutsche	Türken	F
S-R g	43,39	72,20	17,15***
S-R som	18,38	36,44	20,05***
S-R psych	25,01	35,76	10,28*

N = 115 (Deutsche = 74, Türken N = 41)
* = p<.05, ** = p<.01, *** = p<.001
S-R g   = Gesamt Reagibilitätswert des Situations-Reaktions-Fragebogen
S-R som   1. Subskala: Neigung zu somatischen Reaktionen
S-R psych = 2. Subskala: Neigung zu psychischen Reaktionen

II. Normierungstendenz

Während das Ideal des westlichen Individualismus, wie schon der Begriff ausdrückt, das »Individuelle« ist, also die Idiosynkrasie des einzelnen, gilt in islamischen Ländern das Ideal, so wenig von der gültigen Norm abzuweichen wie möglich (vgl. As Sufi 1986). Ziel ist ein eher »normiertes« Verhalten. Auch ein Sich-Hervortun, das nach westlicher Einschätzung positiv ist, wie beispielsweise außergewöhnliche Leistungen, ist nur dann erwünscht, wenn dies klar der Allgemeinheit dient. Empirisch konnte gezeigt werden (Özelsel 1990), daß diese »Normierungstendenz« so ausgeprägt ist, daß sie weitgehend akkulturationsresistent zu sein scheint (d.h., daß nach Deutschland migrierte Türken erster und zweiter Generation sich auf dieser Dimension nicht von ihren in der Türkei verbliebenen Landsleuten unterschieden). Die Unterschiede zu den untersuchten deutschen Probanden waren so gravierend, daß Deutsche vergleichsweise als Non-Konformisten gelten müssen.

Tabelle 2: Nationalitätenspezifische Social-Desirability-Werte

	D	T BRD	TT	F
ACS-SD	5.21	7.35	7.33	13.17***

N = 218, * = p<.05, ** = p<.01, *** = p<.001
D   Deutsche (N = 154)
T BRD = Türken in der BRD (N = 34), T T = Türken in der Türkei (N = 30)
ACS-Sd = Social Desirability Skala des Attibution-Coping-Fragebogens

---

III. Kausal- und Kontrollattribuierungen

Ein weiterer therapierelevanter »Mentalitätsunterschied« zeigt sich in den Kausal- und Kontrollattribuierungen. Kulturen unterscheiden sich u.a. durch ihren Umgang mit Sanktionen. Eine ethnologisch oft untersuchte Dimension ist der Grad der Internalisierung

der Eigenverantwortlichkeit bezüglich des Einhaltens von Richt-
linien und Verboten, des sog. »Locus of Control«. In internalisie-
renden Kulturen werden die Verhaltensrichtlinien verinnerlicht,
d.h., daß starke Anforderungen an Selbstdisziplin und Gewissen
des einzelnen gestellt werden. Externalisierende Kulturen sorgen
hingegen durch Kontrolle der situativen Faktoren dafür (beispielsweise Geschlechtertrennung im Alltag), daß gegen allgemeingülti-
ge Verhaltensnormen nur unter größten Schwierigkeiten verstoßen
werden kann. Die Türkei zählt – wie auch Teile Südeuropas – eher
zu den externalisierenden Ländern.

Bei Verstößen gegen die Norm werden in externalisierenden
Kulturen somit über Persönlichkeitsvariablen hinaus in starkem
Maße situative Faktoren verantwortlich gemacht. (Das im Westen
wohl bekannteste Beispiel hierfür ist, daß der Verlust der Ehre
eines jungen Mädchens den Verlust des Ansehens der gesamten
Großfamilie zur Folge hat. Es entsteht eine Art Kollektivschuld und
-scham, die erst aus der Logik einer externalisierenden Kultur
verständlich wird; hätten die männlichen Familienmitglieder ihre
Pflicht der sozialen Schutzfunktion »nach außen« verantwor-
tungsbewußter wahrgenommen, hätte der Verstoß nicht geschehen können ...

Die kulturdifferente Sicht der Verantwortlichkeit wird auch in der
Kindererziehung deutlich; beispielsweise gelten kindliche Verstöße
gegen die Norm – wie Lügen oder Stehlen – wohl als Vergehen, nicht
jedoch als Charakterschwäche des betreffenden Kindes. Mehr noch
ist es ein Versäumnis der Älteren, die Situation angebracht zu struk-
turieren (vgl. Schiffauer 1983). Demnach sieht die Kindererziehung
dann auch weniger ein Konzept der Charakterbildung vor, sondern
erwartet ein automatisches Hineinwachsen in die alters-/rollen-
gemäßen Verhaltensnormen, vergleichbar mit dem natürlichen
Wachstumsprozeß einer Pflanze. Diese gesellschaftlichen Normen
werden – im Interesse des Kindes – klar und unzweideutig vertreten,
also autoritär.[2]

---

[2] Schwierigkeiten in deutschen Schulen entstehen oft dadurch, daß türkische Kinder in
      einer auf Einsicht basierenden Erziehungsform keine klaren Grenzen erkennen können
      und diese durch »Testen«, d.h. Überschreiten, herauszufinden bemüht sind.

Hieraus ergeben sich kulturdifferente Kausal- und Kontrollerwartungen und Attributierungen, die in bezug auf Erkrankungen empirisch nachgewiesen werden konnten (Özelsel 1990). Tendenziell gilt, je »östlicher«, um so geringer der Glaube an eigene Einflußmöglichkeiten. Interessant wäre in diesem Zusammenhang die Frage nach Therapieformen, die externalisierende Länder entwickelt haben. Hier liegen weitere lohnende Aufgaben für die ethnopsychotherapeutische Forschung.[3]

IV. Bewältigungsstrategien

Ein weiterer, für den klinischen Bereich relevanter »Mentalitätsunterschied« liegt im Copingverhalten. Die befragten Deutschen bevorzugten Bewältigungsstrategien wie »emotionaler Rückzug« oder »gedankliche Weiterverarbeitung«, während Türken zu »Verharmlosung« und »Bagatellisierung« neigen. Die Unterschiede sind hochsignifikant (Özelsel 1990) und von großer therapeutischer Relevanz. Bei der Mitteilung der Diagnose einer ernsthaften Erkrankung beispielsweise haben Patienten, die zu »gedanklicher Weiterverarbeitung« tendieren, günstige Bewältigungsvoraussetzungen im Umgang mit konkreter Informationsvermittlung. Patienten hingegen, die zur »Bagatellisiesierung« neigen, wird gerade durch explizite Vermittlung der belastenden Information die Möglichkeit genommen, sich ihrer Hauptcopingmechanismen zu bedienen. Eine ausführlichere Vorbereitung und stärkere Einbeziehung des sozialen Netzes erscheint in diesen Fällen erforderlich. Ansonsten kann mit einem circulus vitiosus gerechnet werden; der türkische Patient kann

---

[3] Im islamischen Kulturkreis gibt es beispielsweise das entwicklungspsychologische Konzept der »Erziehung der Nefs«, d.h. der »zum Bösen anstachelnden Seele«, des Egos, welches schon vor Jahrhunderten zu einer weitentwickelten Theorie führte, die in der Komplexität heute Vergleichbares in den Ansätzen von Piaget (1952), oder Kohlberg (1969) findet (Shafii 1985; Özelsel 1993a). Die theoretischen Konstrukte finden ihren praktischen Gegenpol in Interventionstechniken, die in Jahrhunderten empirischer Testung ausgereift sind. Eine äußerst wirkungsvolle Interventionsmethode ist beispielsweise das »Halvet« (Özelsel 1993b). Ausgehend von den bisher vorliegenden Einzelfallstudien müßte untersucht werden, ob – oder aufgrund welcher Adaptation – die alten östlichen Methoden heute in den Industrienationen wirksam sind.

seine erprobten Copingmuster nicht verwenden, ist also momentan vulnerabler. Zugleich glaubt er, wenig oder keinen Einfluß auf den Krankheitsverlauf zu haben, was die erfahrene Hilflosigkeit weiterhin verstärkt. Rückkoppelungsschleifen dieser Art schaffen ungünstige Voraussetzungen bei der Behandlung ausländischer Mitbürger.

1) Schwierigkeiten in deutschen Schulen entstehen oft dadurch, daß türkische Kinder in einer auf Einsicht basierenden Erziehungsform keine klaren Grenzen erkennen können und diese durch »Testen«, d.h. Überschreiten, herauszufinden bemüht sind.

2) Im islamischen Kulturkreis gibt es beispielsweise das entwicklungspsychologische Konzept der »Erziehung der Nefs«, d.h. der »zum Bösen anstachelnden Seele«, des Egos, welches schon vor Jahrhunderten zu einer weitentwickelten Theorie führte, die in ihrer Komplexität heute Vergleichbares in den Ansätzen von Piaget (1952), oder Kohlberg (1969) findet (Shafii 1985; Özelsel, 1993a). Die theoretischen Konstrukte finden ihren praktischen Gegenpol in Interventionstechniken, die in Jahrhunderten empirischer Testung ausgereift sind. Eine äußerst wirkungsvolle Interventionsmethode ist beispielsweise das »Halvet« (Özelsel 1993b). Ausgehend von den bisher vorliegenden Einzelfallstudien müßte untersucht werden, ob – oder aufgrund welcher Adaptationen – die alten östlichen Methoden heute in den Industrienationen wirksam sind.

Tabelle 3: Die 4 Faktoren der Bewältigungsmechanismen des SVF-S

		D	TBRD	TT	F
	1	93	71	56	9.36***
SVF-S	2	66	75	86	7.22***
Faktoren	3	60	66	67	2.01
	4	31	37	37	2.13

N = 111, * = p<.05, ** = p<.01, *** = p<.001
D = Deutsche (N = 56)
T BRD = Türken in der BRD (N = 36), T T = Türken in der Türkei (N = 19)
SVF-S = Stressverarbeitungsfragebogen für Situationen

Fazit

Ausländische Mitbürger sind zunächst und vorrangig Mit-Menschen, die nun einen Kulturraum mit »uns« teilen und den gleichen menschlichen Belangen unterworfen sind wie Inländer. Darüber hinaus weisen sie jedoch eine ganze Reihe empirisch nachweisbarer situativer und persönlicher Besonderheiten auf, deren Nichtbeachtung gerade die Benachteiligung verursachen könnte, die wohl durch Vermeidung des vagen Konstrukts der »anderen Mentalität« verhindert werden soll.

Es ist nicht zu erwarten, daß sich Therapeuten mit den kulturdifferenten, für die Behandlung relevanten Annahmen aller ihrer ethnisch fremden Patienten vertraut machen können. Ganz im Gegenteil entsteht sogar Mißtrauen, wenn der behandelnde Deutsche sich als Experte der Kultur des ausländischen Patienten zu geben sucht – wird doch das zumeist in einigen ethnotherapeutischen Fortbildungen und Kurzaufenthalten im Ausland erworbene Wissen der Komplexität der fremden Weltsicht kaum gerecht werden. Obwohl eine gewisse kulturelle Vertrautheit vieles erleichtert, ist sie meiner Erfahrung nach jedoch keineswegs Voraussetzung für das transkulturelle Arbeiten. Was dagegen unverzichtbar ist, ist die Sensibilisierung für Unterschiede, die Achtung vor anderen Weltsichten und der sich hieraus ergebenden Annahmen. Zeigt der Therapeut echtes Interesse an der Andersartigkeit und akzeptiert er den Patienten als Informanten kultureller Differenz, so verbessert ein solches Vorgehen nicht nur den Rapport, sondern verstärkt auch das oft instabile Selbstwertgefühl der Minoritätsklienten. Ein solches Klima gegenseitiger Achtung und Lernbereitschaft führt zu der Vertrauensbasis, die dem Patienten gestattet, detailliert vieles zu schildern, das sich dann therapeutisch utilisieren läßt.

Wenn es darum geht, den bedrückenden Status Quo der Behandlung ethnischer Minoritäten zu verbessern, so kann dies nicht durch die Gleichbehandlung Ungleicher geschehen. Erst die wertfreie Akzeptanz der Andersartigkeit gestattet eine bewußte Utilisation[4] des

---

[4] Ein Beispiel für die Utilisation magischer Attribuierung (»Böser Blick«) bei der Behandlung einer türkischen Patientin gibt Özelsel (1995).

Fremden, die sowohl Therapeuten als auch Patienten ermöglicht, gemeinsam über die jetzigen Grenzen hinauszuwachsen.

Literatur

As Sufi, A. (1986): Der Pfad der Liebe. München.

Gallisch, M. (1989): Materialien zum gemeinsamen Kolloquium des Zentrums für Psychosomatische Medizin 2/1989.

Gießener Modellprojekt (1987): Psychosomatische Probleme türkischer Arbeitnehmer und ihrer Familien. Zentrum für Psychosomatische Medizin, Universität Gießen.

Kohlberg, L. (1969): Stage and Sequence. In: Goslin (Ed.): Handbook of Socialization. Theory and Research. Chicago.

Leyer, E. (1987): Von der Sprachlosigkeit zur Körpersprache. Erfahrungen mit türkischen Patienten mit psychosomatischen Beschwerden. In: Prax. Psychother. Psychosom. 32, S. 301–313.

Özelsel, M. (1990): Gesundheit und Migration. München.

Özelsel, M. (1993a): Betrachtungen zu östlichen und westlichen therapeutischen Ansätzen – Ähnliches und Unterschiedliches. In: Tucek (Hrsg.): Internationale Gesellschaft für Musikethnologische Forschung 1/93. Wien.

Özelsel, M. (1993b): 40 Tage, Erfahrungsbericht einer traditionellen Derwischklausur. München.

Özelsel, M. (1995): Die Integration einer kulturspezifischen Sichtweise in therapeutische Rituale. Behandlung einer türkischen Patientin. Hypnose und Kognition 12 (1), S. 63–71.

Piaget, J. (1952): The Origin of Intelligence in Children. New York.

Schiffauer, W. (1983): Die Gewalt der Ehre. Frankfurt am Main.

Shafii, M. (1985): Freedom from the Self; Sufism, Meditation and Psychotherapy. New York.

Tafoya, T. (1992): Vortrag anläßlich des »5th International Congress on Ericksonian Approaches to Hypnosis and Psychotherapy«. Phoenix.

Ziegler, G. & Hock, B. (1982): Ein Leben zwischen Anpassung und Isolation. Aspekte von psychischen Erkrankungen bei Gastarbeitern. In: Psychosozial 16, S. 91–111.

Stationäre Psychotherapie von Migranten aus der Türkei

Klaus Rodewig, Fikret Tasyürek, Guido Tietz

1. Einführung

Für 2,1 Millionen türkische Mitbürger in Deutschland (Beauftragte der Bundesregierung für Ausländerfragen: Daten und Fakten zur Ausländersituation, März 1998) gab es bis Anfang 1995 kein spezifisches stationäres Behandlungsangebot. Türkische Kollegen an Krankenhäusern wurden zu zentralen Anlaufstellen für türkische Mitbürger, ohne daß diesen jedoch ein entsprechender Behandlungsrahmen zur Verfügung gestellt werden konnte.

Bei Anamneseerhebungen und präoperativen Aufklärungen wurden Familienangehörige, nicht selten die Kinder oder türkische Hilfskräfte aus dem Reinigungs- und Küchendienst, als Dolmetscher zur Hilfe geholt. Übersetzungsfehler mußten sich einschleichen und häufig konnte man nicht sicher sein, verstanden worden zu sein oder den Patienten in seinem Anliegen verstanden zu haben. Damit zumindest Sachinformationen in der Diagnostik oder als Grundlage therapeutischen Handelns in der somatisch orientierten Medizin vermittelt werden können, sind gerade in Holland Dolmetscherzentren an Krankenhäusern entwickelt worden und auch in Deutschland gibt es zahlreiche Initiativen, die hier systematische Aufbauarbeit fordern oder in Gang gebracht haben. Wenn schon in den somatisch orientierten Disziplinen Fachdolmetscher zur Diagnostik und Therapievermittlung gefordert werden, um wieviel bedeutsamer muß sich das Problem der Sprachbarriere in der Psychotherapie darstellen, wo wir auf die Sprache als zentrales Therapiemedium angewiesen sind. Mangelnde direkte sprachliche Verständigung verliert durch die Einschaltung eines Übersetzers an emotionaler Farbe und Evidenz. Dabei geht es hier nicht nur um die Sprache, sondern auch um non-verbale Kommunikation und das Verstehen szenischen Gestaltens. Dies erfordert neben der sprachlichen auch kulturspezifische Kompetenz. Toker (1998) beschreibt seine Erfahrung mit Dolmetschern unterschiedlicher sprach- und fachpsychotherapeutischer Kompetenz, angefangen von nichtprofessionellen, meist familiären Dolmetschern über professionelle Sprachexaminierte bis hin zu im psychotherapeutischen Sinne semiprofessionell geschulten Dolmetschern wie Medizin- oder Psychologiestudenten, Sozialarbeiter, Krankenpfleger mit bilingualer Kompetenz. Hiernach bleiben beim Einsatz professioneller Dolmetscher mangels fachspezifischen Wissens wesentliche Informationen auf der Strecke, wodurch Befunderhebung und Beratungsarbeit letztlich unbefriedigend verlaufen müssen.

Da man dann auch vorschnell meinen könnte, für die Verständigung alles getan zu haben, wird der mangelnde Erfolg der vermeintlichen Uneinsichtigkeit und mangelnden Compliance des Patienten angelastet.

Für psychotherapeutische Belange kommen deswegen nur fachspezifische oder semiprofessionelle Dolmetscher (Medizin- oder Psychologiestudenten mit bilingualer Kompetenz) in Frage, dennoch treten auch hier z.T. erhebliche Schwierigkeiten auf, die in der mangelnden psychotherapeutischen Ausbildung begründet liegen.

Mit der Beteiligung eines Dolmetscher am Therapieprozeß muß auch seine Bedeutung für die Beziehungsdynamik innerhalb der Therapiesitzung reflektiert werden, denn aus einer dyadischen wird eine triadische Beziehung. Auf dem Deutsch-Türkischen Psychiatriekongreß in Berlin 1998 berichtete ein schweizer Kollege in einem Diskussionsbeitrag, daß in einer psychotherapeutischen Sitzung ein türkischer Dolmetscher so sehr mit seiner Kultur identifiziert war, daß er den Patienten vor Scham bewahren wollte und manche Interventionen nicht oder nur unvollständig übersetzte bzw. den Patienten ermahnte, hierauf nicht zu antworten.

Aufgrund der mangelnden Sprachkompetenz des Therapeuten oder der mangelnden psychotherapeutischen Ausbildung des semiprofessionellen Dolmetschers kann, wie in diesem Beispiel, die

Triangulierung, die durch die Hinzuziehung des Dolmetschers ausgelöst wird, nicht ausreichend erfaßt und damit auch nicht thematisiert werden. Auch für die Gruppe beschreibt Toker (1998) Identifikationsprozesse, in denen der Semiprofessionelle von der Gruppe vereinnahmt wird und Informationen erhält mit der Auflage, diese dem Therapeuten nicht zu übersetzen.

2. Kulturspezifische Kompetenz

Uns fiel bei der Durchsicht von Entlassungsberichten aus bikulturellen Beziehungen immer wieder auf, daß detailliert zu Aspekten der Behandlungsmotivation Stellung bezogen wurde. Hier wurden Patienten als »nicht motiviert, mit hoher Erwartungshaltung, sich passiv verweigernd« und ähnlichen negativen Äußerungen beschrieben. Lapidar wurde zum Ende des Berichtes auf die mangelnde Sprachkompetenz des jeweiligen Patienten hingewiesen. Neben der Tatsache, daß offensichtlich die sprachliche Kompetenz für eine hilfreiche Kommunikation fehlte, wird deutlich, daß es den Therapeuten nicht gelungen war, sich in die kulturspezifischen Ausdrucksformen von Krankheit und Leid einzufühlen und die besonderen Persönlichkeitsmerkmale in Hinblick auf notwendige Modifikationen der Behandlungsstruktur zu reflektieren.

Die kulturspezifische Kompetenz ist nicht nur eine Voraussetzung, um die Entwicklungsbedingungen der Patienten anderer Ethnien ausreichend reflektieren zu können, sondern auch um Sitten und Gestus des Verhaltens einordnen und verstehen zu können. Eine in dieser Beziehung mangelnde Kompetenz dürfte auch der Grund dafür sein, daß in einem Modellprojekt zu psychosomatischen Problemen türkischer Arbeitnehmer und ihren Familien, ausgeführt von der Psychosomatischen Abteilung der Universität Gießen, 76% der Therapien innerhalb der ersten 3 Sitzungen abgebrochen wurden (Gießener Modellprojekt 1987).

So können sich bereits in der Anamneseerhebung dadurch Schwierigkeiten ergeben, daß die ausgeprägte Scham türkischer Männer nicht berücksichtigt wird. So antwortet ein Patient bei genauerem Nachfragen nach seiner Beziehung zu den verschiedenen Familienmitgliedern immer wieder, daß alles in Ordnung sei, ohne zu der Beziehung selbst Stellung zu nehmen. Der Vater wird sich vielleicht fragen: »was interessiert der sich für meine Tochter, ich bin doch in Therapie«. Er könnte sich kontrolliert fühlen und denken, der Thearpeut wolle ihm ein Verschulden nachweisen. Beispiel:

> Bei einem Ehepaar versuchte der Therapeut mit Hilfe eines dolmetschenden türkischen Kollegen die Beziehung der zweiten Ehefrau zu ihren Schwiegereltern zu erfragen. Der Ehemann hatte nach dem Tod seiner ersten Frau erneut geheiratet, wobei jedoch die Kinder aus der ersten Ehe vornehmlich der Erziehungsgewalt seiner Mutter unterstellt waren, obwohl sie im Haushalt des Vaters lebten. Hierdurch kam es immer wieder zu Konflikten zwischen Schwiegermutter und jetziger Frau, in denen diese sich von seiner Mutter entwertet fühlte. Die in die Ehefrau sich einfühlende Anteilnahme des deutschen Therapeuten verstärkte beim Ehemann einen massiven Loyalitätskonflikt, da im türkischen Kulturraum die Blutsbande im Falle des Todes eines Elternteils mehr wiegen als der formale Stand. Die Mutter des Mannes war also der Kultur entsprechend tatsächlich verpflichtet, die Erziehungsverantwortung zu übernehmen. Das Nachfragen des Therapeuten machte deutlich, daß ihm diese Zusammenhänge nicht bekannt waren und er statt dessen – wie im deutschen Sprachraum üblich – den formalen Stand der Ehe bzw. Kleinfamilie als für die Erziehungsgewalt wesentlicher ansah. Hierdurch war er für den Ehemann mit der Position seiner Frau identifiziert.
> Das Paar setzte die Therapie nach diesem Kontakt nicht weiter fort.

Auch Therapeuten reagieren manchmal verwundert, wenn sie bei ihren türkischen Kollegen mit kulturspezifischen Besonderheiten der Arzt-Patienten-Beziehung konfrontiert werden. So fragten unsere deutschen Therapeuten erstaunt bei ihrer türkischen Kollegin nach der therapeutischen Distanz, als Patienten von ihr mit dem Vornamen sprachen. Sie wußten nicht, daß der Vornamen in Verbindung mit dem Titel »Schwester« eine übliche Anrede in der Türkei ist und als Bemühen um eine vertrauensvolle Beziehung gedeutet werden muß.

Auch die z.T. erheblichen Unterschiede in der Körpersprache können Anlaß zu Mißverständnissen geben, denken wir an das scheinbar immerwährende Lächeln des Asiaten, das gestenreiche, zum Teil emotional hochkochende Diskutieren der Orientalen, die expressive Trauer oder die leidensbezogene Gestik türkischer Frauen. Als Mitteleuropäer fühlen wir uns unsicher, können die Beziehung nicht einschätzen, wissen nicht, was wir von der Freundlichkeit halten sollen oder fühlen uns von der anklagenden Leidensäußerung bedrängt. Dann sprechen wir vom »Mittelmeersyndrom« oder vom »Morbus Bosporus«.

Die Fremdheit des Verhaltens fördert dem Patienten gegenüber eine paranoide Einstellung. Man ist auf der Hut, fühlt sich im Rentenverfahren schnell »über den Tisch gezogen« oder hintergangen. »Der andere arbeitet quasi mit ›unlauteren Mitteln‹, setzt seine Fremdheit vielleicht bewußt ein, um mich zu verunsichern«, scheint mancher Therapeut oder Arzt zu denken. Dann reagieren sie besonders streng und weisen das Anliegen des Patienten zurück. Nicht daß wir glauben, unlautere Tricks gäbe es nicht, aber sie werden um so schneller unterstellt, je fremder mir der andere bleibt.

Migranten suchen gerne den Kontakt zu Therapeuten ihrer Ethnie, weil sie sich bei Ihnen sprachlich verständigen können und gleichzeitig die Erwartung haben, in ihrer kulturellen Eigenart verstanden zu werden. Die Bedeutung bilingualer Therapeuten für die psychosoziale Versorgung ausländischer Mitbürger wird z.B. darin deutlich, daß nach Einstellung eines muttersprachlichen Therapeuten der Anteil inanspruchnehmender Familien aus der Türkei in der Ambulanz der Kinder- und Jugendpsychiatrie der Universität Essen von ein bis zwei Prozent auf zwölf Prozent gestiegen ist.

3. Soziale und psychologische Besonderheiten unserer Klientel

Um uns therapeutisch auf bestimmte Gruppen ausländischer Patienten einstellen zu können, bedarf es einer genauen Analyse der soziodemographischen Bedingungen. Welche Patienten werden in welcher Klinik aufgenommen? In einer psychosomatischen Rehabilitationsklinik wird eine andere Patientenmischung zu finden sein als in einer entsprechenden Universitätsabteilung oder in der Internistischen Abteilung eines Allgemeinkrankenhauses.

Wir möchten die Problematik bikultureller oder monokultureller Therapie in diesem Beitrag am Klientel einer psychotherapeutischpsychosomatischen Rehabilitationsklinik (der Internistisch-Psychosomatischen Fachklinik Hochsauerland) diskutieren.

3.1. Migrantengeneration und Personenstand

Hier stellen ca. 91% unserer Klientel Migranten der ersten Generation dar; hiervon sind ca. 65% Frauen und 35% Männer. 86% der Patienten sind verheiratet, nur 8% geschieden oder getrennt lebend, 3% sind ledig (deutsche Klientel 56% verh., 12% gesch., 25% ledig).[1]

3.2. Herkunft

Fast 80% dieser Patienten sind in der Türkei in einem ländlichen Bereich (Dorf oder Kleinstadt) aufgewachsen.

3.3. Schulbildung

In dieser sozialen Umgebung ist die Schul- oder Berufsausbildung der konkreten Bewältigung des Alltag nachgeordnet. Dies gilt gerade für die jungen Mädchen, die der Mutter im Haushalt oder in der Landwirtschaft helfen müssen und die folgerichtig einen deutlich kürzeren Schulbesuch aufweisen. Jede fünfte Patientin hat die Schule überhaupt nicht besucht und weitere 20% der weiblichen Klientel besitzt keinen Grundschulabschluß (fünf Schuljahre).

3.4. Deutsche Sprachkenntnisse

Entsprechend der Schulausbildung sind auch die Fähigkeiten der Patienten, sich eine neue Sprache anzueignen, sehr begrenzt. Bei einem Anteil von 18% Analphabeten (Gesamtkollektiv) können viele

---

[1] Die in dieser Arbeit angeführten empirischen Daten sind Bestandteil der Dissertationsarbeit von Guido Tietz

die Lehrbücher gar nicht lesen. So ist es nicht verwunderlich, daß von den Therapeuten im Durchschnitt bei zwei Dritteln der Männer und Frauen die Sprachkenntnisse als ungenügend bis mäßig angesehen werden. Bei der schriftlichen Sprachkompetenz liegt der Anteil noch deutlich höher. Auf dem Hintergrund der schulischen Voraussetzungen ist es verständlich, daß die Frauen gegenüber den Männern eine geringere Sprachkompetenz aufweisen.

3.5. Berufliche Qualifikation

Diese Voraussetzungen finden in den sich anschließenden beruflichen Qualifikationen ihre Entsprechung. So übten 60% der Männer und 82% der Frauen einen nicht qualifizierten Beruf als angelernte Arbeiter in der Industrie, der Landwirtschaft oder im Haushalt aus, wobei es sich bei den beiden letzteren meist um familieninterne Arbeiten gehandelt hat.

3.6. Soziale Bindungen

Die Bedeutung der Beziehungen innerhalb einer türkischen Familie und der türkischen Gesellschaft dominieren gerade in der ländlichen Bevölkerung vor den Wünschen nach individueller Entfaltung. Die Gesellschaft übt eine starke Kontrolle auf das Verhalten des Einzelnen aus und bezieht sich hierbei auf die Einhaltung traditioneller Regeln, wie auch auf die Übung religiöser Praktiken. Das soziale Miteinander ist stark religiös geprägt, man ist einander sozial verpflichtet, der Einzelne ist verantwortlich für die Funktion der Gesellschaft. Der dominierende Vater hat die Pflicht, die sozialen Normen in der Familie zu verankern. Wenn er eines seiner Kinder nicht nach den Normen der Gesellschaft erzieht, macht er sich gegenüber dieser schuldig, setzt sich ihrer Kritik aus. Er hat nach Özelsel (1990) nicht den Rahmen für das sozial erwünschte Verhalten des Kindes gesichert.

3.7. Religiöses Weltbild

In der Regel wollen türkische Familien – und auch hier bevorzugt die aus dörflichen oder kleinstädtischen Strukturen – die allgemeinen Pflichten des Islam erfüllen und sich in ihrem Leben danach ausrichten. Etwa zehn Prozent unserer Patienten sind in ihrer Religionsausübung als fundamentalistisch einzuschätzen. Krankheiten oder Schicksalsschläge werden oft als Strafe oder Sühne für vorangegangene Verfehlungen verstanden.

So waren nach Ansicht eines 52-jährigen Patienten mit einer depressiv-neurotischen Entwicklung die Geburt von drei Kindern mit einer angeborenen Behinderung Folge seines sündigen Verhaltens in der Jugend. So habe er viel Alkohol getrunken und Beziehungen zu zahlreichen Frauen unterhalten. Hätte er sich den Regeln der Religion und der Gesellschaft unterworfen, so wären nach seiner Auffassung die Bestrafung nicht notwendig gewesen und die Kinder gesund zur Welt gekommen.

3.8. Selbstbild

Aus der Sicht der analytischen Psychologie betont Kolcak (1995) kulturbezogene Unterschiede im Wesen und der Persönlichkeit zwischen deutschen und türkischen Patienten, die er aus der psychischen Grundhaltung der Völker herleitet. So sieht er im türkischen Volk mehr matriarchale, im deutschen Volk mehr patriarchale Wesenselemente. Beispielsweise benennen die Türken ihr Land als »Anavatan« (= Mutterland), die Deutschen sprechen hingegen vom »Vaterland«. Die matriarchale Daseinsform zeichnet sich hiernach im Alltagsleben aus »in symbiotisch gefärbtem Großfamiliensinn, religiös-traditioneller Moral, Gemüt, Bescheidenheit, Duldsamkeit, innerer Gelassenheit und Sicherheit, pragmatischer Schöpferkraft und Selbstgenügsamkeit«, in der patriarchalen Form herrschen »Individualität, Abenteuergeist, Sachlichkeit, Organisationstalent, Leistungsfähigkeit, Kampfgeist, Durchsetzungskraft, Durchsetzungs- und Wehrvermögen, Zielstrebigkeit und Realitätsbezogenheit« vor (Kolcak 1995, S. 312).

Aus dem bisher Dargestellten wird verständlich, daß das Selbstbild eines türkischen Mitbürgers primär ein kollektives ist, wobei das soziale Miteinander sich stark an religiösen Werten orientiert.

Die beschriebenen soziokulturellen Bedingungen der türkischen Klientel, führen zu besonderen Merkmalen, die die Einstellung zur Psychotherapie in charakteristischer Weise beeinflussen:

1. Die geringe Schulbildung und mangelnde Übung im Lesen und Schreiben führt zu einem geringen Informationsstand in bezug auf bio-psycho-soziale Zusammenhänge.
2. Die gesellschaftlichen Verhältnisse führen zu einem Kollektiv-Selbstbild, also einem Selbstbild, das sich mehr als Teil der Gemeinschaft, denn als individuelles Selbst definiert.
3. Damit verbunden ist, daß eigene Schwächen oder Krankheit eher als Folge äußerer gesellschaftlicher Verhältnisse verstanden werden.
4. Die Gemeinschaft ist auch als religiöse Gemeinschaft mit Allah als ihrem Führer zu verstehen, wobei Krankheit oder andere Schicksalsschläge oft als göttliche Bestrafung oder als Sühne für Fehlleistungen aufgefaßt werden.
5. Aufgrund der größeren sozialen Kontrolle in der türkischen Gesellschaft, spielen Schuld- und Schamgefühle der Gemeinschaft gegenüber bei türkischen Patienten eine größere Rolle als bei der deutschen Klientel.

Welche Auswirkungen haben diese besonderen Merkmale nun auf die Psychotherapiemotivation und Behandlungserwartung dieser türkischen Klientel?

4. Psychotherapiemotivation

Die Psychotherapiemotivation ist nach Ruff und anderen (1987) sowie Schneider (1990) abhängig von situativen und persönlichkeitsspezifischen Merkmalen. Zu den situationsspezifischen Merkmalen zählen hiernach u.a. das Verhalten des Therapeuten und Charakteristiken der Institution, das therapeutische Angebot, Therapieziele und therapeutische Handlungsmodelle sowie die Einstellungen bedeutsamer Bezugspersonen hinsichtlich Krankheitskonzept und Behandlungserwartung.

Zu den persönlichkeitsspezifischen Merkmalen gehören neben der Kausal- und Kontrollattribution die Art der Erkrankung (Bedeutung somatischer und psychischer Faktoren) sowie die aus dem individuellen Normen- und Wertekontext abgeleiteten Zielvorstellungen (Schneider 1990).

Als günstige Psychotherapievoraussetzung werden üblicherweise ein psychosomatisches Krankheitsverständnis, die Fähigkeit und Bereitschaft zur Selbstreflexion sowie eine internale Kausal- und Kontrollattribution angesehen. Hinzu kommt die Bereitschaft, über seine Probleme zu sprechen. Diese Eingangsvoraussetzungen für Psychotherapie, die wir für deutsche Patienten als prognostisch günstig ansehen, werden von der oben beschriebenen türkischen Klientel nur eingeschränkt erfüllt. Nur ca. 15 Prozent unserer türkischen Patienten mit bis zu fünf Jahren Schulbildung verfügen über Psychotherapieerfahrung, hingegen 42 Prozent der Patienten mit Abitur. Selbstverständlich sind diese Patienten, die einem großstädtischen Milieu und/oder einer höheren Bildungsschicht entstammen, in Hinblick auf ihre Psychotherapievoraussetzungen unserer deutschen Klientel vergleichbar. Bei den Patienten, die jedoch aufgrund ihrer sozialen Schichtzugehörigkeit bzw. ihrer regionalen Herkunft individuelle Bedürfnisse nicht haben pflegen können, sind auch die Fähigkeiten zum Nachspüren eigener Wünsche sowie zur Selbstreflexion nicht besonders entwickelt. So werden immer wieder externe Faktoren als Begründung des eigenen Verhaltens angeführt und das Bedürfnis der Therapeuten, Licht in die Motivationslage von Patienten zu bringen, wird häufig als Versuch individueller Schuldzuweisung verstanden und mit entsprechendem Widerstand, bis hin zur Ablehnung der therapeutischen Beziehung, beantwortet (siehe oben angeführtes Beispiel aus einer Paartherapie). Diese Reaktion weist auf eine starke Schamproblematik hin, die mit dem Gefühl individueller Schuld verbunden ist. Während die Patienten in der Gesellschaft Schuld häufig externalisieren können, reagieren sie ausgesprochen sensibel und gekränkt, wenn sie in einer dualen Beziehung das Gefühl entwickeln, daß man ihnen durch eine genaue Exploration ein Versagen in der Wahrnehmung gesellschaftlicher Pflichten nachweisen will. Dies ist auch der Grund dafür, daß in den ersten Kontakten die Bereitschaft, über Beziehungsprobleme offen zu sprechen, nicht sehr ausgeprägt ist.

In den Psychotherapievoraussetzungen dieser Klientel zeigen sich Parallelen zu Ergebnissen von Rudolf und anderen (1988), die bei Patienten der Unterschicht eher eine passive Grundhaltung, eine Neigung zur Konfliktvermeidung sowie eine Tendenz zum Rückzug auf Ersatzbefriedigungen feststellen konnten. Diese Konstellation führte bei den Therapeuten häufiger zu einer negativen Indikationsentscheidung und im Falle der Behandlung zu einer Belastung des therapeutischen Arbeitsbündnisses und des Therapieerfolges (siehe die oben beschriebene Erfahrung mit den Entlassungsberichten).

5. Strukturelle Bedingungen der stationären Psychotherapie

Psychotherapie umfaßt verbale und non-verbale Kommunikation (körpersprachliche, bildnerische und musikalische). Die Herstellung einer Übertragungsbeziehung, die Arbeit in der Übertragung und ihre Auflösung sind wesentliche Wirkfaktoren einer psychoanalytisch begründeten Therapie. Der Therapeut wie auch die Mitpatienten in der Gruppe stellten hierbei in der Art und Weise, wie sie Probleme reflektieren und Lösungsansätze entwickeln, Modelle dar, an denen sich der einzelne Patient in seiner eigenen Arbeit orientieren und alternative Handlungsmodelle entwickeln kann.

Für die Entwicklung von Übertragungsbeziehungen ist eine gewisse Ähnlichkeit in den Ausdrucksweisen und Handlungsmodellen der am Therapieprozeß Beteiligten Voraussetzung. Je größer die kulturelle Differenz, desto geringer ist die Wahrscheinlichkeit, daß der einzelne im anderen etwas wiedererkennt, was Menschen aus seiner Biografie zugeordnet werden kann, die bestimmend für seine

Entwicklung gewesen sind. Menschen anderer Ethien, die aus ländlichen Gebieten ihrer Heimatländer stammen, sind einem deutschen Therapeuten gegenüber häufig so fremd, daß es diesem schwerfallen wird, sich empathisch in sie einzufühlen. Häufiger wird er an sich eine distanziert-beobachtende, vielleicht neugierige Haltung wahrnehmen, die von der Anstrengung bestimmt wird, das Fremde an diesen Menschen zu verstehen. Umgekehrt erzeugt der Therapeut bei diesem Patienten nicht unbedingt das Gefühl, mit seinen Ausdrucksformen verstanden und akzeptiert zu werden. So versicherte eine Frau dem deutschen Klinikleiter, daß sie sich erst auf die Therapie habe einlassen können, als sie erfahren habe, daß auch ihr türkischer Therapeut aus einem kleinen Dorf in der Türkei stamme. Bei ihm sei sie sicher, daß er sie verstehe.

Analog zur hilfreichen therapeutischen Beziehung in der Einzeltherapie gilt in der Gruppenpsychotherapie die Gruppenkohärenz als Voraussetzung für eine erfolgreiche gemeinsame Arbeit. Sie ist das Ergebnis wachsenden gegenseitigen Vertrauens, wodurch der Widerstand minimiert und eine Regression zugelassen werden kann (Yalom 1996).

Notwendig ist für das Ausbilden einer solchen Gruppenkohärenz, daß unter den Gruppenmitgliedern sowohl sprachlich als auch nonverbal ausreichende Verständigungsmöglichkeiten bestehen. Dies schließt das Verstehen kulturspezifischer Verhaltensweisen und die Möglichkeit ein, Übertragungsbeziehungen aufzubauen. Eine solche kulturspezifische Verhaltensweise stellt z.B. der Umgang zwischen den Geschlechtern wie auch zwischen den Generationen dar, der mit kulturspezifischen Ritualen verbunden ist und in bikulturellen Beziehungen häufig mißinterpretiert wird. So beschreibt Ardjomandi (1993), daß im Iran Rituale und Etikette die Funktion haben, »dem Vater zu signalisieren, daß die Söhne seine Macht anerkennen, ihn respektieren, ehren und seine Tradition wahren« (S. 66). Diese Problematik entfaltet sich natürlich auch in dyadischen Therapiebeziehungen. So weist Ardjomandi weiter darauf hin, »daß der Therapeut in der Etikette nicht nur ein Widerstandsphänomen sehen darf, das der Widerstandsanalyse zugeführt werden muß, sondern eher darin auch die Anzeichen der Anstrengung des Patienten erkennen sollte, mit dem Analytiker in Beziehung zu treten und sich der analytischen Situation anzupassen« (ebd., S. 67). Außerdem haben sie hiernach die Funktion, aggressive Impulse zu binden.

Werden diese kulturspezifischen Aspekte der Beziehungsgestaltung nicht berücksichtigt, wird sich nur schwer eine als hilfreich erlebte therapeutische Beziehung oder eine Gruppenkohärenz entwickeln. Läßt sich hierfür keine ausreichende Basis schaffen, so reagiert der Patient mit Angst, zieht sich zurück, schweigt und erwartet vom Therapeuten eine aktive, strukturierende Haltung.

6. Modifikationen der Behandlungsstruktur

Vergleichen wir die Voraussetzungen unserer Klientel mit den therapeutischen Bedingungen, wie wir sie für deutsche Patienten vorhalten, so erscheint die Therapie in einer gemischten deutsch-türkischen Gruppe nicht möglich. Steffen und Koch (1995) beschreiben die Integration türkischer Patienten in eine akutpsychiatrische Station, wobei sie hier für die Verständigung – z.B. innerhalb einer Stationsgruppe – dolmetschende Pflegekräfte oder Therapeuten benötigen. In einem solchen Setting kann es in unseren Augen nur um den Austausch von Fakten und persönlichen Einschätzungen gehen, so daß uns mit Einschränkung in Hinblick auf die Intimität persönlicher Mitteilungen eine themenzentrierte Arbeit durchaus möglich erscheint. Je mehr psychotherapeutische Arbeit in den Vordergrund rückt, in der in und mit Beziehungen gearbeitet wird und in der Interaktion einen wesentlichen Wirkfaktor darstellt, desto weniger erscheint uns die Integration türkischer Patienten niederer sozialer Schicht für eine fruchtbare Arbeit ausreichend möglich.

Neben der sprachspezifischen spielt auch noch, wie schon oben gezeigt, die kulturspezifische Kompetenz beim Verstehen bestimmter Verhaltens- und Sichtweisen sowohl bei Mitpatienten wie auch bei Therapeuten eine entscheidende Rolle, um Vertrauen und das Gefühl von Verbindlichkeit in einer Beziehung entwickeln zu können.

Röder (1995) beschreibt eine ambulante Gruppentherapie mit psychiatrisch erkrankten türkischen Patienten, wobei die Rahmenbedingungen sehr freilassend gestaltet wurden. Hier arbeitete der deutsche Gruppenleiter mit einem muttersprachlichen Therapeuten und akzeptierte, wenn die Gruppenmitglieder den Dolmetscher verpflichteten, einzelne Gesprächsinhalte nicht zu übersetzen oder wenn selbst er dadurch ausgeschlossen wurde, daß einzelne Gruppenmitglieder sich in einer auch für ihn fremden Sprache unterhielten, um Gesprächsinhalte der Bearbeitung zu entziehen. Sowohl die zeitliche Eingrenzung der Gruppenstunde wie auch die jeweilige Teilnahme der Patienten, Verwandten und Bekannten wurde den Betroffenen selbst überlassen. Mit diesen freilassenden Bedingungen wollten die Therapeuten offensichtlich die Akzeptanz der Gruppentherapie erhöhen. Tatsächlich nahmen jedoch nur 30 % über einen längeren Zeitraum an der Therapie teil (durchschnittlich 30 Gruppenstunden) und 30 Prozent brachen die Therapie sogar nach der ersten oder zweiten Gruppenstunde ab. Die restlichen 40 Prozent nahmen durchschnittlich an sieben Gruppenstunden teil. Diese geringe Akzeptanz könnte unseres Erachtens an den wenig haltgebenden Bedingungen des Setting gelegen haben. So erscheint es uns notwendig, daß Zeit, Regeln der Kommunikation und Inhalt bzw. Ziel der Gruppentherapie eindeutig erkennbar sind. In welchem Zeitrahmen findet die Gruppentherapie statt, wie wollen wir mit welchem Ziel arbeiten und was schließt die Teilnahme an der Therapie aus (z.B. Gewaltandrohung, Verletzung der Schweigepflicht etc.)?

Auf dem Hintergrund unserer dargelegten theoretischen Überlegungen erschien uns die Bildung einer monokulturellen Therapieeinheit die angemessene Schlußfolgerung (Rodewig u.a. 1998)[2]. Auf einer solchen Station werden Patienten eines Sprachraumes ausschließlich von muttersprachlichen Therapeuten und Pflegepersonal behandelt bzw. betreut. Neben diesem Eingehen auf die sprachlichen Anforderungen der Klientel erscheint es uns jedoch auch notwendig, die therapeutische Struktur nicht nur in den Rahmenbedingungen, sondern auch inhaltlich zu modifizieren.

---

[2] Vortrag auf dem 7. Rehabilitationswissenschaftlichen Kolloquium des VDR – Interdisziplinarität und Vernetzung in Hamburg, 1997

6.1. Vermittlung eines psychosomatischen Krankheitsmodells und störungsspezifische Gruppentherapie

Der geringe Bildungsstand unserer Klientel erfordert die gezielte Vermittlung bio-psycho-sozialer Zusammenhänge. Je nachdem, wie stark die Fähigkeit zum abstrakten Denken entwickelt ist, müssen Zusammenhänge über bildliche Darstellungen oder Geschichten veranschaulicht werden.

Der Ausgleich dieser Wissensdefizite stellt eine Voraussetzung dar, um alternative Handlungsstrategien im Umgang mit spezifischen Problemsituationen erarbeiten und einüben zu können.

Thematisch haben wir zwei Gruppen entsprechend den vorherrschenden Symptombildern eingerichtet. Etwa ein Drittel unserer Klientel leidet unter somatoformen Störungen, davon ca. 70 Prozent unter Schmerzstörungen und weiterhin ein Drittel unter Depressionen, so daß wir jeweils eine Gruppe zur Verbesserung der Schmerzbewältigungsfähigkeiten sowie zum Abbau depressiver Denk- und Verhaltensmuster anbieten.

Für die Bewältigung dieser Störungsbilder spielt die Entwicklung eines aktiven Verarbeitungsmodus eine entscheidende Rolle. Hier müssen jedoch die Erwartungen an selbstbestimmtes Handeln erheblich zurückgeschraubt werden, da die kulturbedingte kollektive Selbstdefinition der Patienten der individuellen Entfaltung Grenzen setzt. Deswegen ist es unbedingt notwendig, frühzeitig den Partner oder die Familie in den Therapie- und Veränderungsprozeß mit einzubeziehen.

6.2 Suggestive Techniken in der Gruppe

Zur Steigerung der Selbstwirksamkeitserwartung setzen wir Methoden der Autosuggestion in der Gruppe ein, unterstützt durch meditative türkische Musik und Erzählungen orientalischer Geschichten. Die Patienten tauchen hierbei ein in bekannte, Sicherheit vermittelnde Bilder ihrer Kindheit und hören orientalische Geschichten oder Märchen, in denen die Helden ein Schicksal aktiv um eines anderen willen auf sich nehmen oder sich wie hineingeworfen fühlen, um es handelnd zu bewältigen. Sie spüren in der Entspannung, daß ihre Beschwerden nachlassen; gleichzeitig werden über die Identifikation mit den Helden der Geschichten Willenskräfte mobilisiert, auch ihr eigenes Schicksal in die Hand zu nehmen. Hier spielt die Diskussion in der Gruppe über die Inhalte der Geschichten eine wichtige Rolle in bezug auf die Bildung neuer oder alternativer Normen.

6.3. Themenzentrierte Interaktionelle Gruppentherapie

In dieser tiefenpsychologisch orientierten interaktionellen Gruppe wird primär themenzentriert gearbeitet. Gerade dadurch, daß Themen nicht als Probleme eines Einzelnen in die Gruppe eingebracht werden, hat jeder die Möglichkeit, vordergründig über ein allgemeines Problem zu sprechen, darüber aber seine individuellen Erfahrungen einzubringen. Hierdurch werden die Schamgrenzen des Einzelnen respektiert und der Widerstand minimiert. Immer wieder kommt es vor, daß Patienten dann doch ihre ganz persönlichen Erfahrungen einbringen und von den anderen Gruppenmitgliedern alternative Lösungsvorschläge erfahren. Über derartige Auseinandersetzungen werden persönliche Einstellungen in Frage gestellt und die Gruppenmitglieder gelangen zu einer Veränderung ihrer bisherigen Verhaltensnormen. Themen sind: Kindererziehung in Deutschland, Umgang zwischen den Geschlechtern, religiöse Erziehung usw.

Gerade weil die Gruppenmitglieder sich in sehr unterschiedlicher Weise mit der deutschen Kultur arrangieren und in die Gesellschaft integriert haben, sind die Lösungsansätze sehr verschieden und die Diskussion oft sehr lebhaft und anregend. Bei dieser Arbeit können orientalische Geschichten als Medium für die Vermittlung therapeutisch relevanter Inhalte ebenfalls sehr hilfreich sein.

Natürlich können neben den gruppentherapeutischen Angeboten schuld- und schambesetzte Themen in den Einzeltherapien besprochen werden, die hauptsächlich der Standortbestimmung und Strukturierung der weiteren Therapie dienen.

Um den individuellen Therapieerfolg zu festigen und ihn nicht am Widerstand der Umgebung scheitern zu lassen, halten wir es für unbedingt notwendig, sehr frühzeitig den Partner bzw. die Familie mit einzubeziehen. Hierbei ist die Berücksichtigung der innerfamiliären Hierarchie sowie die Beachtung des Ehrenkodex von besonderer Bedeutung.

6.4. Umgang mit magischen Bedeutungszuschreibungen

Als eine letzte Besonderheit versuchen wir die bei nahezu 20 Prozent unserer Patienten zu findenden magischen und religiösen Vorstellungen in bezug auf ihre Erkrankung mit in die Therapie einzubeziehen. Dies geschieht mit dem Ziel, Einfluß auf die Bedeutungszuschreibung zu gewinnen. Wenn Patienten bestimmte dysfunktionale Verhaltensweisen zeigen – meist wegen eines starken Über-Ich-Drucks durch Berufung auf Textstellen des Koran – können andere Textstellen zur Hilfe gezogen werden, die gegenteilige Aussagen beinhalten, um eben hierüber z.B. zu einer Gewissensentlastung zu gelangen. Auch die Zusammenarbeit mit einem Hodca ist nicht grundsätzlich abzulehnen, sondern muß sich an der Art und Weise seiner konkreten Herangehensweise und den inhaltlichen Aspekten seiner Arbeit orientieren. Röder und Opalic (1987) beschreiben in einer Auswertung klinisch-psychiatrischer Behandlungsfälle die parallele oder auch vorangegangene Behandlung durch einen Hodca. Die eher aktive Grundhaltung traditioneller Heiler scheint der passiven Behandlungserwartung entgegenzukommen. Unter den Patienten selbst scheint ein Hodca bei konversionsneurotischen Störungen wie psychogenen Anfällen als Therapeut bevorzugt zu werden. Folgt man Fallbeispielen, so verspricht seine Vorgehensweise dann Erfolg zu haben, wenn er den unbewußten Konflikt des Patienten erkennt und durch direktive Interventionen in der Familie im Sinne des Patienten löst.

Wie das nachfolgende Beispiel zeigt, ist die Vorgehensweise eines Hodcas abhängig von seiner Fähigkeit, sich in die Problematik der Patienten einzufühlen und den zugrundeliegenden Konflikt zu erfassen. Hier zeigt die suggestive Intervention manipulatorischen Charakter und würde die Position der Patienten in der Familie schwächen.

Eine 28-jährige türkische Frau kam wegen psychogener Ohnmachtsanfälle und diverser somatoformer Störungen in unsere Behandlung. Sie berichtete, vor fünf Jahren erstmalig verzaubert worden zu sein. Seitdem habe sie mehrfach Dämonen gesehen, die ihr prophezeit hätten, daß sie ermordet werden solle. Alle ihre Beschwerden seien durch diese Dämonen hervorgerufen. Insbesondere nehme deren Macht zu, wenn sie sich nicht an die islamischen Regeln halte. Diese Besessenheitszustände könnten nach ihrer anfänglichen Überzeugung nur durch einen Hodca behandelt werden. In einem früheren Behandlungsversuch habe ein solcher aufgedeckt, daß sie durch die Verwandten eines ehemaligen Freundes sowie einer ihrer Freundinnen verzaubert worden sei.

Zur Psychodynamik: Die Patientin war in ihrer Entwicklung einer streng religiösen Erziehung unterworfen, in der jede gute oder schlechte Verhaltensweise durch entsprechende Koranverse von der Mutter kommentiert wurde. Nach deren Ansicht würde jeder kleinste Fehltritt durch Gott bestraft. Das sich hierdurch entwickelnde strenge Über-Ich ließ keinen Raum für das genußvolle Erleben sexueller Wünsche und Phantasien, ohne daß die Patientin durch heftige Schuldgefühle geplagt wurde.

Die Symptomatik entwickelte sich, als sie sich während eines Urlaubs in der Türkei in einen jungen Mann verliebte, was von der Mutter als Sünde gebranntmarkt wurde. Die sich hieraus entwickelnde Ambivalenz störte diese Beziehung derart, daß der Freund sie einige Jahre später beendete. Die von der Patientin weiterhin erlebten Sehnsüchte in bezug auf diese Beziehung werden nun zur Abwehr ihrer Schuldgefühle auf einen Dämon externalisiert, der durch den Zauber der Verwandten des Jungen nach ihrer und des Hodcas Ansicht in sie eindringen konnte. Ein weiterer Dämon sei durch den Zauber einer früheren Freundin, die neidisch auf ihre Schönheit gewesen sei, in sie eingedrungen.

Zur Therapie: Ein versuchsweise hinzugezogener Hodca wollte Schwester und Mutter in einen geheimen Plan einbeziehen, in dem er die Existenz der Dämonen mit Hilfe von Koransuren bannen wollte, die die Patientin in einem Amulette auf ihrem Körper tragen sollte. Wenn dies der Patientin genügend Sicherheit vermittelt hätte, sollten Mutter oder Schwester das Amulette verschwinden lassen, was dann gemäß einer vorher gegebenen Suggestion gleichbedeutend gewesen wäre mit dem Ende des Zaubers und damit dem Verschwinden der Dämonen. Zu so einer innerfamiliären Verschwörung verweigerten wir unsere Zustimmung, zumal uns das Auftauchen der Dämonen eine wichtige, das Über-Ich entlastende Funktion gerade der Mutter gegenüber zu haben schien. Wir bauten dem gegenüber die Dämonen in unser therapeutisches Konzept mit ein und verstanden ihr Auftreten als Indikator für den Erfolg Über-Ich-entlastender Interventionen. Zuerst erklärten wir der Patientin die normale psychosexuelle Entwicklung eines Mädchen zur Frau mit den natürlicherweise damit verbundenen sexuellen Sehnsüchten und Phantasien. Dann bemühten wir Koranverse, die belegen, daß Sexualität nicht als »Schmutz« angesehen werden muß, sondern zur Natur des Menschen gehört. Solange lediglich der Beischlaf in der Ehe vollzogen wird, begeht auch nach islamischen Regeln ein Moslem keine Sünde. Nach diesen Erklärungen ließ die Kraft der Dämonen zunehmend nach bis sie nur noch sehr selten auftauchten. Bei ihrer Entlassung äußerte sie die Erwartung, daß die Dämonen bald sterben und sie verlassen würden; die Ohnmachtsanfälle sistierten völlig.

Dieses Beispiel soll verdeutlichen, daß die Handlungsweisen eines Hodcas kritisch, aber nicht grundsätzlich ablehnend betrachtet werden sollen. Einem Dämon kann eine wichtige selbstwertstabilisierende Funktion zukommen, die sich in einer Therapie bei erfolgreicher Intervention von selbst erübrigt.

7. Kulturspezifische Aspekte von Übertragung und Gegenübertragung

An dem Beispiel läßt sich auch noch die Bedeutung der kulturspezifischen Übertragung und Gegenübertragung diskutieren.

Der Therapeut träumte nämlich im Verlauf der Therapie von einem dieser Dämonen, der ihn bedrohlich aus einem Ampellicht heraus anlachte. Hierbei gab er ihm zu verstehen, daß er aufpassen solle, bald sei auch er an der Reihe, von ihm besessen zu werden. Wir verstanden dies als Ausdruck einer erotischen Übertragung und Gegenübertragung zwischen der attraktiven Patientin und ihrem Therapeuten. Letzterer berichtete der Patientin, von dem Dämon geträumt zu haben. Die Patientin wollte daraufhin die Therapie abbrechen, um den Therapeuten zu schützen. Dieser aber versicherte ihr, daß er die Herausforderung annehmen und den Dämon schon in Schach halten könne. Dies verdeutlichte der Patientin auf der unbewußten Ebene, daß die erotische Spannung zwischen ihr und dem Therapeuten von diesem sicher gehandhabt werden konnte und keine ernstzunehmende Gefahr für sie beide davon ausging.

Obwohl die Mitteilung des Traumes an die Patientin primär der Entlastung des Therapeuten diente, gewann der Umgang des Therapeuten damit im Nachhinein für die Patientin eine Modellfunktion. Die Verwendung derselben Symbolsprache wäre in einer bikulturellen Beziehung unwahrscheinlich gewesen, so daß der Therapeut der

Patientin sein Lösungsmodell nicht so glaubwürdig hätte deutlich machen können. Neben solchen individuellen kulturspezifischen Übertragungsbildern gibt es aber auch grundsätzliche Übertragungskonstellationen, die sich aus den oben genannten, für die Therapie relevanten Eingangsvoraussetzungen ableiten lassen. Dies betrifft z.B. das Kollektivselbst, das ja auch türkische Therapeuten mehr oder weniger verinnerlicht haben.

Auf diesem Hintergrund erscheint die Schwierigkeit unserer türkischen Kollegen verständlich, sich von den Anforderungen ihrer Landsleute abzugrenzen, ohne abweisend zu sein. Einige scheinen sehr mit der deutschen Kultur identifiziert zu sein und weisen die Versorgungswünsche ihrer Patienten schroff zurück, andere nehmen bereitwillig eine väterlich-leitende oder mütterlich-versorgende Position ein und scheinen sich dafür verantwortlich zu fühlen, daß »ihre Kinder« sich angemessen entwickeln und ihnen keine Schande bereiten. Dieses Problem erhält gerade in sozialmedizinischen Begutachtungen eine besondere Dynamik, wo Patienten von ihren therapeutischen Landsleuten eine solidarische Unterstützung einfordern, diese sich aber auf der anderen Seite auch dem deutschen Versicherungsträger als Auftraggeber verpflichtet fühlen. Hier geraten die Therapeuten in enorme Identifikationsprobleme, die sie oft durch eine besondere Zuwendung oder aber Zurückweisung der Patienten zu bewältigen versuchen. Hier besteht ein großer Supervisionsbedarf.

8. Von der Segregation zur Integration

Die Behandlung der türkischen Klientel auf einer monokulturellen Station wird häufig als Gettobildung kritisiert. Wer durch die großen Städte entlang der Rhein-Ruhr-Schiene fährt, wird immer wieder durch Stadtteile wie z.B. dem Dortmunder Norden kommen, in denen das Leben fast auschließlich durch die türkische Kultur geprägt ist. Gerade die Arbeitsmigranten schaffen sich hier durch die Segregation ein Stück heimatlicher Atmosphäre.

Es macht nach unserer Auffassung wenig Sinn, von Menschen, die im alltäglichen Leben Sicherheit in der Segregation suchen, gerade im

Krankheitsfall Integration zu fordern. Ihre psychische Erkrankung ist ja bereits Ausdruck einer überforderten Kompensationsfähigkeit, so daß es mehr Sinn macht, die Patienten unter Bedingungen zu behandeln, die ihnen Sicherheit vermitteln. Ausgehend von dieser Position können dann in einem Umfang, der an die individuellen Fähigkeiten angepaßt ist, auch Integrationsleistungen von ihnen gefordert werden.

In Abbildung 1 wird die innerklinische Behandlungsstruktur dargelegt, die ausgeht von einer monokulturellen Behandlungseinheit – also von der Segregation hin zu bi-/multikulturellen Therapieangeboten und Begegnungsebenen.

Hiernach nehmen die Patienten neben der Arbeit unter monokulturellen Bedingungen innerhalb der Klinik zusammen mit deutschen Patienten und auch unter der Leitung deutscher Therapeuten an der Sport- und Bewegungstherapie sowie an der Ergotherapie teil. Diese Maßnahmen sind nicht als problemorientierte, konfliktaufdeckende Arbeiten gedacht, sondern dienen der körperlichen Fitneß und der Förderung von künstlerischen und handwerklichen Fähigkeiten u.a. mit dem Ziel, das aktive Freizeitverhalten positiv zu beeinflussen und das Selbstvertrauen in die eigenen Fähigkeiten zu stärken.

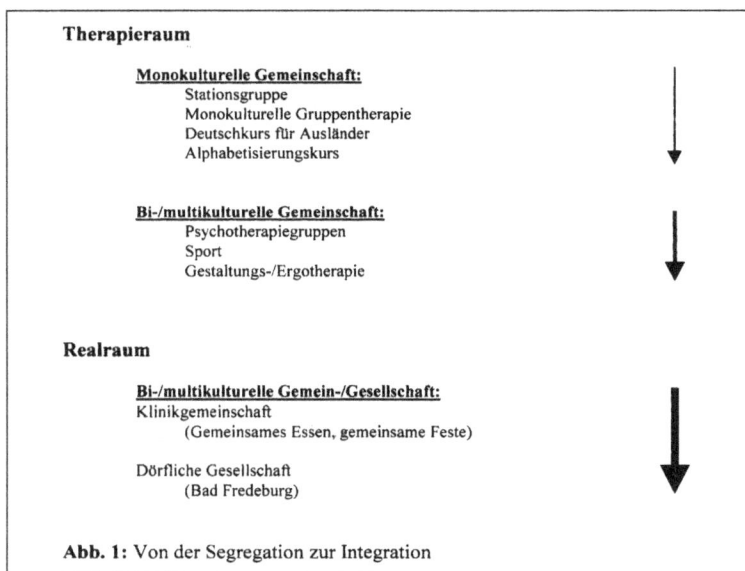

Therapieraum

    <u>**Monokulturelle Gemeinschaft:**</u>
      Stationsgruppe
      Monokulturelle Gruppentherapie
      Deutschkurs für Ausländer
      Alphabetisierungskurs

    <u>**Bi-/multikulturelle Gemeinschaft:**</u>
      Psychotherapiegruppen
      Sport
      Gestaltungs-/Ergotherapie

Realraum

    <u>**Bi-/multikulturelle Gemein-/Gesellschaft:**</u>
    Klinikgemeinschaft
      (Gemeinsames Essen, gemeinsame Feste)

    Dörfliche Gesellschaft
      (Bad Fredeburg)

Abb. 1: Von der Segregation zur Integration

Hierbei arbeiten also deutsche und türkische Patienten zusammen und müssen untereinander Dolmetscherfunktionen übernehmen. Da es sich aber nicht um psychotherapeutische Inhalte handelt, sondern um die Vermittlung sachlicher Inhalte oder Techniken, sind die Verständigungsmöglichkeiten ausreichend und dienen eher der Integration in den gesamten Klinikrahmen. Die Patienten und Therapeuten sind bemüht, aufeinander einzugehen und sich verständlich zu machen. Die monokulturelle Station als auch die bi-/multikulturell besetzten gruppentherapeutischen Angebote im Sport oder in der Kreativtherapie stellen zusammen den Therapieraum dar. Demgegenüber steht der Realraum, in dem die Patienten verschiedener Ethnien gemeinsam das Klinikleben gestalten. Um die Integration zu fördern, feiern wir mit unseren deutschen und türkischen Patienten in der Klinik neben den christlichen auch die islamischen Feste und veranstalten in regelmäßigen Abständen deutsch-türkische Kulturfeste, die häufig auch mit der Zubereitung einer türkischen Mahlzeit durch die Patienten selbst verbunden sind. Darüber hinaus stellt auch das Dorf einen Ort bi- oder multikultureller Begegnung dar.

Zur Verminderung der psychosozialen Belastungsspirale und zur Verbesserung der Integrationsfähigkeit wird ein fortlaufender, halboffener Kurs »Deutsch für Ausländer« von einer türkischen Lehrerin durchgeführt, in dem auch eine Alphabetisierung möglich ist. Natürlich können wir hier nicht ein VHS-Programm ersetzen, aber wir können Motivation bilden, um diese Arbeit am Heimatort fortzusetzen. Trotz des beschränkten Angebotes haben einige soviel gelernt, oder sind darüber so selbstbewußt geworden, daß sie sich mit selbst geschriebenen Ansichtskarten bedankten.

Um die Arbeit möglichst plastisch werden zu lassen, möchten wir zum Schluß ein letztes Behandlungsbeispiel ausführlich diskutieren:

Eine 48-jährige Patientin litt unter Depression mit verschiedenen psychovegetativen Beschwerden, einem Schmerzsyndrom im Rückenbereich bei geringen degenerativen Veränderungen sowie einer Gangstörung, die sie linksseitig hinken ließ. Für letztere gab es kein organpathologisches Korrelat.

Bei der Aufnahme schilderte die Patientin, daß sie im Familienleben von ihren Angehörigen wie ein Kind versorgt würde. Sogar ihr 18-jähriger Sohn würde sie baden und ihr Ehemann erledige neben seiner Wechselschicht als Fabrikarbeiter den Haushalt. Sie forderte auch von uns eine ständige Begleitung durch eine Krankenschwester. Dies lehnten wir ab, jedoch übernahmen unsere türkischen Mitpatienten gerne diese Aufgabe. In kurzer Zeit hatte sich ihre »schwere Krankheit« auf der Station herumgesprochen, alle Mitpatienten engagierten sich sehr für diese »arme Frau«. Biographisch erwähnenswert ist das Auftreten einer ähnlichen Gangstörung in der Kindheit, die sich entwickelte, wenn ihre Eltern und Geschwister sich von ihr entweder emotional oder örtlich distanzierten. Die Distanzierung hatte eine sofortige erneute Zuwendung zur Folge.

Die Patientin stammt aus einem kleinen Dorf und erzählte, sie habe statt der staatlichen Schule eine Koranschule besucht, später über 20 Jahre als ungelernte Arbeiterin in verschiedenen Fabriken gearbeitet, um nun die Schulausbildung ihrer Kinder zu unterstützen. Jetzt sei sie seit drei Jahren arbeitsunfähig und habe aufgrund ihrer chronifizierten Krankheit einen Rentenantrag gestellt. Das Verfahren befand sich zum Zeitpunkt der Aufnahme beim Sozialgericht.

Als traumatisch schilderte sie den Tod ihrer Eltern, die an Altersschwäche verstorben seien. Ebenfalls waren ihre Geschwister bereits verstorben, die Ursachen dafür waren ihr nicht bekannt. Als zentrales Trauma jedoch schilderte sie den Verlust ihrer einzigen Tochter drei Jahre zuvor – also unmittelbar vor Beginn ihrer Arbeitsunfähigkeit –, die mit einem deutschen Mann von zu Hause weggelaufen sei.

Bis jetzt habe sie keine Psychotherapie in Anspruch genommen, da sie sich mit ihrem Mann gut verstehe und auch sonst keinerlei Probleme habe. Ihre depressiven Beschwerden führte sie auf das Verhalten ihrer Tochter zurück, sie fühle sich von ihr verachtet und durch ihr sündiges Verhalten entehrt. Dieses sündige Verhalten bestand nun darin, daß die Tochter einen deutschen, und soweit sie informiert war, nicht muslimischen Mann geheiratet habe. Damit habe sie sämtliche türkischen gesellschaftliche Normen mit Füßen getreten. Als Mutter sei sie sehr gekränkt und habe seit diesem Ereignis vor drei Jahren mit ihr keinen Kontakt mehr. Ihre Gangstörung und Schmerzsymptomatik führte sie jedoch nicht auf dieses Ereignis, sondern auf eine Wirbelsäulenerkrankung zurück. Ein Nerv sei eingeklemmt, aber kein Arzt glaube ihr. Sie rechne damit, bald eine Lähmung zu bekommen, dann würden die Ärzte ihren Fehler schon einsehen.

Die Patientin zeigte sich stark abhängig von den familiären Bindungen, so daß sie den Tod ihrer engen Familienangehörigen selbst als traumatisch beschrieb. Der Verlust der Tochter durch ein in ihren Augen sündiges und sie entehrendes Verhalten kam für sie einer gesellschaftlichen Ächtung gleich. Es führte dazu, daß sie sich vor der Gesellschaft und ihrer weiteren Familie durch Abbruch der Beziehung zur Tochter als konsequente Mutter und Vertreterin gesellschaftlicher Normen darstellen mußte. Diese gesellschaftliche Norm stand ihrem emotionalen Bedürfnis, doch Kontakt mit ihrer Tochter zu pflegen, entgegen. Die konversionsneurotische Symptomatik der Gangstörung war ein Symbol sowohl für den Wunsch als auch für den ihm entgegengesetzten Widerstand. So konnte sie sich unbewußt sagen: »ich möchte ja eigentlich zu meiner Tochter gehen, aber meine Beine tragen mich nicht und meine Schmerzen lassen es nicht zu«.

Wie erwähnt, kommt die Patientin aus einer ländlichen Region der Türkei und entstammt einer niedrigen sozio-ökonomischen Schicht. Sie ist Analphabetin, ohne erlernten Beruf sowie ohne deutsche Sprachkenntnisse. Das Krankheitsbild ist seit drei Jahren chronifiziert, ein Rentenantrag gestellt. Psychotherapeutische Vorerfahrungen bestehen nicht, der sekundäre Krankheitsgewinn ist erheblich.

Die Patientin selbst führt ihre Erkrankung auf das Verhalten der Tochter zurück und hält eine Heilung nur für möglich, wenn die Tochter ihren Entschluß rückgängig macht und wieder nach Hause zurück kommt. Eine Psychotherapiemotivation nach unserem Verständnis liegt nicht vor, doch äußert sie den Wunsch, behandelt zu werden.

Zum Behandlungsverlauf: Zuerst einmal versuchten wir, bei der Patientin ein Verständnis für die Entstehung psychosomatischer Krankheiten zu entwickeln. Wir besprachen mit ihr Beispiele, in denen der Körper auf seelische Belastungen reagiert, wie z.b. das Ergrauen der Haare, wenn es einem besonders lange schlecht geht oder daß die Frau sich durch die hormonelle Veränderung einer Schwangerschaft oder Menstruation als psychisch sensibler erlebt. Auch in der Diskussion mit anderen Patienten ließ sich eine Fülle solcher Beispiele heranziehen, die der Patientin unmittelbar einleuchteten. Um die Selbstwirksamkeit der religiösen Patientin zu fördern, indizierten wir eine Meditation, wobei sie Koranverse von einer Cassette abhört und versucht, sich dabei zu entspannen, was ihr bei Unruhezuständen sehr half.

Hiernach fokussierten wir den Konflikt zwischen Mutter und Tochter. Wir mußten darauf achten, daß sich bereits durch die Art und Weise der Exploration die Mutter nicht in ihrer Kindererziehung in Frage gestellt fühlte. Das Hinterfragen, warum denn die Tochter weggelaufen war und ihren Entschluß nicht vorher mit der Mutter diskutiert hatte, hätte bei der Patientin bereits den Widerstand erhöhen können, und zwar wenn es unbewußte Schuldgefühle dadurch aktiviert hätte, daß es in ihren Augen vielleicht unterstellt hätte, sie habe keine vertrauensvolle Beziehung zur Tochter gehabt. Versetzten wir uns in die Situation der Patientin, so waren sehr schnell die gekränkten mütterlichen Gefühle wahrzunehmen. So konnten wir uns erst einmal mit der Patientin identifizieren und zum Ausdruck bringen, wie sehr wir ihr Leid verstehen können, da sie sich von ihrer Tochter verlassen fühle. Man könne sich gut vorstellen, daß sie ihr gerne ihre Hilfe anbieten würde, wenn sie sich nicht so gegen sie gestellt hätte. Im zweiten Schritt nahmen wir die Position der Tochter an und vermuteten, daß auch diese die Hilfe der Mutter in einem fremden sozialen Umfeld, in dem sie keinen Kontakt zur türkischen Gesellschaft hat, dringend herbeisehnt und vielleicht ja auch die Tochter depressiv sei, weil sie Wärme und Nähe vermisse. Da es diesen Bruch zwischen ihr und der Tochter gebe, könne nun keine der beiden ihre Wünsche mitteilen und befriedigen.

In der themenzentrierten Interaktion erzählte ein Mitpatient beim Thema Kindererziehung in Deutschland, daß seine Tochter ebenfalls vor sechs Jahren von zu Hause weggelaufen sei. Drei Jahre später habe sie sich scheiden lassen. Er habe sofort zu ihr Kontakt aufgenommen und sie bei jeder Gelegenheit unterstützt. Unsere Patientin reagierte auf die Schilderung entrüstet und kritisierte seine nachgiebige Haltung. Er dagegen glaubte, daß seine Tochter – wenn er zu ihr keinen Kontakt aufgenommen hätte – nach ihrer Scheidung eine Prostituierte hätte werden müssen, um finanziell zu überleben, da sie von der türkischen Gesellschaft isoliert gewesen sei. Jetzt lebe sie bei ihm und habe auch eine Arbeitsstelle.

Nach dieser Gruppentherapie kam die Patientin zum Therapeuten und äußerte, daß sie als Mutter zu ihrer Tochter stehen müsse, unabhängig unter welchen Bedingungen. Sie bat ihren Mann bei ihrer Tochter anzurufen, um ihr den Wunsch der Mutter mitzuteilen, wieder Kontakt mit ihr zu haben. Am darauffolgenden Tag bereits wurde der Therapeut von der Tochter angerufen, sie bat um ein Gespräch. Hierin machte sie deutlich, daß sie sich von ihrer Familie abgelehnt und gekränkt sowie von der übrigen türkischen Gesellschaft ausgestoßen fühlte. Der Therapeut vermittelte ihr jedoch, daß insbesondere die Mutter sie nach wie vor liebe und wolle. Ihr Konflikt mit dem Ehrenkodex der türkischen

Gesellschaft habe ihr bei der Kontaktaufnahme im Weg gestanden. In den nächsten Tagen rief die Tochter bei der Mutter in der Klinik an und teilte ihr mit, daß sie sie mit ihrem Mann besuchen wolle. In den nächsten Tagen berichtete die Patientin, sich wie ein neugeborenes Kind zu fühlen, die Schmerzen hätten nachgelassen und wie nebenbei habe sie bemerkt, daß die Gangstörung nicht mehr bestände.

9. Zusammenfassung

Sprachliche wie auch kulturspezifische Kompetenz müssen Grundlage psychotherapeutischen Verstehens und Handelns sein, wenn man Patienten anderer Ethnien angemessen behandeln will. Gerade die große Gruppe der Arbeitsmigranten der ersten Generation zeichnet sich bei der türkischen Klientel aus durch geringe Bildungsvoraussetzungen, eine ländliche Sozialisation und ein orthodoxes religiöses Weltbild. Dies führt zu einer externalen Kausal- wie auch einer externalen bis external-fatalistischen Kontrollattribution. Diese – nach westlichem Standard – im prognostischen Sinne negativen Eingangsvoraussetzungen zur Psychotherapie erfordern eine Modifikation der entsprechenden Behandlungsstrukturen. Sie müssen vermehrt psychoedukative Elemente beinhalten und Techniken anbieten, die die Selbstwirksamkeitserwartung der Patienten steigern. Die problemorientierte Arbeit sollte dem eher kollektivistisch geprägten Selbst der Patienten Rechnung tragen und die damit verbundene starke Tendenz zu Scham- und Schuldaffekten durch indirekte Methoden der Konfliktarbeit wie der themenzentrierten interaktionellen Gruppentherapie minimieren. Da Patienten ihre Mitpatienten als bedeutsamen therapeutischen Faktor erleben, müssen wir eine Struktur vorgeben, in der diese sich untereinander sprachlich wie auch kulturspezifisch verstehen und verständigen können. Monokulturelle Behandlungseinheiten sollten deswegen in solchen Institutionen bevorzugt werden, in denen eine ausreichend große Klientel mit vergleichbaren sprachlichen und kulturspezifischen Eingangsvoraussetzungen zur Behandlung gelangt.

Literatur

Ardjomandi, M.E. (1993): Die fremde Kultur der Schiiten – Scham, Schuld und Narziβmus in der psychoanalytischen Behandlung von Iranern. In: Streeck, U. (Hrsg.): Das Fremde in der Psychoanalyse. München.

Bezold, G. (1995): Verhaltenstherapeutische Behandlung eines Türken mit generalisierten Ängsten. In: Koch, E., Özek, M. & Pfeiffer, M. (Hrsg.): Psychologie und Pathologie der Migration. Freiburg im Breisgau.

Beauftragte der Bundesregierung für Ausländerfragen (1998): Daten und Fakten zur Ausländersituation, 17. Auflage.

Gießener Modellprojekt (1987): »Psychosomatische Probleme türkischer Arbeitnehmer und ihrer Familien«. Zentrum für Psychosomatische Medizin, Universität Gießen.

Kolcak, G. (1995): Kulturbezogene Unterschiede in der Behandlungstechnik türkischer und deutscher Patienten. In: Koch, E., Özek, M. & Pfeiffer, M. (Hrsg.): Psychologie und Pathologie der Migration. Freiburg im Breisgau.

Özelsel, M. (1990): Gesundheit und Migration – eine empirische Untersuchung an Deutschen sowie Türken in Deutschland und in der Türkei. München.

Röder, F. (1995): Bericht über Gruppenpsychotherapie türkischer psychiatrischer Patienten in Zusammenarbeit mit einem Dolmetscher. In: Koch, E., Özek, M. & Pfeiffer, M. (Hrsg.): Psychologie und Pathologie der Migration. Freiburg im Breisgau.

Röder, F. & Opalic, P. (1987): Der Einfluβ des Hodschas (magischer Heiler) auf türkische psychiatrische Patienten in der Bundesrepublik – Eine Auswertung klinischer Fallbeispiele. In: Psychiat. Prax. 14, S. 157–162.

Rodewig, K., Glier, B., Danger, G., Ücok, H. & Kianzad H. (1998): Konzept stationärer psychosomatischer Rehabilitation für Migranten aus der Türkei. In: Verband Deutscher Rentenversicherungsträger (Hrsg.): Interdisziplinarität und Vernetzung – DRV – Schriften Bd. 11.

Rudolf, G., Grande, T. & Porsch, U. (1988): Die initiale Patient-Therapeut-Beziehung als Prädiktor des Behandlungsverlaufs. In: Zeitschrift Psychosomatische Medizin und Psychoanalyse 1, S. 32–49.

Ruff W., Werner H. (1987): Der Wunsch der Patienten nach Behandlung – untersucht am Beispiel stationärer Psychotherapie. Zeitschrift für Psychotherapie, Psychosomatik und Medizinische Psychologie 9/10, S. 355–360.

Schneider, W. (1990): Psychotherapiemotivation – Behandlungsvoraussetzung oder ein zu vernachlässigendes Konstrukt? In: Schneider, W. (Hrsg.): Indikationen zur Psychotherapie. Weinheim, Basel.

Sermet-Kneile, F. (1995): Kognitive Verhaltenstherapie bei einem türkischen Migranten. In: Koch, E., Özek, M. & Pfeiffer, M. (Hrsg.): Psychologie und Pathologie der Migration. Freiburg im Breisgau.

Steffen, K. & Koch, E. (1995): Modell stationärer Versorgung von türkischen Patienten in einem Psychiatrischen Krankenhaus. In: Koch, E., Özek, M. & Pfeiffer, M. (Hrsg.): Psychologie und Pathologie der Migration. Freiburg im Breisgau.

Toker, M. (1998): Sprachliche und kulturelle Zugänge in der Psychotherapie – Dolmetscher als Kotherapeuten? Koch, E., Özek, M. & Pfeiffer, M. (Hrsg.): Psychologie und Pathologie der Migration. Freiburg im Breisgau.

Yalom, I.D. (1995): Theorie und Praxis der Gruppenpsychotherapie: ein Lehrbuch. München 1996.

Autoren

Adam, Hubertus: Dr. med., Arzt für Kinder- und Jugendpsychiatrie und -psychotherapie, wiss. Ass. in der Ambulanz für Flüchtlingskinder und ihre Familien, Abteilung für Kinder- und Jugendpsychiatrie, Universitäts-Krankenhaus Hamburg.

Ardjomandi, Mohammad E.: Med. Dir. i.R., Dr. med., Arzt für Psychiatrie und Neurologie, Psychotherapeut, Psychoanalytiker. Bis 1997 Leiter der Abteilung für klinische Psychotherapie im Krankenhaus für Psychotherapie und Psychosomatik, Tiefenbrunn/Göttingen, Lehranalytiker, tätig in freier Praxis.

Fels, Anne: In Weiterbildung zur Ärztin für Psychotherapeutische Medizin und Psychoanalyse, Rothaarklinik, Bad Berleburg.

Hoven-Buchholz, Karla: Dipl. Psych., Dipl. Päd., Psychoanalytikerin in freier Praxis, 1995 DPG-Förderpreis für »Zu dumm zum Leiden« – Psychoanalytische Überlegungen zur geistigen Behinderung. 1993–98 Mitarbeit in der Bürgerinitiative Flüchtlingswohnheim Merkelstraße, Mitbegründerin von ProAsyl Göttingen.

Kothe-Meyer, Irmhild: Dr. med. Ärztin für Psychotherapeutische Medizin, Ärztin für Kinderheilkunde und für Kinder- und Jugendpsychiatrie und -psychotherapie. Psychoanalytikerin, tätig in freier Praxis. Weiterbildungsbefugte für Psychotherapie in der Kinder- und Jugendpsychiatrie an der Humbold-Universität Berlin. 1980–86 Leiterin des Modellprojektes der Bundesregierung »Psychosoziale Beratung für ausländische (insbesondere türkische) Kinder, Jugendliche und ihre Angehörigen«.

Möhring, Peter: Priv. Doz. Dr. med. habil., Arzt für Psychotherapeutische Medizin, Psychoanalytiker, tätig in freier Praxis. Mitherausgeber: Interkulturelle psychoanalytische Therapie.

Özelsel Michaela M.: Dipl. Psych. Dr. phil., Verhaltens- und Hypnotherapeutin in freier Praxis. Lehrbeauftragte für transkulturelle Therapiemethoden an der University of Maryland.

Olbermann, Elke: Dipl. Soz., wissenschaftliche Mitarbeiterin am Institut für Migrationsforschung, Ausländerpädagogik und Zweitsprachendidaktik, Universität/GH Essen. Arbeitsschwerpunkte: Verschiedene Aspekte der sozialen Gerontologie, insbesondere Altern in der Migration und soziale Netzwerke im Alter.

Rodewig, Klaus: Dr. med., Arzt für Innere und Psychotherapeutische Medizin, Psychoanalytiker. Leitender Arzt der Internistisch-Psychosomatischen Fachklinik Hochsauerland. Lehrauftrag für Psychosomatik und Psychotherapie an der Universität Witten/Herdecke.

Romer, Georg: Dr. med., wiss. Ass. am Universitätskrankenhaus Hamburg-Eppendorf, Abtlg. für Psychiatrie und Psychotherapie des Kindes- und Jugendalters, Ambulanz für Flüchtlingskinder und ihre Familien.

Tasyürek, Fikret: Dr. (TR), Arzt an der Internistisch-Psychosomatischen Fachklinik Hochsauerland, Bad Fredeburg.

Tietz, Guido: Arzt an der Internistisch-Psychosomatischen Fachklinik Hochsauerland, Bad Fredeburg.

Walter, Joachim: Dr. med., Arzt für Kinder- und Jugendpsychiatrie und -psychotherapie, wiss. Ass. am Universitätskrankenhaus Hamburg-Eppendorf, Abteilung für Psychiatrie und Psychotherapie des Kindes- und Jugendalters, Ambulanz für Flüchtlingskinder und ihre Familien.

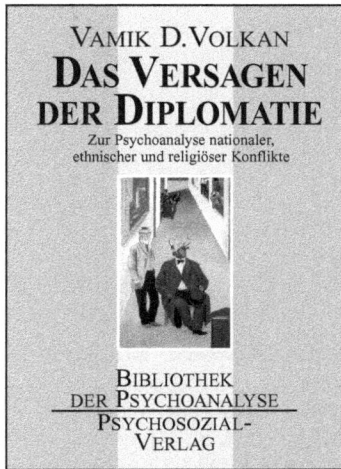

VAMIK D. VOLKAN

DAS VERSAGEN DER DIPLOMATIE

Zur Psychoanalyse nationaler,
ethnischer und religiöser Konflikte

BIBLIOTHEK
DER PSYCHOANALYSE
PSYCHOSOZIAL-
VERLAG

1999 · 279 Seiten
DM 48,– · öS 350,– · SFr 44,50
ISBN 3-932133-49-8

Erschütternd ist an diesem Buch, daß es so alleine dasteht. „Volkans Arbeiten, und nicht allein die Studie zum Kosovo, sind eine Entdeckung und Gedanken wie seine akut notwendig. (...) Vamik Volkans Werk über die Psychologie der Großgruppen müßte Politiker heute mindestens so sehr interessieren wie die Debatte um Bodentruppen."

Caroline Fetscher, Der Tagesspiegel

„Wie stark kollektive (eher negative als positive) Geschichtsbilder, Projektionen, Symbole, Vorurteile oder Denkstrukturen von Führern die nationalen, ethnischen und religiösen Identitäten prägen, kann Volkan auf eine ebenso faszinierende wie beängstigende Weise darlegen."

Helga Hirsch, DIE ZEIT

P🔳V
Psychosozial-Verlag

ULRICH STREECK (HG.)
DAS FREMDE IN DER PSYCHOANALYSE

Erkundungen über das „Andere"
in Seele, Körper und Kultur

BIBLIOTHEK
DER PSYCHOANALYSE
PSYCHOSOZIAL-
VERLAG

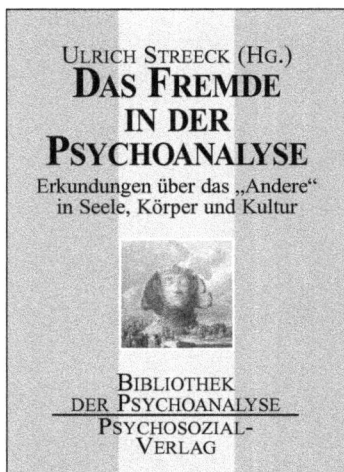

September 2000 · ca. 336 Seiten
Broschur
DM 69,– · öS 504,–
SFr 62,50 · EUR 35,28
ISBN 3-89806-035-7

Die psychoanalytische Theorie bildet den Rahmen für verschiedene Ansätze, das „Fremde" als Bestandteil der psychischen Wirklichkeit zu beschreiben und zu verstehen. Konkreten Manifestationen des Fremden wird in folgenden Bereichen nachgegangen: im Raum der eigenen, mitteleuropäischen Gesellschaft, im Blick auf fremde Kulturen (Trennendes und Gemeinsames) sowie in der Analyse des „Fremden" in der psychoanalytischen Theorie und Praxis selbst.

„Als Psychoanalytiker sind wir gefordert, die Möglichkeiten unseres Faches in den Dienst der Aufklärung der sich ausbreitenden kollektiven Abwehrformen von Fremdem zu stellen." (aus dem Vorwort von Ulrich Streeck)

Mit Beiträgen von:
Claus Leggewie, Annette Streeck-Fischer, Michael J. Schulte-Markwort, Joachim Zeiler, Mohammad E. Ardjomandi, Alf Gerlach, Christian Maier, Ralf Zwiebel, Irmhild Kohte-Meyer, Eva-Maria Nasner-Maas, Aribert Muhs, Klaus Lieberz, Mario Erdheim, Gerd Böttcher, Günther Bittner, Mathias Hirsch, Thomas Auchter, Werner Pohlmann, Helmut Ockel, Eckhard Hosemann, Wilfried Ruff, Brigitte Boothe, Barbara Gissrau, Peter Diederichs

P🔲V
Psychosozial-Verlag

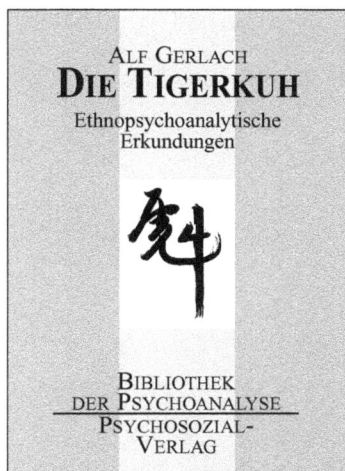

ALF GERLACH

DIE TIGERKUH

Ethnopsychoanalytische
Erkundungen

BIBLIOTHEK
DER PSYCHOANALYSE
PSYCHOSOZIAL-
VERLAG

September 2000 · ca. 120 Seiten
Broschur
DM 39,80 · öS 291,–
SFr 37,– · EUR 20,35
ISBN 3-89806-032-2

Der Autor, praktizierender Psychoanalytiker und ethno-
psychoanalytischer Forscher, untersucht psychoanalytische
Anwendungen in der Therapie von Menschen aus fremden
Kulturen und in der ethnopsychoanalytischen Erforschung massen-
psychologischer Phänomene. Neben der Erprobung der von
Devereux entwickelten komplementaristischen Methode am
Beispiel von Kannibalismus und Hexenforschung weisen Einblicke
in die psychoanalytische Arbeit mit Patienten aus fremden
Kulturen und Berichte über ethnopsychoanalytische Forschung in
China auf einen erweiterten Anwendungsbereich der Psycho-
analyse hin. Darin spiegelt sich die Überzeugung Gerlachs, daß die
Psychoanalyse sich nicht auf ihre Praxis als therapeutische
Methode beschränken darf, sondern sich als generelle Wissen-
schaft vom Unbewußten des Menschen verstehen muß.

PⓖV
Psychosozial-Verlag

Ramazan Salman,
Soner Tuna,
Alfred Lessing (Hg.)
Handbuch interkulturelle Suchthilfe

Modelle, Konzepte
und Ansätze der
Prävention, Beratung
und Therapie

edition ■psychosozial

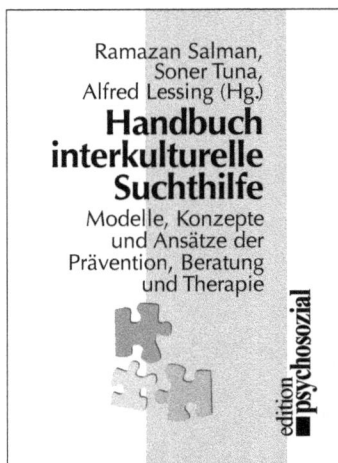

1999 · 270 Seiten
DM 36,– · öS 263,– · SFr 33,–
ISBN: 3-932133-72-2

Die Suchtproblematik hat sich für Migranten zu einem der schwerwiegendsten gesundheitlichen und sozialen Probleme in den europäischen Ländern entwickelt. Auch in Deutschland werden Mitarbeiterinnen und Mitarbeiter in den Praxisfeldern der Suchthilfe zunehmend mit Hilfesuchenden aus anderen Kulturkreisen konfrontiert.

Neben der Situationsanalyse und den Erfahrungen in Europa stellt das Handbuch existierende Modelle, Konzepte und Ansätze, die eine interkulturelle Suchthilfe zu begründen vermögen, vergleichend vor.

P🖾V
Psychosozial-Verlag

2000 · 487 Seiten · Broschur
DM 68,– · öS 496,– · SFr 62,– ·
EUR 34,77
ISBN 3-932133-64-1
PSYCHE UND GESELLSCHAFT

Psychohistorie ist die wissenschaftliche Erforschung historischer Motivationen. Dieser Ausgangspunkt der Theoriebildung von Lloyd deMause impliziert eine radikale Kritik sowohl an der traditionellen Geschichtswissenschaft als auch an den traditionellen Formen der Sozialwissenschaften wie Anthropologie, Soziologie und Psychologie. Der Weg zum Verständnis historischer Ereignisse führt nicht über die Sammlung und narrative Anhäufung von Daten aus Politik, Wirtschaft und Gesellschaft; er führt über die methodische Ergründung bewußter und unbewußter psychologischer Motive der geschichtlich Handelnden.

Lloyd deMause, geb. 1931 in Detroit, Michigan, Psychoanalytiker und Leiter des Institute for Psychohistory in New York, Präsident der International Psychohistorical Association (IPA); Herausgeber des Journal of Psychohistory.

P🌀V
Psychosozial-Verlag

Ingrid Miethe und
Silke Roth (Hg.)

**Politische
Biographien und
sozialer Wandel**

September 2000 · ca. 250 Seiten
Broschur
DM 48,– · öS 350,–
SFr 44,50 · EUR 24,54
ISBN 3-89806-038-1

D urch die Verwendung biographischer Methoden, so die zentrale These der
Herausgeberinnen, kann ein besseres Verständnis für die Aktivität in
sozialen Bewegungen sowie deren Entstehung und Veränderung als Träger
sozialen Wandels gewonnen werden, als dies mit der traditionellen Analyse
von Organisationen und Institutionen möglich ist. Die Beiträge untersuchen
den Zusammenhang von sozialem und familialem Wandel, politische Genera-
tionenverhältnisse, die Entscheidung für Einstieg in bzw. Ausstieg aus sozialen Bewegungen sowie das Verhältnis von Öffentlichkeit und Privatheit im
Kontext politischer Aktivität. Die dargestellten Fallstudien umfassen Transfor-
mationsprozesse in Mittel- und Osteuropa sowie Friedens, Frauen-, Bürger-
rechts- und Exilbewegungen sowie Gewerkschaften in Deutschland, Rußland,
Polen, USA und Iran.

Mit Beiträgen von:
Ingrid Miethe, Silke Roth, Wolfram Fischer-Rosenthal, Cordia Schlegelmilch,
Wolfgang Heuer, Annette Linden, Dorothee Wierling, Hagen Findeis, Ulrike
Nikutta-Wasmuth, Helena Flam, Marek Prawda, Tahereh Agha, Viktor Voron-
kov, Myra Marx Ferree, Sofia Tchouikina

P🔲V
Psychosozial-Verlag